suhrkamp taschenbuch 275

Von allen deutschen Autoren, die nach 1945 zu schreiben begannen, ist Artmann ohne jeden Zweifel der vielseitigste, originellste und erfinderischste. So wie Artmann in fast allen Gattungen gearbeitet hat, auch den angeblich antiquierten, und ohne sich um die Tagesparolen der mal reine Dichtung betreibenden, mal engagierten, mal die Literatur totsagenden Kollegen zu kümmern, so hat er seine Quellen, seine Herkunft überall: in der Artusepik, in barocker Schäferpoesie, in den Wörterbüchern und Grammatiken von gut zwei Dutzend Sprachen, in Irland und im England des Sherlock Holmes, bei Villon und dem Wiener Vorstadtdialekt, Lorca, Gomez de la Serna, den Surrealisten und Dadaisten, in den Detektivheftchen der 20er Jahre und den Comic strips von damals bis heute. Unsere Auswahl versucht, nicht nur einen repräsentativen Querschnitt durch das Werk Artmanns zu geben, sondern gleichzeitig Verstreutes, an entlegensten Orten Publiziertes zu sammeln.

H.C. Artmann, am 12. Juni 1921 in Wien geboren, schon frühzeitig in vielen Sprachen und literarischen Künsten bewandert, Kriegsteilnehmer, Mitglied der »Wiener Gruppe«, lebte des längeren in Berlin und Malmö, in Bern und Graz und jetzt in Salzburg. 1997 erhielt er den Georg-Büchner-Preis.

The Best
of H.C. Artmann

Herausgegeben von
Klaus Reichert

Suhrkamp

Umschlagfoto von Aleksandra Pawloff

suhrkamp taschenbuch 275
Erste Auflage 1975
© dieser Ausgabe Suhrkamp Verlag
Frankfurt am Main 1970
Quellennachweis für die einzelnen Texte
am Schluß des Bandes
Suhrkamp Taschenbuch Verlag
Alle Rechte vorbehalten, insbesondere das des
öffentlichen Vortrags, der Übertragung durch
Rundfunk und Fernsehen sowie der
Übersetzung, auch einzelner Teile.
Druck: Nomos Verlagsgesellschaft, Baden-Baden
Printed in Germany
Umschlag nach Entwürfen von
Willy Fleckhaus und Rolf Staudt

9 10 11 12 13 14 – 02 01 00 99 98 97

Lyrik Theater Prosa Theoretisches

Meine heimat ist Österreich, mein vaterland Europa, mein wohnort Malmö, meine hautfarbe weiß, meine augen blau, mein mut verschieden, meine laune launisch, meine räusche richtig, meine ausdauer stark, meine anliegen sprunghaft, meine sehnsüchte wie die windrose, im handumdrehen zufrieden, im handumdrehen verdrossen, ein freund der fröhlichkeit, im grunde traurig, den mädchen gewogen, ein großer kinogeher, ein liebhaber des twist, ein übler schwimmer, an schießständen *marksman*, beim kartenspiel unachtsam, im schach eine null, kein schlechter kegler, ein meister im seeschlachtspiel, im kriege zerschossen, im frieden zerhaut, ein hasser der polizei, ein verächter der obrigkeit, ein brechmittel der linken, ein juckpulver der rechten, unbehaglich schwiegereltern, ein vater von kindern, ein Judas der mütter, treu wie Pilatus, sanft wie Puccini, locker wie Doctor Ward, schüchtern am anfang, schneidig gen morgen, abends stets durstig, in konzerten gelangweilt, glücklich beim schneider, getauft zu St. Lorenz, geschieden in Klagenfurt, in Polen poetisch, in Paris ein atmer, in Berlin schwebend, in Rom eher scheu, in London ein vogel, in Bremen ein regentropfen, in Venedig ein ankommender brief, in Zaragoza eine wartende zündschnur, in Wien ein teller mit sprüngen, geboren in der luft, die zähne durch warten erlernt, das haar nach vorne gekämmt, die bärte wie schlipse probiert, mit frauen im stehen gelebt, aus bäumen alphabete gepreßt, karussells in wäldern beobachtet, mit lissabonnerinnen über stiegen gekrochen, auf tourainerinnen den morgen erwartet, mit glasgowerinnen explodiert und durchs dach geflogen, catanesinnen verraten, kairenserinnen bestürzt, bernerinnen vergöttert, an pragerinnen herangeraten, grüßgott gesagt, feigen gestohlen, revolver entdeckt, aus booten gestiegen, papierdrachen verwünscht, masken verfertigt, katakomben gemietet, feste erfunden, wohnungen verloren, blumen geliebt, schallplatten verwüstet, 150 gefahren, unrat gewittert, lampione bewundert, monde verglichen, nasen gebrochen, parapluies stehengelassen, malaiisch betrieben, positionen ersonnen, bonbons zertreten, musikautomaten gerüttelt, dankbar gewesen, heidenangst verspürt, wie der hirsch gelaufen, die lunge im maul gehabt, unter rosen geweilt, spielzeug gebastelt, rockärmel verpfuscht, Mickey Spillane gelesen, Goethe verworfen, gedichte geschrieben, scheiße gesagt, theater gespielt, nach kotze gerochen, eine flasche Grappa zerbrochen, *mi vida* geflüstert, grimassen geschnitten, ciao gestammelt, fortgegangen, a gesagt, b gemacht, c gedacht, d geworden.

Alles was man sich vornimmt, wird anders als man sichs erhofft...

Lyrik

mein herz

mein herz ist das lächelnde kleid eines nie erratenen gedankens
mein herz ist die stumme frage eines bogens aus elfenbein
mein herz ist der frische schnee auf der spur junger vögel
mein herz ist die abendstille geste einer atmenden hand
mein herz liegt in glänzend weißen kästchen aus **mosselin**
mein herz trinkt leuchtend gelbes wasser von der smaragdschale
mein herz trägt einen seltsamen tierkreis aus zartestem gold
mein herz schlägt fröhlich im losen regnen der mittwintersterne.

(1949/50)

lancelot und gwynever

grünes delirium
von morgenmoos
an den pochenden
schläfen ...
tastende schmalheit
des walds
der den tändelnden schritt
der hunde
frisch
und säuerlich
umschließt ...

dann aber:
querfeld
über die lichtung
laufst du
ins tiefere herz
des walds ...

ein hifthorn
verwächst
bei moos
und stein.
sein tönen dringt
durch
die gelockerten schalen
der körnchen
hinein
dort
wo der halm aufsickert
bis
zum gemuschelten ohrrund
des schläfers ...

eine morgenfrühe
leiser
vegetabiler
trauer
und das schauern
von spinnweb
und tau ...

gespannt ...

*

doch horch:
– – – – – –
und etwas
spricht:
– wie kam
   die amsel
   in den hafen
   von calais?

(ein wunsch ...)

du mußt hinein
in die grüne
anmut der brandung –
in den frischen
alaun der see ...

(ein wunsch der jäh
aufschäumt ...)

VIVIAN ...
sie färbt
den mantel grau
im ersten dämmern
des morgens ...

(das profil des morgens –
die see –
das dämmern
wie messer und mond –
der alaun ...)

... und etwas spricht?
– wie kam die amsel
   in die boote
   vor calais?

(die schärfe
des winds ...)

aber VIVIAN:
schlau.
flüchtig.
schön
wie ein schulterblatt ...

(du mußt
in die grüne
anmut der brandung.)

*

LANCELOT
der den mund
seiner sfinx
befragt:
(die sfinx auch
befragt ihn ...)

LANCELOT
nach seinen aufenthalten.
in rom.
in paestum.
in sennar.

nun
in jenem hotelzimmer:
(die tischnelken
stehen hoch
und halbblühend schon
aus den vasen ...)

die schwermut aber
liegt ihm
in der mulde
seiner hand.

die schwermut
ist
ein bläuliches blatt
schön
doch dunkel

14

und schwer
wie zinnerz
......
rötliches salz der abenddämmerung: (ballast
in den schiffen
die lancelot
heimbringen
endlich
nach der irrfahrt.)

... allein –
dünkler durchdringt ihn
        GWYNEVER

*

die frage
GWYNEVERS
an das zitternde herz
der dunkelheit:

mohnrote dunkelheit
des wartens.

(die toten stunden
des wartens am teich ...)

das hineinwerfen
der goldnen ringe.

(die verzweiflung)

die statuetten
am teichrand.

der nächtliche farn ...

das wasser
an den bugspitzen
der boote ...

das wasser
das den abend
bespritzt.

tief und heiss
senkt sich
der schmerz
ins eisfalsett
des herzens ...
— — — — — — — —
die an der liebe zweifelnden:
            verwirf sie nicht
die an der liebe verzweifelnden:
            wirf sie nicht
            wie die ringe
            ins wasser
            das von gold
            starrt ...

(wir tragen
laternen vorbei
und die laternen
tragen unsre schatten.)

... an bäumen vorbei
an blumen und dornen
vorüber ...

(Mai/Juni 53)

ginevra verrät sich im schlaf
und der könig artus antwortet
ihr mit einem gedicht:

yr mwyzaf gwr bmynyz
yn rhozoz
oed brangl y mae hi
yn sychred
ond cwyrlwch o gwrion:
ynysoez attedion
och cwcw!
un cwpa llechlen can pen
wele ond ni derbyn
yn vyrz cyffeithiol
mab bychan norphen camäel
wr rhezeg ev i'r âl
ynghariad dibetrws zim
goch gilzmai lleêgorh punt
cwymp gavaêl nodau twyb
zim mwllwn …

31. 12. 54

: deutsche ansprache an könig artus

herr und könig
deine pracht
vervielfacht
der rose macht

*

mein garten ist
dein mein blatt
ist dein du aug
über allem ding

*

herr und könig
. . . .

*

herr und könig
deiner weisheit
unergründetes
horn o horn
dein horn
deiner sterne ...

*

horn deiner
hufe deiner
stunden fern
von farn von
lyra und wein
von dir ...

*

kaum der tiere
ein odmen zwei
viel dein zweifel
deiner tiere drei
deine drei ...

*

herr und könig
deins felds
des wachens
deins felds
die pracht
deins odmens ...

*

du herr du
weisser du
könig ...

september mcmlv

kleine percussionslehre

eine schöne, hölzerne blüte.
die eichel ist die frucht des eichbaumes.
die eifersucht ist eine verderbliche leidenschaft.
die sense, die schaufel, die harke und der pflug werden von alters her
    zu den landwirtschaftlichen geräten gezählt.
der hunger dieses menschen schien sehr gross zu sein.
sie riefen bravo als sie seiner ansichtig wurden.
er war gekleidet wie ein fahnenmast in galoschen.
er liebte übertreibungen.
seine stimme schwankte in höheren tonlagen.
er viertelte sein gehalt und schaffte seinen friseur ab.
er betrat den baum wie eine kirche.
die gläsernen veranden traten aus den ufern, denn es hatte seit eini-
    gen tagen in jenen gebirgen geregnet.
die nachtigallen verschönen uns die spaziergänge durch den stadtwald.
er starb eines tages wie er gelebt hatte.
als er wieder genesen war, hatten die büsche des direktors schon
    frisches grün angesetzt.

er setzte sich auf eine bank und las aus der morgenzeitung.

ein polizist stolperte über ein perpendikel.

sie schichteten das geschlagene holz zu gleich grossen haufen.

der förster rief vivat als er ihrer ansichtig wurde.

er trug eine jacke aus grauem loden, eine pince-nez und wollene socken auf tiroler art.

sein bartwuchs war echt.

die frauen seiner umgebung vibrierten wie billardstöcke.

der markör lieh gerne an gediegene persönlichkeiten geld.

eine panadlsuppe wurde serviert.

dreissig gulden taschengeld ist nicht wenig für einen jungen menschen, zumal man in der hauptstadt von einer allgemeinen preissenkung redet.

anton nannte er ihn.

anton der stundenschneider.

seine röcke sassen stets tadellos, seine hüte waren nie ungebügelt, seine schuhe jeden morgen wie schwarzes wachs.

meiner seel! er war gegen alle schläge des schicksals gewappnet.

er betrat den hölzernen baum wie gesagt wie eine kirche.

der regen über ischl hatte kaum nennenswert nachgelassen.

eine leergerauchte mokkatasse brannte um ostern herum ab.

man grüsst mit servus oder grüss gott.

wer seine strupfen einwärts trägt ist ein gentleman.

seine schwester, obgleich aus guter familie wie er, war ein luder.

rosa, schneuzen sie ihre kinder.

das dienstmädchen seiner schwester half ihm aus der joppe.

bitte, danke, schiller, goethe, nichtsdestoweniger.

er pflegte sonntags astlöcher am rockaufschlag zu tragen.

die sonne stand im mittag, der mond aber im nachmittag.

wir wollen, sagte er, am rückwege einkehren.

hochgewachsen wie ein dreisilbiges verbum.

den schnurrbart mit feurigen augen gewichst.

die verdienste eines oberjägermeisters.

taktlosigkeiten an der laufenden schnur.

eisenbahntouren von kremsier nach leitmeritz.
improvisierte salamijausen.
eine schwester, die noch nicht schulentwachsen war.
eine fesche freundin in prag, eine zweite in cottbus.
mit einem wort: ein lebemann wie er trinkt und raucht.

er trug eine jacke aus grauem loden.
er schrieb mir in der eile ein paar zeilen.
er sprach böhmisch mit mühe; gewöhnlich sprach er deutsch mit uns.
seine eifersucht sollte ihn noch zu fall bringen.
er scheute sich nicht, manchmal mit den knechten und mädchen auf-
    zustehen.
er speiste manchen hungernden aus eigener tasche.
man liess ihn hoch leben.
er erschien öfters in uniform.
sein überschwang hatte niemals eine lächerliche note.
der kapellmeister hob seinen hut auf und bedankte sich.
nach der pause trat wieder musik ein.
man überreichte ein damengeschenk.
ein erzherzog darf kein hühnerauge haben.
unschicklichkeiten plaudern.
sich selbstmörder dingen.
gepökeltes ziegenfleisch ums ohr hauen.
fiaker mit oden pflastern.
rasuren erhören und falsche zeugen mit blaustift vormerken.
sonnenbäder verordnen.
jemandem das wort »arzt« an die kravatte werfen.
ein lotterleben mit derwischen und baupolieren verbieten.
jemanden des leistenbruchs zeihen.
cartoline postale nicht aussprechen können und frech sein.
kanzleirat sein.
bezirk mit vornamen heissen.
sich die haare ausraufen.
eine glatze mit anstand in eine gartengesellschaft einführen.
das nesselfieber wie eine kalte nase abschütteln.

ja sagen.
seine eigene frau schön rothaut heissen.
den mond mit einem ärgernis erregenden plakat zu bett schicken.
eine englische geduld besitzen.
proben seiner begabung abgeben.
einen sicheren posten aufgeben um einer innsbruckerin aus dem hemd
    zu helfen.
einen stoss briefe verbrennen.
die post zurückhalten.
mit dem siegellack durch die wand rennen wollen.
ein petschaft dem landleben geneigt machen.
sich ein freibad an den fingern abzählen.
daumenlutschen und grimassen schneiden.
nachtigallen mit papiertüten fangen.
die sonne hatte einen stehkragen umgetan.
wir wollen, sagte er, am rückwege von der jagd in jenem lustigen
    ausflugsziele einkehren.
die eifersucht und ihre bedeutung als verderbliche leidenschaft.

im september bekam er seine ersten hosen.
das segelboot kenterte mit seinen insassen.
im cognac ist es allezeit diesig.
die eichel ist unter allen früchten des eichbaumes die nützlichste.
er hatte die knöpfe abgerissen und warf damit um sich.
die damen schenkten ihm eine damenspende.
wenn man ein gedicht schreibt ist es nötig anton zu heissen.
er konnte weder papier, noch tinte und unterkleider finden.
in den heisseren zonen ist dies alles nicht gefragt.
er rief nach schubert, seinem hausmeister.
man fürchtete anfangs, er würde nimmer wiederkehren.
ein alter hase weiss wo fleiss am platze ist.
ein retter in der notdurft.
schwabenstreiche.
ein seemann muss sein klavier im spazierstock mit sich tragen.
er war immerhin ein braver mensch.

ein brennpunkt der geschichte des südlichen wienerwaldes.

er vergass die losung.

rosa und anna setzten sich auf karlens hut, eduard aber auf karolinens schokoladekuchen.

bald wird der frühling seinen einzug halten.

der baumspecht ist ein sehr nützlicher waldvogel.

er betrat die eiche wie eine einsame kapelle.

die kooperatoren tummelten sich.

wenn du höflich bist, o franz, werden dir überall die türen offenstehen.

mit dem hute in der hand ist sich mensch mit mensch verwandt.

rosa und anna gingen in den garten um die mohnblumen zu veredeln, eduard aber berief sich auf seine vorbestimmung zu höherem.

der erzherzog war äusserst huldvoll gegen die schöne büglerin der arztenswitwe.

er sah das neue plakat und ärgerte sich mit recht.

wer hatte ihr die brauen verwischt?

beim dehmel nahmen sie etwas milchreis zu sich.

eine stärkende wirkung zeitigen.

eine zweite jugend durchmachen.

lustbarkeitssteuer bezahlen müssen.

theaterbesuche auf eine spule wickeln.

das programmheft versaufen.

den frühling zum vorwand nehmen.

auf verdi und wagner pochen.

rast halten.

reinen mund halten.

abhalten.

ein halten.

halluzinationen haben.

haltbar machen.

die erlebnisse eines halterbuben in grosser zeit.

haltaus!

halt.

das löwenpaar hat nachwuchs erhalten, aber die känguruhdame ist
   noch ledig.
man hielt ihn für einen argen beutelschneider.
er hielt sich den winter über in der hauptstadt auf, kam jedoch regel-
   mässig im frühling zu uns auf das land.
er war das, was man einen brennpunkt einer försterischen karriere
   hätte nennen können.
ein gutgeschnittener raghlan.
sie schüttelten einander die schultern.
topp, freund, es gilt!
es gibt verschiedene berufe, die von herren ausgeübt werden: erzherzog, seemann, förster, schwimmlehrer, rudervereinsobmann,
   kammerherr und andere.
erinnerungen wurden ausgetauscht.
briefmarken auf fehlende zähne untersucht.
leuchtraketen an die angel gehängt.
schuhe mit rosa bindfaden versehen.
rosa ist ein bescheidenes kind, aber anna hält es mit luxusausfüh-
   rungen.
er betrat den hölzernen baum wie eine reliquie des altertums.
er entfernte das astloch aus seinem rockaufschlag, da es bereits zu
   welken begonnen hatte.
er sagte zu seinem vater: o vater!
er raschelte mit den unterröcken seiner cousine.
er nahm sich zusammen.
er schrie laut auf; eine wespe hatte ihn gestochen.
die jagd ist ein männliches vergnügen.
sogar kaiser und könige bedienen sich des wasserklosetts.
eine paradiesische insel bewohnen.
das italienische mit fertigkeit sprechen.
venedig in einem liede entwerfen.
grossmut üben.
in die berge gehen.
dichter und bauer.
die nachricht von karolinens untreue erreichte ihn im schlafwagen.

er bekritzelte tisch und wand.
er bestellte ein kaiserfleisch mit hausbrod.
er lächelte versonnen.
es war sonntag und nicht, wie du vermeintest, samstag.
er legte eine pause zwischen zwei löschblätter.
er sog die würzige luft des frühlings tief in seine lungenflügel ein.
knabe, du sollst nicht vom lavendel der jüngeren schwester naschen!

absehbar.
flächenmässig.
feldstecher.
vollständig.
absichtslos.
planvoll.
beiliegend.
folglich.
eine gerade bildend.
einen ton unterschlagen.
der grössenanordnung entsprechend.
beliebige frage.
geistig gerecht werden.
äusserst notwendig.
objektiv verwirklicht.
gesamtbild.
vierdimensional.
gestalten.
begrifflich formulieren.
daseinsberechtigung erhalten.
er starb wie er lebte.
als er wieder genesen war, standen die früchte des eichbaums schon
    im mittag.
der förster übergab ihm das büchlein mit den holzrechnungen.
er steckte sich eine amsel an den hut und ging über die lichtung auf
    die waldhüterkabine zu.
mein vetter ist heiterer gemütsart, sagte der förster.

der meinige war liberal.
er war gesund wie der fisch im wasser.
er lobte mich über den grünen klee.
ein tausendsassa.
ein liebling der götter.
einer unter tausend.
ein charakterkopf.
ein lieber schneck.
ein feschak.
ein hallodri.
ein sauberer untermieter.
ein geriebener logiergast.
einer wie im postbüchel.
einer von vielen.
unter tausend.
unter hundert.
unter sechzehn.
unter zwölf.
unter zehn.
ein einzelner vogel.
ein kugelblitz.
ein unikum.
verzeihung, wie meinen?

(1956)

die grüne mistel schweigt ..

die grüne mistel schweigt
in kahlen winterbäumen,
die blasse sonne steigt
am eisversternten zaun:
du toter weisser schwan,
von nebeln hochgetragen,

was soll mein klagen noch,
mein welkes leid dir sagen?
es sinkt mein angesicht,
es schnüret mir das herze:
die zeit ist mir gesetzt –
ein flackerichtes licht
zeigt meines lebens kerze ..
was soll mein trauren nun,
was jetzt mein bleiches sträuben?
es schweigt die mistel grün,
mich sterbling zu betäuben!
mein mund ist nimmer rot –
wie anders sollt es sein ..?
gewalt trägt nur der tod
in diesem weissen schweigen,
auf seinem horn aus stein ...

25. 1. 57

elegische ode an den kaiser krum

gestern.
heute.
morgen.
immer.

engel sind hauptleute über laub und blüte des oleanderbaumes.
sie besteigen ihn mit ihren hölzernen keulen und lauschen dem
    magnetofon der morgenfrühe.
die tage des langen sommers drehen sich durch die landschaft wie
    blauweisse brummkreisel.
die stunden färben an den rinden der bäume der flussufer ab und
    werden lichter und weniger grell mit der zunehmenden ziffer der
    uhren.

der häuptling der lilien des feldes fährt auf lautlosen kugellagern
aus der verblauten steinhöhle des nachmittages.
er sieht die wachenden engel, die seit dem frühen morgen im laub
des oleanderbaumes sitzen, und zaudert.

der kaiser krum kommt mit seinem prächtigen gefolge an.
er steigt aus dem veilchenfarbenen plüsch seines salonzuges und führt
einen vogel greif an der leine.
die wachenden engel bewegen ihre feurigen augen langsam nach links
und nach rechts.
die engel, hauptleute über blüte und laub des oleanders tragen den
kopf der taube als einen eigenen.
ihr hals ist gefiedert und schillernd wie der hals einer taube.
die schärfe ihres augs ist die schärfe der rasierklingen, ihre stimme
die stimme der sammelnden biene, ihre hand die des panthers.
ihr fuss ist der rüstige fuss des eichbaumes der wälder.

der kaiser krum inmitten seines prächtigen gefolges hat sein aug aus
den gedanken gehoben und lässt den vogel greif von der leine.
der häuptling der lilien des feldes fährt wieder auf lautlosen kugellagern in die verblaute höhle des nachmittags zurück.
die steine der höhle zittern wie im stummfilm und der kaiser krum
erteilt seinen ministern unverständliche weisungen.
die nächsten minister des kaiser krum sind schnurrende glaszwerge
mit maustatzen.
sie tragen schwarze lorbeerkränze um die stirne und überschreiten
nicht eine elle an leibeshöhe.
sie nähern sich unter künstlichen litaneien dem oleanderbaume, darin die engel, hauptleute und keulenfürsten, über laub und blüte
wachen.
der kaiser krum folgt ihnen szepterschwingend und tritt mit seinem
schritt in die zitternden schatten der äste und düfte.

der häuptling der lilien des feldes hat nun vor seiner steinhöhle ein
tripodium aufgebaut und bringt darüber ein teleskop in stellung.

er beobachtet zuerst die engel im heissen oleander; darauf den sich
vorwagenden kaiser krum.
er tritt nervös von einer zehe auf die andere und schnauft hinter der
glänzenden optik seines fernrohres.

die einsiedler der entlegenen ödschaften und die einsiedler der blühenden ebenen der welt notieren fleissig auf die weissen blätter
ihrer krakauer schreibkalender.

ein grosser ton zittert durch den nachmittag der flüsse, seen und tal-
mulden.
nun schwebt ein blasser mond aus milch und salz über dem grössten
und schönsten der engel des oleanderbaumes.
er klinkt in beträchtlicher höhe fallschirme aus, die sich in die näm-
liche region niedersenken, auf der engel, häuptling und kaiser
krum agieren.
die engel, hauptleute über laub und blüte, drohen mit ihren hölzernen keulen nach all den richtungen, die die sonne während eines
tageslaufes einzuschlagen vermag.
der kaiser krum besteigt nun seinen vogel greif, der sich bereits um
ein mehrfaches vergrössert hat.
die engel, hauptleute und keulenfürsten, setzen unter anschwellenden
sirenentönen ihre drohungen nach allen ziehmöglichkeiten der
sonne fort.
die augen des vogel greif sind angefüllt mit glänzenden laterna-
magicabildern und schönen mosaiken.

in einer entfernung entledigt sich eine anmutige frau ihres fallschir-
mes.
sie schneidet die ledernen gurten kurzerhand mit dem klappmesser
durch und bürstet ihr haar zurecht.
eine menge anmutiger frauen, vom blassen abendmond abgeworfen,
entledigen sich ihrer fallschirme.
sie schneiden die ledernen gurten kurzerhand mit dem klappmesser
durch und bürsten ihr haar zurecht.

die anmutigen fallschirmspringerinnen sammeln sich auf einer anhöhe unweit vom kaiser krum, vom häuptling der lilien des feldes und den engeln, hauptleuten über blüte und laub des oleanderbaumes.

die frommen einsiedler der entlegenen ödschaften und der blühenden ebenen beten in ihren privattempeln zu diversen gottheiten und idolen um die zusicherung eines dauerhaften friedens.

der abendstern tritt auf.

er löst den blassen mond aus milch und salz seiner gewohnheit gemäss zu dieser stunde ab.

er kommt aus der glatten tiefe eines kraters, eines erloschenen vulkanes.

der mond versenkt sich in den selben vulkan.

die weggeworfene fallschirmseide bauscht sich zwischen steinen und gräsern im abendwind.

der vogel greif des kaiser krum nimmt witterung mit seinem stolzen adlerhorn.

der vogel greif setzt sich mit dem kaiser krum in trab und strebt die landungsstelle der anmutigen fallschirmspringerinnen an.

der abendstern wirft einen gefahrvoll länglichen schatten.

die einsiedler in ihren privattempeln verspritzen das öl ihrer frömmigkeit und ringen die hände in stummer andacht.

jemand fragt den dösenden schaffner des salonzuges des kaiser krum, ob er zufälligerweise romäisch spreche.

parakaló, miláte eliniká?

ich bin in der fahrdienstordnung nicht besonders versiert, antwortet der schaffner zerstreut und in engadinischer mundart.

die frauen nähern sich jetzt dem kaiser krum mit kopfhörern.

der häuptling der lilien des feldes sieht nun durch sein aufgestelltes teleskop, wie die engel, hauptleute und keulenfürsten, aus dem

bereich des oleanderbaumes treten und das maustatzige glaszwer-
gengefolge des kaiser krum mit ihren hölzernen keulen in alle
winde zerstreuen.
der schaffner des salonzuges des kaiser krum besinnt sich darauf,
dass er eigentlich griechisch hätte antworten müssen.
er beisst auf den daumennagel seiner linken hand.
er hört das klirren der maustatzigen glaszwerge und die hohe sirene
der engel.
er ergreift zur rechten zeit die flucht.
er flüchtet auf einem äusserst komischen fahrrad, dessen räder vier-
kantige pneus haben.
im kaiserlichen salonzug bricht in der folgenden verwirrung der
frühling aus.
die einsiedler der entlegenen ödschaften und die der blühenden
ebenen atmen erleichtert auf und stiften schändlich geschmacklose
votivtafeln.

der kaiser krum ist nun vollends von den anmutigen fallschirmspringerinnen umringt.
sie bieten ihm ihre verchromten kopfhörer zum kauf oder tausch
an.
sie schmeicheln wie mimosenbinderinnen.
sie lächeln wie stellungslose modistinnen.
sie schnurren und strahlen wie nackte auslagepuppen, die man in
seidenpapier wickelt.
der kaiser will seinen vogel greif gegen zwanzig verchromte kopfhörer eintauschen.

der mond erscheint wieder aus dem glatten basaltkrater des erloschenen vulkanes.
er trägt ein blasrohr und eine aluminiumbüchse mit bolzen.
er schiesst mit dem blasrohr auf die quendeldurchflochtenen ruinen
des kaiserlichen salonzuges.
aus den plüschabteilen und porzellantoiletten des salonzuges wuchern
allerlei blumen und beerenfrüchte.

der abendstern ist nun von milliarden anderen abendsternen umgeben.
die engel, hauptleute über alle oleanderbäume dieser welt, begeben
sich in hundewägelchen nach ihren ausgangsquartieren zurück.

die anmutigen frauen feilschen noch immer mit dem kaiser krum.
der vogel greif gewinnt wieder allmählich seine normale gestalt und
wird als tauschobjekt völlig wertlos.
der kaiser krum verlangt jetzt für den untauglich gewordenen vogel
nur mehr zehn verchromte kopfhörer.
die fallschirmfrauen aber zerbeissen ihre kopfhörer mit den kalo-
dontzähnen und spucken sie dem ermüdeten kaiser krum vor die
füsse.
der vogel greif des kaiser krum ist nunmehr nicht viel grösser als
ein gewöhnlicher kater.
er zieht einen buckel wie ein hahn und verliert die federn.
der häuptling der lilien des feldes schraubt sein beobachtungsgerät
ab und fährt damit auf lautlosen kugellagern in die dunkelheit
seiner steinhöhle zurück.
die frommen einsiedler haben ihre härenen kutten in den kasten getan und sitzen vor den spiegeln der haarschneider.

der vogel greif des kaiser krum ist nicht einmal mehr so gross wie
eine honigbiene.
die schönen fallschirmspringerinnen werden von ihren bräutigamen
auf raupenschleppern abgeholt.
der vogel greif besitzt gerade noch den umfang eines mittleren sand-
kornes.
der abendstern ist schon lange von milliarden anderen abendsternen
umgeben.

der kaiser krum setzt sich zwischen dem gras der anhöhe auf einen
grösseren stein und erwägt einen neuen plan.

19. 2. 1957

ix epigrammata in teutschen alexandrinern

wien . im märtz 57

persianisches epigramma auff den großen meister hafiz :

   ha! mein derwischen schreck . es blueht die rose ewig .
sind wir auch asch & staub . treibt doch der wein stock ewig .
   die schœne nachtigall schluchzt wie vor tausend jahren
& wenn ihr vers verklæng . so blieb doch deiner ewig . .

auch auff die großen dichter von denen türcken :

   ihr hyacinthen bært der rosen ottomane .
ihr schœner knaben ærtzt . ihr frœhlichen turbane .
   bei wein & kertzen wachs . die hand dem freund am haar .
seid unter dichtern ihr im paradieß sultane . . .

clag epigramma auff die vergangene zeit ronsards :

   fontainen . rosen . pfaun & nachtigallen schlagen .
die lauernd schœnen faun . der liebe treu & trug .
   der nymphen statuen wie fraun aus fleisch & blut :
es hat ein bittrer wind sie aus der welt getragen . .

auff den großen lord byron :

   du stern vor griechen land im tieffen halb mond finster
du schwerdt & spiegel lord . du kuehnes unruh pendel
   du blætter gleicher vers . du haupt feind aller grendel :
dir gab apoll den ruhm . den andren nur westminster . .

33

epigramma auff den großen pablo neruda :

ein flug held ist sein vers . der hoch auff wolcken steigt .
ein starcker adler schrei . ein feuerichter wagen .
ein lodernd lufft gefæhrt . vom sturm wind hochgetragen :
sein mund spricht das gedicht vor dem apoll sich neigt . .

an den dichter von persiles & segismunda :

es las der mavors dir aus seinem feuer psalter
den vers lepanto vor . & rhodus . crete . malta .
tuerkisen & rubin durchflocht er wort um wort :
die rhede von algier ward solcher andacht port . . .

auff den dichter qvirin kuhlmann
      geboren   1651 breslau
      verbrannt 1689 moskau

du aug der conseqventz . treu biß zum feuer kogel
du alchymist der wortt . du ohnbebeugte krafft : : :
du lilie & ros der teutschen dichter schafft :
aus glutt & aschen steig auff wie der foenix vogel !

(auf die heiligen der vorzeit; sozusagen)

cathrin . halt an dein rad ! laß rasten seine haken .
daß nicht von ohngefähr es mir den leib aufrollt :
mir wärs gewiss nicht eins . der marter crone gold
mit dir zu theilen dann & singen an den zacken . . .

sanct georg . tappfres blatt ! du schartenlose clinge
tu deine schneid vor mich . als bald ich dies gebürg
voll rosmarin durchschreit . auff daß mich ja nicht würg
ein schlechter lauer mann mit seiner eisern zwinge . . .

mit conrad bayer

bagh i bish qimat i zumûm :

digitalis purpurea	(7, 8,)
atropa belladonna	(6, 7, 8,)
cholchicum autumnale	(in auctumne)
anemone pulsatilla	(3, 4,)
hyoscamus niger	(6, 7, 8,)
datura stramonium	(6, 7, 8, 9, 10,)
aconitum napellus	(6, 7, 8,)
cicuta virosa	(7, 8,)
ranunculus acer	(5, 6, 7, 8, 9,)
daphne mezereum	(2, 3, 4,)

(1957)

Dialektgedichte

blauboad 1

i bin a ringlgschbüübsizza
und hob scho sim weiwa daschlong
und eanare gebeina
untan schlofzimabon fagrom..

heit lod i ma r ei di ochte
zu einen libesdraum –
daun schdöl i owa s oaschestrion ei
und bek s me n hakal zaum!

so fafoa r e med ole maln
wäu ma d easchte en gschdis hod gem –
das s mii amoe darwischn wean
doss wiad kar mendsch darlem!

i bin a ringlgschbüübsizza
(und schlof en da nocht nua bein liacht
wäu i mi waun s so finzta is
fua de dodn weiwa fiacht..)

blauboad 2

heit kumst ma ned aus
heit muas a de griang
heit lok a de au wia r a fogal

zu mia hinauf iwa sexaneinzk schdiang
in zima kawinet und kuchl..

heit brenan ma keazzaln
in bumpadn bluad
heit woa r e scho zwaamoe
bein scheanschleiffa duat
dea hod ma de messa frisch gschliffm..

heit schboa r e kan aufwaund
heit wiad opariad
und nochhea kumst owe zun donaukanäu
fon wo de des wossa noch oewan entfiad
und ii – wosch me en finztara unschuid..

muang wean s as daun lesn
und duach s radio hean:
schon wida ein madl ferschwuntn in wean!
und ii – da blauboad fom brodaschdean
sizz solid in kafee bei an gschdregtn..

doch heite bleibt heit
und do gibt s kan bardaun:
a keazzn a frau und a messa!
en so ana xööschoft do is ma net z draun
do reit me a *koischwoazza kefa ...!*

kindafazara

kölaschdiang
kölaschdiang
dreimoe deafst rodn
ans zwa drei

37

ans zwa drei
wea duatn schded
met da zitrechn haund
met de zitrechn aung
dreimoe deafst rodn
wea duatn hogt
met de zitrechn aung
met da zitrechn haund

kölaschdiang
kölaschdiang
da ma r an schen graunz flechtn!
ans zwa drei
ans zwa drei
drei glane granzaln
fia drei glane maln
auf da kölaschdiang

met da zitrechn haund
met de zitrechn aung
ans zwa drei …

es gibt guade und bese geatna:
des is es liad fon an besn

mei gmiad
is ma fadistad
waun da mond zuanema duad
i hoed s daun nima r aus
mi glist s fost noch an bluad
do nim e mei giaskaunlkaunl
und giass de bluman
wia r a reng..

und daun
und daun
daun nim e d sichl draun
und hau r eana r ollan
d kepfaln oo!

an qadratmeta zeascht
und *zwaa* qadratmetan
und an gaunzn *gatl*
ana *glan* wisn
ana *grossn* wisn
und daun an gaunzn
födfödföd ..

do ken e nix
do giw e kan bardaun
do kuman s olle
olle draun!
de gaunze nocht
hadsch i daun duach
des bluad rind mia
fon *omd* en d schuach
i schneid schneid schneid
das des bluad nua so
fon da sichl *schreid*
bis in da frua!

med an briaf
fon mia zu dia

a *dauwal* miassad med an briaf
fon mia zu dia fliang
a *schwäuwal* miassad med an briaf

fon mia zu dia fliang
a r *aumschl* miassad med an briaf
fon mia zu dia fliang
a gaunze lufft fola fegl miassad kuma
und med mein briaf
fon mia zu dia fliang

i mechat da r an briaf schreim
en den wos a da r a drokane rosn
zwischn zwa blaln babia legad
i mechat da r an briaf schreim
en den wos a da fua n zuabikn
mei ausdroknz heazz einelegad
zwischn de blaln

med ana *rodn* dintn how a da gschrim
das a de gean hob
med ana *grinan* dintn how a da gschrim
wia r e no qoat hob auf dii –
med ana *schwoazzn* dintn owa mecht e da
jezt auf s weisse babia schreim
das ma r es heazz ausdroknt is
fua lauta woatn ..

med ana *schwoazzn* aumschl
wia r a da r an briaf schikn
med an *schwoazzn* schwäuwal
wia r a da r an briaf schikn
med ana *schwoazzn* daum ..

a schwoazze lufft fola fegl
wiad med mein lezztn briaf augflong kuma
und auf d nocht duach s fenzta
fua dei bet zuwe fliang!

wo is den da greissla?

wo is den da greissla –
wo san den de magewiaffön de soezguakaln
de salame da qaglschduazz da gristoezuka..?
wo is den de greisslarin?

wo is den da koinhaundla –
wo san den de koin und da gox
und de untazinda de wos nii aubrenan..?
wo is den en koinhaundla sei frau?

wos mocht den da bafimarist –
wos dan den de saffm de keazzn
s bedroleum und de blaun niweeaschachtaln..?
wo is den da bafimarist med seina bafimarii?

wo is den da gschiadandla –
wo san den de scheam und de hefaln
de besn de leffön de giaskaunln..?
wo is den de gschiadandlarin?

wo is den da bek –
wo san den de semön da guglupf
d wachaualawaln de soezzschdangaln..?
wo is den da bek met da bekin?

ka mendsch
       ka gschia
              ka saff
ka koin
    ka soez
        ka bacht..!

wia batazeln aus wööblech
schaun s aus
de oweglossana roiboekn!

hot den heit olas de bodschn ausgschdregt?!

nua de radio
       nua de radio
              nua de radio..

und fia de gebuazzdoxkinda r iwa r ochzk
schbün s da r en ana dua
des afe maria fon gunoo!
nua de radio san no doo..
              nua de radio!

en ole fenzta san s do
und hean da nima r auf!

meinar söö!
de sundeg en suma henkn ma scho *so* zun hoes ausse

waun s nua zun renga r aufaungad..
waun s nua scho wida *mondog* waa!

noch ana sindflud

noch ana sindflud
san olawäu
de fenztabreln fafäud –
ko fogl singd mea en de bam

42

und de kefa schwiman en d lokn
med n bauch in da hee..

waun s d an bam beilsd
foen da dropfm aum huad
und en de kino drin
riacht s noch hei- und woefisch
de wos en ole rein xessn san..

noch ana sindflud
san olawäu
de fenztabreln fafäud –
owa mia san ole dasoffm
und kenan s goa nima seng
wia de gaunzn kefa so fakead daheaschwiman
mia kenan s a nima gschbian
wia r uns de owebeildn dropfm
fon de bam aum huat drepfön
uns ged a des gschraa fon de fegl nima r oo
und unsa nosn riacht nedamoe an schbenala mea
gschweige den an hei- oda woefisch..

noch ana sindflud
sama r ole medaranaund
saumt de hextn beag
dasoffm...

waun s d a bech hosd

waun med an rola med an auto
met da dranwei met da baun
oda r en da luft med an flukzeig
wos basiad

daun is olawäu ana dabei
dea wos a keawal drogt
med frischbrogte
himöschlissaln ..

waun s d a bech hosd und dabei bisd
bei den malea
und a dopözz bech hosd
und umeschdesd
zwischn soo fü benzin und eisn
daun griaxt aa r ans
a so a schlissal
so a goidans
fia n himö ..

de retung
göö
de is a schwoazza fogl:
amoe gschwind
eftas owa wenecha
maunxmoe z launxaum ..

und waun s d a bech hosd
und dabei bisd bei den malea
und waun s d a dopözz bech hosd
und scho umeschdesd
zwischn soo fü eisn und benzin
befua de no dea schwoazza fogl
unta seine gloarofoamfligaln nimd
daun brauxt nua mea
en s gnobfloch greiffm
one hii z schaun
met da linkn haund!

do schdegt s da scho drin
des schlissal
des goidane
des frische
des do
des wos da dea hamleche hea
dea med n keawal (wasd ee scho!)
demoment faread hod…

zwa schüleng zwanzk

zwa schüleng zwanzk
kost s da nua
bis ausse zun gremadorium

dazua kaufst
a bischal lawendl
schee blau und scho grau
aun de schbizzln..

gremadorium muasd song
schee blau und scho grau
aun de schbizzln!

med n anasibzkawong
en an schwoazzn qaund
met dein batazel
en da linkn haund..

dua r an lawendl mitdrong
a bischal a bischal gremadorium!

entschdaziaun muasd song
zwa schüleng zwanzk
muasd haum
und dei bischal
muast drong..

a bischal a bischal gremadorium

und gestan
            und heite
                        und muang
is drozzdem a sunecha heabstdog...

heit bin e ned munta wuan

heit bin e ned munta wuan
wäu ma r unsa bendlua
schdeeblim is..

heit bin e ned munta wuan
und i schlof
      und i schlof
            und i schlof
und draust da schnee foed ima mea
und de drossln dafrian und de finkn
und de aumschln und d daum aufm doch..
und dea schnee foed ima mea
und ea drad se
      und drad se
            und drad se
wia r a fareisz ringlgschbüü
und kumd ma bein fenzta r eine

mocht ma r en bagetbon gaunz weiss fua mein bet
wiad hecha r und hecha fua mein bet
und schdet do und schaud me au
wia r a engl med ana koedn haund..
und i schlof
        und i schlof
                und i schlof..

heit bin e ned munta wuan
de bendlua schded no ima
und dea schneeane engl schdet doo
und schaud me au wia r e so ausgschdregta doolig
und mei schlof is scho soo diaf
das ma glaaweis und launxaum
winzege schdeandaln aus eis
en de aungbram
zun woxn aufaungan ...

(Aus: *med ana schwoazzn dintn*, 1958)

wos an weana olas en s gmiad ged:

a faschimpöde fuasbrotesn
a finga dea wos en fleischhoka en woef kuma is
drei wochleid und a drafik
a giatlkafee met dischbost
a schas med qastln
a eadepfösolod
da rudoef koal en da gatehosn
de schdrossnbaunilustriade
a schachtal dreia en an bisoaa
a söbstbinda zun aufhenkn
a zqetschta rola en an autoküla

47

de muzznbocha med an nosnraumö oes lesezeichn
a schrewagatal en otagring
a foeschs gebis en da basena
a zbrochns nochtgschia
a r ogschöde buanwuascht
a daunauschdrom zun fiassbodn
a gashau zun aufdran
a kindafazara wossaleichn foxln
wimmalagentn radeschöla kinokoatn
a saffalade zun umhenkn
de frau nowak
en hean leitna sei schwoga
en mozat sei notnschdenda
qagln en essechundöö
es genseheiffö
a rodlbadii met dode
es gschbeiwlad fua r ana schdeeweinhalle
und en hintagrund auf jedn foe:

da liawe oede schdeffö!

a keneg fon egibtn

a keneg fon egibtn
reit auf an nüüpfead
a keneg fon kina
reit auf an drochn
a keneg fon sütboe
reit auf an binguin
und ole drei medranaund glaumd
se san aa scho wea!

i owa mechad
met da kenigin fon sütboe
und met da kenegin fon kina
und met da kenegin
fon unta r und owaegibtn
one tamtam
gaunz bescheidn
auf an anzechn leiduach reidn
auf an anzechn leiduach
en des wos ma sim schwäuwaln eanare fotagrafin
en wiolet en rosa en grin
med greizzlschdich einegschdigt hedn

und waun da keneg fon egibtn
und da keneg fon kina
saumt n keneg fon sütboe
des sechad
daun dreffad s ole drei
da schlog
und ii
i dredad
de eabschoft au!

a rosn

a rosn
fümf rosn
dreizzen rosn
a lilibutanarin
fümf lilibutanarina
dreizzen lilibutanarina

a lilibutanarin und a rosn
fümf lilibutanarina und fümf rosn
dreizzen lilibutanarina und dreizzen rosn

a dode lilibutanarin
fümf dode lilibutanarina
dreizzen dode lilibutanarina

a dode rosn
fümf dode rosn
dreizzen dode rosn
a dode lilibutanarin
und a dode rosn
fümf dode lilibutanarina
und fümf dode rosn
dreizzen dode lilibutananarina
und dreizzen dode rosn

rosn
zoen
lilibutanarina
und
da dod

(Aus: hosn rosn baa, 1959)

fua lauta r aufregung

i hob de so unhamlech gean
das a de med deine fufzk kila
en gaunzn dog iwa
bis en d nocht
buglgraxndrong kent
und ned miad wuarat dabei!

a jez moe waun a de en da frua
aus dein haus aussakuma sich
und du schausd ned uma zu mia
woxn ma fua lauta r aufregung
diaregt fagismeinicht aus de finga..

a jez moe waun a de drinad
en ana dranwei oda r en autobuss drif
schdöö r a ma fua
das ii
foes e da schaffna waa
ma fua lauta aufregung
dein fuanauman en de haund zwikad
med n makiazangal..

a jez moe waun e zufölech en kino
nem dia r en bloz griag
bumpad ma fua lauta r aufregung
es heazz hintan hemt aso naresch
das se es buplikum beschwead
und me glei en da liachtbause
noch da wochnschau
fon bileteea r ausseschmeissn lost..

wos sol e do mochn?

i hob de eem aso unhamlech gean
das a de en gaunzn dog iwa
bis eine en d finztare nocht
one miad z wean buglgraxndrong kentad!

owa fua lauta r aufregung damoch es nii
das e amoe dazua kumad
dia des z song..

aum nussbeag xunga...

seawass maund und zwetschknresta
schdeixt soo schee aum himö auf!

zwischn d nussbam wia r a fogl:
seawass leicht dea heit dea fogl!

aus de kün sebtembablaln
schdeixt grod'aus fon wiazzhaus auffe...

du med deina zwülenxschwesta
auf da laungan hözzan lata...

lauta weischdek san de schbrissln
drid ned z schdoak sunzt brixt no duach!

seawass dedat dea r a loch haun
duach und duach bis hinta sidnei...

seawass maund und zwetschknresta
du mezzaumt dein siassn schwestal!

du gesd auf – und ii gee unta
wia r a bleiane antn unta

in mein eigan dopörausch!

liad en suma...

schau ma se gengseitech en d aung eine:
feleicht gibt s drinad wos z seng!
feleicht sich i deine dram drin

und du sixt de mein drin
wia bluman duach s fenzta r en reng ...

huach ma se gengseitech en d uan eine:
feleicht gibt s drinad wos z hean!
feleicht hear r deine dram drin
und du heasd de mein drin
wias s gnistan fon gas en d ladean ...

beiß ma se gengseitech en mund eine:
feleicht gibt s drinad wos z gschbian!
feleicht gschbia r i deine dram drin
und du gschbiasd de mein drin
wia schmetaling wos nemanaund fliang ...

sozbeag und galizzebeag

sozbeag und galizzebeag
hinta r eich zwaa briada
schloft nocht um nocht
seit a dausnd joa d sun
und drozzdem singd eich
aussa mia nimaund liada –
i was s ned woarum .. !

sozbeag und galizzebeag
es woedechn briada
eich zwaa how e xeng scho
oes ganz glana bua –
jo wea soit waun ned ii
eich besinga med liada?
des schded ma doch zua!

sozbeag und galizzebeag
en eich eadechn briada
mecht – noch n schdeam –
amoe daun i mei gruam . .
zwischn bromba r und eichn
ned z diaf und ned z niada
woat ma se s bessa
aum wuam . .

sozbeag und galizzebeag
so waa ma drei briada . .
und sechadn meine aung
a daun nimamea d sun –
i singad eich drozzdem
aus d wuazzln no liada
i bleiwad ned schdum!

en fedabinäu

en mein fedabinäu
    hea leara
sizt a zweagal
    hea leara
des kiföd ma olawäu
des oware end
fon mein blei oo
    hea leara

i kaun nix dafua
    hea leara
und tschuid is dea zweag
    hea leara
jo ea hod scho sogoa

mein bleischdiftschbizza
fola glane schoadn gmocht

und a messal zun schbizzn
   hea leara
weng inare sitnnotn
   hea leara
deaf ma fon daham aus
ned mitdrong ...
wia r owa
sol e daun meine blei schbizzn
   hea leara?

a zweagal
   hea leara
en so an fedabinäu
is dar wiaklech ka freid!
aso wos fadiabt an des gaunze schuigee!!

aso wos fadiabt an de gaunze schui
   hea leara
bis diaf en de ferien eine
   hea leara
und ma bleibt
   hea leara
   a dep!

waun amoe .. :

waun amoe da schwoaze koinmau
zu mia kuma soit
wiad a mitn in mei blumangatl
einegräun

und drinad
sei schiache koinrutschn
aufschdön..

waun amoe da weisse begkngsöö
zu mia kuma soit
wiad a auf mei guads gwaund
ned aufbassn
und sei grausligs möösib
zun ausbeiln aufaunga..

waun owa amoe da fleischhogka
med seina bluadschiazn kumd
wiad a ma
waun e no hoewad en dram bin
one wos z song gaunds schdüü
sei hagkal aum kopfboista
und sein schdreicha iwa mii
auf d duchat leng..

(Aus: med ana neichn schwoazzn dintn, 1959)

Der Schlüssel des heiligen Patrick

fragment eines segens

möge sanftmut sein auf deinen lippen, lieblich und lau wie ein abend
im sommer, der langsam ins laub der bergeschen sinkt..
möge freundlicher sinn sich breiten in deinen augen, anmutig und edel
wie die sonne, die aus nebeln sich hebend die ruhige see wärmt..
möge keuschheit sich spiegeln am grund deines herzens, heiter und
hell wie der quell des HEILIGEN BRENDAN, darin die taube ihr bild
schaut..
möge der weisheit entsprießen dir jegliche handlung, herrlich und
hoch wie der weizen eines guten gesegneten jahres ohne wurm, ohne
wühlmaus..

fragment eines reisegebetes

jeglichen lichtes bin ich bar,
dunkelheit ist um meine augen
...der griff des vogelfängers
...zwei eilein der seemöve...

jeglichen lichtes...........
.......verwirrte wege.......
einsam, ohne stern, ohne mond,
in der dunklen schrecklichen
schlinge..........regen....

einsam in dieser nacht ohne mond,
einsam in dieser nacht ohne stern,
einsam .... mit dem öl
deiner lampe deiner wahrheit im...

.... das gute licht deiner
wahrheit, o jesu, auf allen wegen
des leibes, auf den wegen der seele,
tröstlich .... stunde des sterbens.

aus: die barmherzigkeiten des christ

o du sohn gottes, tu ein wunder für mich
und ändere mein herz; du, der du fleisch wurdest
mich zu erlösen, wie leicht muß es dir fallen
meine schlechtigkeit in güte zu wandeln.

du bist es, der von den juden gegeißelt, für
mich starb; du, liebes kind mariä, bist das
geläuterte metall unserer schmiede.

du bist es, der uns die klare sonne gibt
mit dem eis zusammen; du bist es, der die flüsse schuf
und die lachse in den flüssen.

den nußbaum erblühen zu lassen, o christ,
ist eine seltene kunst; durch deine geschicklichkeit
aber keimt der kern, du schöne ähre unseres weizens.

wenn auch übel verdienen die kinder evä
die schwärme der vögel und die springenden lachse,
es war der unsterbliche vom kreuz, der beides schuf:
lachse und vögel.

er ist es, der die schlehenblüte dringen läßt
durch die bittere rinde des schwarzdorns
und die blüte der nuß auf dem baum;
welch wunder neben diesen wäre größer …?

die klage des vögleins

Der HEILIGE MAEL ANFAIDH war es, der irgend ein vöglein auf einem
waldbaume sitzen sah, weinend und jammernd. O GOTT, sagte der
heilige, was mag hier wohl geschehen sein? Nicht eher will ich einen
bissen mehr anrühren, kein morgen-, kein mittag-, kein abendbrot,
bis daß ich erfahren, um wessentwillen dieser kleine vogel so traurig
ist!
Wie er aber nun so dasaß und dachte, geschah es, daß ein bote des
himmels aus dem himmel stieg, und, in dem veränderten lichte, das
englischen erscheinungen zu eigen ist, auf ihn hinzutrat. Wohlan
denn, mein guter priester, sprach der engel GOTTES, lege du deine
sorge wieder hinter dich auf das moos der steine. MO LUA nämlich,
OCHAS sohn, ist heute gestorben. Und dies ist die ursache, warum
jegliches lebewesen in IRLAND um ihn klagt. Niemals hat MO LUA ein
lebewesen getötet, weder ein großes noch ein kleines. Es gibt wahrlich
unter euch menschen keinen, der heftiger um ihn weinen würde als
die tiere.. Und zu diesen gehört auch das vöglein über dir im baume,
das du nun hörst und siehest!

(Aus: Der Schlüssel des hl. Patrick, 1959)

noch vier gedichte, auf eine klinge geschrieben

meine beine erlernen nach langem
wieder das gehen,
meine hände erfreuen sich wieder
an der berührung zufälliger äste und blumen;
ein weg zwischen bäumen,
ein steig durch wiesen,
ein geweihter stein, der meinen blick richtet
wie ein gutgezieltes gewehr..

sonne fällt in das waldland,
eine grüngoldene fahne, die mitweht
mit jedem meiner schritte,
auf die throne der stillen nachmittage
setzt der kuckuck seine stimme,
die nachtigall wirft ihre spiegellaute
in den nächtlichen mond..
mit den ameisen teile ich moos und verfallene nadeln,
eicheln und nüsse mit den immernahen hähern.

könnte ich jemals diesen garten
meiner königin vergessen?
welcher delphin, welche möve
brachte mich diesem eiland?
efeukönigin,
tiefes, dunkles tal,
elfenbeinwunder,
lagerfeuer meiner hüfte,
all meine stunden und jahre
habe ich nach deinem garten gesucht –
das ist keine lüge!

ich liebe dich, mein heller altar,
meine sommerfadenfarbene wildnis
ich bitte dich um einlaß ...
es sind zwei junge tiere aus der wärme
deiner beiden brüste entstiegen
und ich bin herbeigeeilt
um für sie in mir eine hütte aufzubauen;
fröhlich tritt ihr zartes atmen
durch das haupttor meiner lungen!
mein rettender delphin, mein gefundenes eiland,
alle meine küsse will ich eintauschen mit dir
gegen nichts als zwei rote beeren ..

9. 10. 60

vom morgenstern laß uns
träume keltern und trinken.
sieh! um die stirnen der scheunen
treibt der blaue oktober ..
aufgeschlagen vor uns das frische
buchstabenbuch des herbstes
lesen wir beide die gelben verse
einer verwendeten ernte,
winden die heißen zenithe des sommers
in brunnen hinab,
segnen das wiederaufgezogene,
die eimer der kühle
und tauchen die hände hinein
und befeuchten den mund,
frischen ihn auf zu neuen,
zu helleren küssen,
denen nicht anklebt
das bittere vergangener brände.
komm!
wir wollen zusammen

über gilbende wiesen gehn,
damit sich die zeitlose
zart im blut unserer liebe erlöst!

10. 10. 60

wie der saft einer sehr süßen frucht
von dem man lange im traum trinkt..
wie der schatten eines jungen tieres,
das leise um eine quelle herumgeht..
wie ein sehr schöner, belaubter baum,
den die erste zärtlichkeit der nacht
heimsucht mit singenden grillen und tau..
wie mein eigener finger, geliebtes,
der ganz leicht deine lippen berührt..

14. 10. 60

einen wagen mit vier
schönen weißen pferden
habe ich
einfahren gesehen
in die festung
meiner vorgeahnten freude
und heimkehrte merlin,
der gute der wälder,
aus moos und wehendem farn;
den unsichtbaren
will ich eine monstranz
voll frischer eichenblätter
darbringen..
dieses wunder
erlebe ich kein zweites mal
in meinem leben!

20. 10. 60

flaschenposten

malmö/zweeden
von julai an 1964

wasserlobelia almegalsdatan
ich wohne lobelia almedals
nummernd auf weiß in weiß
weilands wo wolken gewölke
helle prognose dies mittags
wellige sommer dies sommers
rund um die scheibe und sehne
singend in almegals ulmen
wohne in elmen und algen
deiche und damme ich teiche
dichtre lobelien alme und dalme
die wasser wohn in den weißen
in nummern prognosend an ulmen
inis an anis an anis so wohn ich
lobelia unter almedalia übers

ich steh stabs sticher stark stehend
huflattichgrotten meinerseits sicher
primula veris und vaccinia nigra
klarraschelnder effekt der sonne hier
vorkindliche wildnis der schatten dort
man sieht durch monokel s licht der welt
meine ärmellänge hebt sich im hain ab
am äther behaust am farnlaut am birklaub
smeine ältere hand langt sich pilze
ich stehe augs sehr horchs links muldabs

inlet of a thermostat

so he took his wringled town tree
took his thermostat town drown tree
downed his sounds of a lawn town tree
tried his inner sized clown style
took his wild miled inner size clyde
run in seven mile inner town mileboots
booted kwan loon long syne goods
knew none of those inner wild truce
meant drizzling dribble spine boots
booted none of inne spice kwan loons
thought in croons swooned in spoons
took his wringled town tree loons

to ablybody

naphta of siberia in rye-ay
snow of moccasin in tay-zoo-mah
chloride in their kutub al qumik
love love love on its heights
more more more next shallow jhalum
river of downy swans next to shal-i-mar
in ín-dee-vee-dew-als restricted
as an ín in in ín in arrivals inwards
and with double love from moscow
and hah and tsay and art and mann

zwar auf schachteln zeichen marken viel
wagen sterne der ara palmen douanerien
kein haus doch grüngerahmt wert heims
weiters aber in tälern sanssoucis dorn
sand in apparaten sonnengedröhn rings
eine wasserferne tobaccobrown crownéd

dreiunddreißig schritt noch ans eiland
der dürrnis umgeschattet umgeschichtet

lerewick esperoit li gale des rossignols
danois bakom des arbres ils esperoient
tel fors hardis vor zinnsturm dem avant
ses cuers vestuz i jern foretoken tressil
ce mund des oiseaulx mourut (xxx £ geld
gull) lerkengrau grasblau dorntau og saa v

hommage au roi

sven gabel bart hart
härter sund wind gold
gabel bart gold galt ging
wind klang sven sund bart
wind wald wälder winds
ward gabel wände west wards
gabel gold wild wind wo
wand bart härter hart
gabel bart geld sund galt
winder wand bart wälder
galt gell wo ging sund
gong sven schwan wann wind wo
wer wie hvor for tvi att
hart bart härter gabel bart

per tag zwi mozart

each day one mozart pink a smithy
pink in the petal of a smithy stop
stop the buds stop the keys and learn
how to drop your mozarts in a smithy
each lilty day one drop of mozart

by the way by the stream by the hill
dimly lit in a petal of pink of day
tilted upside down as the keys turn
turn their dropping buds of a mozart

the kings way

king chakrap'at kongs work
kings wood owls out kong who
chakrap'at wongs wing kong
who wild ho sings wind wow
kong cling king loans who
howls hoods chakrap'at ho
the king comes out hoot who

dale 1 daffodilerdings weitabs
rahmengebläu eibengebläu weitabs
dana 2 tuliperdings nahends nah
offendorts zweigorts eibenauchs
dale 3 auf vogel lilien (3/6) blau
aberford (5/6) dreierfachs steilvau
dana 4 schwahns leben (23) totems
westliche heide schritte gradeaus

hier aankwam arnorr starkerdings

bahia blanca narvico
pernambuco tant bleu
bart ferraguts verne
fortsetzen
dreieinhalb hier
monsterreally
daheim und abroad

verne schildert dirs
1 arc en ciel rundum
auch arcus in polus
fortsetzen
viereinhalb dort
monsterreally
naus nautis
steigern

caedmon stickt stunden
kurze stücke milchstraßen
eiben eben sich zu balken
zarte traversen sternstarr
ampel der lämmer wegebreit
der reinliche himmel geweitet
eiserne beile zornzügel alke
und die strudelnden ströme

graben um graben umspringen

sie dreht sich einen stern aus
nimmt eine zinnie aus den augen
heißt al alibama mein tropfen
wer kann sich ihr (?) vergleichen.

little rourke off to mazatlan

croft mans crop vertigo play neck
magic mazatlan clay rocks craft crop
scribbled rock raucous ranges croft
leftly cleft vertigoes rightaways
cleft handed the ways mazatlan midwards
mint matches rigged mazatlan minting

little rourke magic mazatlan minting
croft mans crop vertigo neck away

zooo-oooms

after the rain talk talk
alles richtungs rio
ordéntlich knocks rott
nordéntlich riots
osténtlich westends
swingle dich sweetie
stweig sarxophons ab
phoney yours yummm-mmms
swarx dich in n stweigbügel
bürst dein melonens
belehns deins hemds
deins cwollars
shetlands unds studs
steig in n styx steils
entuphre ihn
phruphre ihn
hrügel ds bads stweigs
neun ha zehn ce art
vier mann und sechzig

der tag halcyon der tag magnusson
der tag healfdane der tag avalon
wale wale grüne wege große weiden
leuchtunge steinhäuser tangtümpel
oftmal blaumarkend von norden her
der herde schweine rennen treiben
oft durch nebel des apfels quer
den dritten tag den zweiten tag

den ersten tag halcyon magnusson
healfdane avalon auf grünem weg
des wals wals wenn licht staubtaut

corri vrechan westwestblaues haus
sprudelspund vielfach öst sturm heraus
wir haben die drachen drehn dichter bei
stauen träume wie nötigen wassers drei
brunnen aufgestaut ums tal rundum

er reitet wen wer leitet wann
stols über stols über stols stols
was singt dort (?) hüben drüben
eine drossel im horn ein tal laut
nancelot im schnee weit watet her
wer nimmt (?) sich meiner nacht an
andrer wagen auch rollt: seht hin
nicht auf (?) straßen auf moosen

clovis dieser trick
deine dame meine
klarer lerche atem

wer spreicht (?) aus
wer legt feuer an
wer entfernt binsen

wer schneidet (?) achtel
wer läutet elfelfelf
wer wildert die gans

starker eschengriff

scharfes aug polbank
langes gefunkel sonne

drüben dröhnt drummond
die belfernde bulldogge

waltstern himmelwind
auf waltstegen grotten
pale lichtet loneseome
tritt auf grauen schuhs
hebt sich aus schienen
spurt sparrig knarrend
steinstungt weoldwere
himmelweit waldet grünt

siehe dorn siehe doldar siehe dermoc
keiner weist sich aus kein papier hie
stark wie mein gedanke hoovers oster
aus mitten des meers aus unter der see
ein wakkeldelfin ein schweifstirn rauh
zweeden is achter de lee (!) ich hab aug
kommt zeit kommt ungnad nehmts auf euch

jedem seins eignen fäustlings bayeux
könige rechnen sich wildweit zurücke
wem aber morst lochret wem cinnfeal wem
du und die nägel an deiner falklandsfinger
immer fängt an ein zweiter immer dritter
etwas aber weiß ich: aug ist auf licht
ist auf gras ist auf blau ist auf seezinn

o nehmet die lichthäuser schicket licht aus

eorgad nenne ich natio:
windwärts hinüberbäumer
beorlas hag grüner port
zeichenlos zinn in wind
unzählig realms raubend
quer kopf ein feld bein
hand fuß quer sonn aug
weiter rüber mondmünder
zu neortfinder dombauer

postwendend keine kugel ins herz
verne in der petersilie suchen
ein detektivischer unstern mittens
vollkommen blaue sehnsucht auf planeten
der kapitän ist herr seiner vier tressen
er sieht den brief er liest er ißt ihn auf

camelot einer schachtel schatten vier
mit steilen fingern viel yards hinaus
stachelgehäus blau torkeln wie thorkel
niemandem lacht es oder gießt es tau
längs über sporben spornen sporven längs
frostig ist eis ist weißer ist rot..

blanker sporn der klinge im wind
es ravent sich heute was nacht
könig dreihundert kind siebenzwanzig
federschlehe am flugbus: taumelig
ankommt ein flamingus ein taucher
wirft fisch und vogel ans liebe licht
skillgram und seemaus skogram und lis
leuchttürme lichten taghell helltags

gesterne bespachtelt die schrecknacht
siebenundzwanzig das kind dreihundert
sporntos muts der alte reavende könig

Malmö 1964

kraniche kacheln mein haus aus
krähen kochen den wind den winter
kühler kommt der wald kälter die woge
wer wartet mein wissen wer wagt worte
woher wohin wie lange wandere ich
der schnee schürt meinen schuh
mein schuh meine spur meine sprünge
mein herz ist die spannfeder arnórrs
er war der kraniche herr ich bins der krähen

(Malmö 1964)

hun roar röra han
han horka höra hun
scogròar scrica den
höradarr hnistrar oc
hin herra burr
nù höra hroa hrims

ström steinn stiùr
estribo et strabo
stikkla stùr stem
mest alla falla or
mit mor sol salka
strabo strambòtico
streigla star streic
storn oc veikt òc

(Berlin 1966)

landschaften

(1966)

dann wandt ich mich
westwärts gen tara,
swar keine entfernung:
kein einziges roß
unter ihnen erreichte
tara vor mir ..
(coillte mac rónáin)

landschaft 1

eine linie nach der lerche der höhe eine linie nach
der lerche des nestes gelärme im silberhaus der luft

die bahn kommt das dampfroß die eiserne sache ah
rechts biegt der rauch ab die sonne grast überm tunnel –

farngrün wirkt fahl geht schatten ufernd bergwärts
nein und ja klingt s aus brunnenröhren rohren bambussen

aus wiesenquadraten großen seen ohne schwäne es folgt
seinen lettern aufrechten hingelegten fallendes laub

wirkt weit weg drum es steigt doch kein drache steigt
sommer steigt wind steigt regen doch steigt keine rose

wie s auch in tabellen heißt: rechne die null ab aber
wie s weiter heißt: ziehe erträge nach links geregne

an horizonten von nachbarn die sehen den ochsen äsen
alpaccafarben die stiere päonienkühe fernab deren kälber

der mond mag junge tiere in mulden in blätterndem salz
der levkojenäcker drin der chinese die furche erlernt

die wie ein pfiff die schmetterlingsknäuel trifft oder
die luft der forste sibiriens reine unbeackerte erde

landschaft 2

gartenschläuche borten reisender schräg an den himmel
darunter die blechlagune verlassener stationen tropfen

wie krieg und friede verteilt ein felsumrundendes wogen
matrosen aus booten aluminiumsand auf sand eilend eiländer

wie gestrandete wale schneckenhörnige trapeze leder und
sonne rot vor dem fenster ein gleicher trog aus bläue ein

geschleudertes stückchen ozean auf der brust des inlands
kleine zerborstene gegenstände eine minute lang eine breit

segeltuchfetzen in den kiemen der luft ausgesetzte metalle
die springfeder früherer tage im glanz halber bogen maße

der abzug nach ungegenständlich gerichtet weitere leute
in weiß kopien von grotten und tauchern hier aber sehr

hochgewunden wie flaggen an der stange der sonnenscheibe
über gegenständen einen meridian lang einen breit jeder

wie die erwartung des ersten hurras wenn roter dampf die
stürmenden helme verhüllt weiter hinaus noch noch weiter

ins auffinden von reserveteilen ins geklapper von tasten
in später bedrückende gleichförmigkeit edler depeschen

landschaft 3

die gelockerte geometrie des hasen das kläff-kläff
der meute ein herumschlagen in netzen ackerkräuter

leute mit geöffneten kragen füllfederetuis wie man
sie im walde trägt sonnige plätzchen mit roten karos

stures blicken vereinte handschläge hellere aufschläge
im gebüsch anschläge auch die gewalt des lenzes erster

nullpunkt und windstoß mc cormicks spezereien trocken
oder flüssig in fläschchen die männer unter hüten sehr

bedeckt wartend eine saison in waffen und wipfeln es
bedeutet keinerlei aufwand steinbrechbestreut zieht er

der vormittag seine bahn begeht sie besinnt sich haut
ab sieht ein feuer schweifen durch bäume bauscht sich

wird wolke raucht wie abgelegener regen berauscht die
spur lockt die hunde verwahrt sich in dosen macht sich

haltbar bekömmlich lecker kullert in laderäumen automobile
stoppen leute steigen aus verladungen geschehen geknall

gesang aus transistorgeräten geraschel im altlaub zecken
am futteral gamaschen knarren ein hase übersetzt den bach

landschaft 4

herr herr hehres geklapper der mühlen die küchenfee zieht
klappernd durch milch durch kaffee durch die corn-flakes

und der wind aus tibet fällt stumm wie ein schwert auch
in klatschmohn bewegt sich ihr leib bewegt sich die fee

sie kömmt von der gattung ein festlicher anblick ein
klangvolles seufzen ein frühstück zu zweien ah fee du

oh wild fällt ein brief aus dem cadillac bravo wer fängt
ihn wer reißt ihn wer liest ihn auf? corn-flakes der flur

kaffee der stille und milch der matten der gärten der
blumen die klappern fräsien wie pergament wie briefe

und der wind aus tibet fällt stumm wie ein kuß auch
er öffnet den mund wie ein fisch er klappert in pfannen

es ist diese küchenfee ihr busen bewegt sich er odmet
er tut sein gut teil er duftet wie milch in den morgen

o herr o herr ich höre viel sausen es ist als ob wind
aus dem gasrohr entströmte tibetischer lenzwind o mani

o padme der brief fällt mit wüten er wirbelt zur küche
wer reißt ihn wer fängt ihn wer liest ihn mir auf?

landschaft 5

da läßt die köchin alles fallen topf und teller gehn
in scherben die suppe rollt auf den dielen fett zischt

über linoleum hinweg napoleon sinnt unter seinem hut
wild tobt die schlacht von austerlitz vorbei wehn fahnen

dragoner stürzen aus den zuckermörsern husaren purzeln
von den küchentischen vorbei vorbei die jungen aare ha

wie da die feger wischen ha wie da das steingut schnarrt
es ist ein weißes dampfen überm feld der held napoleon

fegt durch die helle küche grenadiere her o öffnet mir
des windes weite fenster den bruch zur pyramide türmt die

köchin hoch noch ist ein kohl im haus der edle wirsing
zieht die konsequenz wie einen säbel schwingt die deutsche

faust zum gegenstoß es scheppern die kanonen en avant mes
braves gaillards die köchin stöhnt ein vöglein zirpt bereits

im blätterhaus ein tränlein netzt der köchin schöne breite
brust am bache steht napoleon er linst er watet rüber drüber

verrat ein schrei wer war es o das schmucke teure porzellan
es ist ein wahrer jammer ihr hohen götter stillet meine klage

landschaft 6

am schnabel der luft eine ente ein porzellan ein stein
ein oval eine gräserreiche ebene ein ufer falter darüber

parkiges baum eiche losgetrennte säulen lotrechte stadien
wagerechte torsi senator unter männern im gewipfel ruhe

und bei den gräbern der mittleren der alten der jungen
am weißen bogen des eingangs an der wollschur der schafe

wie der entfiederung des schwans oder des nassen ibis der
grünes rupft und die maultrommel der frösche nach überaus

heißem tag wenn goldsucher lagern wenn kanister sprechen
wenn kleine feuer hierorts das lied führen echo auf hartem

wiederholung von sätzen refrains einer sprungdeckeluhr in
erbaulicher stille stunde der rast des archäologen lorbeer

getaner mühe abfassung terrestrer briefe spacialer logbücher
die bürstung eines breiten hutes unter anderem wenn einer

zurückkehrt von der jagd nach vögeln steinchen zwischen
socken und schuh eine hand streift die wand die ruinen sie

berührt eine leitung der senator verfährt nach belieben er
bäumt seinen schatten mit macht bis zum plätschernden fluß

landschaft 7

welch süße stimme im hölzernen koloß eine nachtigall etwa
vielleicht nachsehen schauen was los ist ins innere schielen

nein hier ist keine bleibe der papua beläuft seinen pfad die
sehnen entfernt er färbt gefieder rotes in gelb um gelbes in

rot um umlagert das nest der familien mit frischen fröschen
schleudert die scheiße der schmeißfliege schießt geradezu

elegant mit dem blasrohr trifft auf verwandtes trifft einen
hornkamm nicht aber das runde bestrahlte eingangsloch zum

himmel ist verfertiger von leitern glückt ihm schwieriges so
klappert er seinen bericht in die maschine trag diese note

sogleich zur post ein ofenhauch kommt aus dem inland trifft
die see ein unförmiger gast auf unterholz tretend die union

der götter beleidigend ein primitiver ausguck auf baumriesen
siehe der ferne rauch der sich nähert ein waldbrand auf der

unruhigen oberfläche des herzens ein chirurg unter wilden
wagt weit vor ist im vollbesitze sagenhafter courage regen

nagelt mit kleinen hämmerchen auf die kasten der klempner
in der plantage trinkt man bier kein aquarium war je so grün

landschaft 8

ein ersehntes gewitter hat sich der kuh in die hörner
gesetzt es trottet näher die langsame kuh ist das

haustier der eichen durch die schatten die ein friedlich
ereignis vorauswirft spaziert diese kuh an den hörnern

gewitter sekunden vergehn am expreßzug er huscht in die
ferne jeder blitz sitzt noch fest in hülsen aus messing

oho der schäfer in loden kratzt sich am glied es wird
ein gewitter geben ich spür es ich habe noch vieles zu

tun ein jüngling wirft einen cent in den fischteich der
schlägt ihm ein auge aller donner ist noch zum trocknen

an freyas leine der mann von der bahn versieht seinen
handgriff an halbdunklen weichen er kratzt sich am glied

oho es wird ein gewitter geben ich spür es ich habe noch
vieles zu tun eine kuh kommt aus eichen hervor trägt

hülsen aus messing die leine ein leinchen von horn zu
horn gehts mit trocknendem donner im duftenden westwind

der in eichen erwacht flattert freyas reinheit ein jüngling
kratzt sich am glied oho es wird ein gewitter geben ich spür

es ich habe heut gar nichts zu tun das gefällt mir ein regen
geht nieder die blitze zersprengen die hülsen der donner

verläßt seine klammern scheu wird die kuh geneigter die
eiche der jüngling zu ihr: mit freyas erlaubnis ein kuß

landschaft 9

hört leute diesen ruf das wetter ist auf wellen hierwärts
wartet in unterständen wälzt blumen vor sich ballen klees

die droge stimmt die stare drücken ihre kleine brust vor es
stimmt in allen fugen fragt die frau auf dem flußdampfer

den man an der wassermühle gehfertig sind flossies schuhe
in earthas bauch rührt sich leben knospt entfaltbares die

nixe hält den finger vor die lippen streift die kosealgen
der querschwimmer falls dies erlaubt ist die straffe linie

der jungen fische das schaufelrad ertönt ja es geht um das
leben es kommt gesprungen der quell ist auf geben sie dank

die frau taucht tief wie fahnen ziehen die vögel darüber
die zungen im schnabel daran ein stück äther mann sind die

hoch im sonntag aber wo die schuhe der erde genähtes leder
die dehnbarkeit der neuen stunden der grasbedarf kommender

wochen ist auch egal wer die lippen berührt heischt stille
der ist der nixe verwandt der ihr öl küßt schwimmerin aber

gar manche wenn der dampfer seine last trägt die sehr helle
droge die lenzbestimmte oh an der wassermühle da klappert s

geflügelte düfte streifer im schatten wer kommt durch
den garten über den kieselpfad durch rosen gehobene

hand da ist sie huhu huhu da bin ich machte mir sorgen
küßchen vor weißen portalen selbst an der treppe aber

gleich semaphoren den nesthäkchen der schmetterlinge
durch die rabatten und links und rechts ja selbst unter

grillen im farn gegroll unter viadukten der s-bahn ei
wer humpelt aus dem keller hat hier das pils zerschlagen

wem ist das knie im dunkln verletzt in der sykomore da
der aufrechte diener die schwarz-weiße flagge befestigt

nein daß doch dieser und jener läuft über den damm ohne
weitres ein mädel aus togo durch die fliederlila brille

betrachtet bestaunt gemaust und verjubelt wie wird mir
ei daß ich sie doch schon mit fünfzehn vernascht hätt

dein kleid meine hose der ersten liebe farben regenbogen
über potsdam mache mir pfützchen mein regen ich strample

taumle ein lebendes bild das autoöl blinkt ei tu schon
will meine schuhe verderben du strumpf du du blättchen

landschaft 11

in dieser sonne steht ein starker ofen der macht heißen sommer
wir scheuen keine mühe mahlen den jasmin der duftet trocknend

ne wolke groß wie ne ente ziehet im west wild geht die uhr im
haus es sollte regen rumgehn zweimal ging kein einzig mal das

licht durch eine scheibe geht ein staubiges du traum ein seiden
korn wir öffnen leicht die lippen treffen so die reinen zähne

geschmeidig führt der mund sein himbeermesser meistert mühlos
kommt flink zurande rötet seufzer an bedenkt vermutet sucht

errät sehr stumm sinkt fleisch ins fleisch tach liebes entlein
heute mach ich mir schon sorgen der wächter pocht im bad hallo

wir öffnen alle fenster und die hemden stunden bittrer butter
träuft s s ist sommer liebes entlein wolken wehen bahndammüber

nesselhaine grüne unbesprengte wie die ulme blinkt bald abend
abend sage ich auch roggen wächst im land ah wie mein entlein

regenschwanger schwillt du lieber bauch im fenster stehn so
voll gardinen glockenblumen läuten gartentief ein schatten unter

beiden augen mein fahrenheit mein gestern heute morgen himmel
oh zieht die laken glatt streckt windet eure arme atmet turnt

landschaft 12

der gefangene in sing-sing oder der gentleman in der
peter-paulsfestung william wo liegt hier der strich

so eng nicht aber ist das netz der grenzer der f b i
der polizei der guardias civiles hebet die nachtigall

an kömmt vieles vom lenze getragen und s tagtägliche
horchen des vogels das suchen nach einem neuen laut

nach zusammenstellungen das reizt mich ist freiheit
zeige ihnen die sonne sie wird sie blenden wie eine

blume die braut und du stehest außer ihnen monokel
im auge wie eingegipst den rock ordentlich gebürstet

william der mai du hast ihn erwartet sir mai you are
well met und hernach ist geburtstag ein tag in fahnen

deine frau bereitet im munde den kuß vor mein freud
das ist macht ist herrlichkeit gibt dir das antlitz

der himmel er hat das blau gepachtet ist eine schöne
karte du weisst ihm dank veränderlich aber ist s jahr

im winter rasselt die kette nun aber stehest du hoch
zwei meter vierzig über aller mühsal ein freier auch

landschaft 13

wo bin ich wer bin ich wessen bin ich bin ich in guten
händen bin ich die waise im bett oder die waise im dreck

nee nee nee bettgast oder dreckhocker was ist das frage
alles frage oder in frage gestellt wie ein himmel der ein

loch hat daraus unvorsichtige heilige stürzen was frage
ich mich ist ein unvollkommener himmel ist das liebschaft

die ich mir selbst verbessere vormache beillusioniere ja
nichts andres tu ich tat ich werde ich wohl tun ja jedoch

was wäre täte ich andres frage fragespiel ein spielchen
zu zweien wer mogelt wer ist der dumme oh ihr doofmänner

die ihr denket das leben sei vollkommen genäht ein bestes
werk eines ordentlichen schneiders frage wer schneidert

so gut wer baut den anzug ohne falte wer näht ein in die
vollkommensitzende haut schafsköpfe ihr die ihr glaubt

oh daß euch die schulternähte platzten schafsköpfe die
ihr denkt ihr wäret in guten händen gleich einer sich

erholenden waise nee der film ist zwar abgedreht jedoch
ein schönes märchen wo bin ich in guten händen ja scheiße

landschaft 14

die rappen sind über den hafer her die rappen sind über
das meer hat tiefe stellen der schwan spädaste örn äugt

unschuldge handvoll körner lockt den schwan ein schatten
weht im laufen lilienweiß der wind vom meer die sommer

westwärts gehn soldaten stehn sie ziehen die trompete he
ihr blauen reiter seht den hafer dort im land ach mitten

drin der earl sitzet stumm in blauem rocke trauervoll he
zählet eure knöpfe farnmor äugt verrät kein sterbenswort

hält seinen finger vor den mund es singt der schwan im
sonnenschein die rappen traben her ins kobaltblau geht

farnmor er schaltet waltet herrscht für diesen earl oh
das meer hat tiefe stellen sehet hier die nixe stimmt

ihr schneckenhorn im lilienweißen wind kommt an der
schwan valerii örn zieht seinen flug vor earls augen

ab mysterium natur die hengste springen nach den stuten
frei in kobaltblau er farnmor kommandiert die schar

nach rechts ans helle meer er kennt die tiefren stellen
nimmt davon notiz bedenkt s er winkt der nahen nixe zu

landschaft 15

eine deftige vesper im forsthaus eine rast im kühlen wer
hätte die nie gemacht aber wir sehen den rauch der nahen

lichtungen sind s köhler sind s pfadfinder armin überquert
die stellen des sandes kommt aus den kiefern wir sehen das

von der veranda ob er auch helenens gedenkt der zaubrin
an der rotbuche im wald in der müritz leute s ist wahr

insofern gleichen wir den lilien auf dem felde den rosen
auf dem tische aber im dunkelen unterholz da zischet die

natter die beerenhüterin die lady eines doppelten dorns
und helene begegnet ihr die zaghafte furchtsame oh barfuß

im bette ich bitte was ist das jedoch in dämmrungen der
himbeere fragt s flinke emslein dieses und wir am waldrand

merkens s an der art wie armin den hut trägt den schrägen
am nachhausweg an der linie seines schwanken stockes oder

bei der begegnung mit helenens zarter erscheinung im sieb
der abendsonne hunderte nadeln lichts was sagt da die haut

wie reagiert das fühlhorn der schnecke wie arbeitet hier
der reflex der vipernglätte oh wir eilen an himbeeren vorbei

landschaft 16

der adler liebt sein nest arnórr seine verse ich liebe
meine frau sie ist freyas federchen die schmale zeile

die kleine insel meines leibes ein heller horizont an
dem ich bäume seh ist in tagemärschen zu erreichen oft

trübt sich die sonne ein oft setzt es regen zwillingen
aber gleich sind meine füße und guter götter so manche

wenn die nacht fällt wenn der morgen graut ich darf oft
freude haben sie läßt mich nicht im stich ja sie beugt

sich zu mir und berührt meine hüfte in herbergen lege
ich mich zu ihr sie ist die fee die mir vom brunnen aus

mitfolgt sie hat keine magd sie ist weiß und dunkel in
vieler hinsicht ist sie meine hand wie hindinnen atmen

hinter den pflanzen die täler und große blätter daraus
wir kinder hüte machten schirmen den schlaf liebe frau

es ist ein mann vor der tür leg nicht die kette vor oh
sei ölkaminen gleich verbreite wärme ich lebe valhall

ist ein fernes weites haus im nordlicht oft sehe ich es
vom weg aus wer tags geht und nachts schläft hat s gut

landschaft 17

auftaucht sie zwischen seerosen im unisono der frösche
wie man sagt in die wärme des abends aus kühlerem wasser

und der wächter besorgt den lampion er streut seine röte
in hurtiges dämmern und da ein schatten setzt sich vom

turm ab es schweigt der präraffealit ein blatt strebt zum
teich hin der nachen bewegt sich im dunkelen raunen des

ufers sie schwimmt bis ans bootshaus derweil aus der tüte
erdbeeren naschet das licht der jarl besinnt sich er tut

was die lust beut beweglich ist heute der gürtel der wein
träumt auf der stellage ein stern sprüht im all auf man

höret viel rauschendes laub auch das treten in schilf oh
jetzt vor das haus die rasche sirene verklingt hier ist

das ende der leine sie greift sie berührt ihre nässe oft
ging schon ein tag so zur neige noch raschelt ein vogel

am wall in den farnen der wächter verstreuet viel licht
doch triffts nicht die beiden versieht nur die wiesen

der höfe erreicht nie das bootshaus und waverley merkt s
seht er tritt an das fenster er öffnet s er winkt auch

landschaft 18

die süsse der nachtigall hat den wald durchbrochen sie
dringt an mein ohr auf wellen des abends kam sie ob sie

gezielt ist wer weiß es ich aber nehme sie wie eine
tasse schöner milch ich trinke der nacht zu sie allein

ist s die mich kleidet in diebstracht wenn ich liebe
suche in mulden auf hügeln unter einem verborgenen baum

ja ich atme das nest das noch ungebaute ein forst auch
in samen der plötzlich erwächst und steht mit hütenden

schatten darin ich in ihrem namen ergreife was zu halten
ist wie liebliche macht der brüste und enge des leibes

oh und die sorgsame stille der hände wenn der mond sich
verspinnt an geschlossenen blüten von blumen du dafydd

verstehst das hast diese sprache gelehrt in zeilen der
vorzeit wie wenn ich jetzt nicht begriffe hader fürchtete

oder das schnauben des hahnreis gerechte götter es steht
ein wiederschein des walds in ihren augen als ob ein hauch

von grün zwei helle teiche rührte mein gang ist frei und
aufrecht wer will dem wehren ich frage nicht ich nehme

landschaft 19

in weitem mantel dort geht ewald kleist die bläuliche
tinktur des äthers färbet seine hand um sie ist bran-

denburg darin die luft des tags geboren wird ein hurt-
ger schwan bringt havelaufwärts sie der lilie kreide und

vom teer der brombeer klar vor spandaus ordentlicher rose in der mittagsglut fällt heimlich talergroßes licht

durch s loch des waldes ja der feuerkäfer kreuzt dort
nachts um blumen drehet tags der falter sich doch stille

spricht die fahne und das jagdhorn oh es schweigt in ed-
lem flug auch zieht die schwalbe herbstens fort ein ruch

aus tausend zweigen drinnen nester lagern ja und mädchen
sehn wir die fahnen fertigten und einen der sie trug

es kömmt ein schatten über see um see um see und e. von
kleist führt seinen vorsatz aus vom buchbaum auch fiel

schatten dir oh heilge zeit des sands darauf ein knabe
zag jetzt stapft es klirrt das tuch was fiel fiel frühe

landschaft 20

gráine verworfene gattin des fionn ich habe der höhlen
viele gebaut ausgebaut wie bleiben für jahre wie aber

bau ich im hochland die höhle die verborgne aus idho is
niort is gort is ailm ein gelager von eibe und esche und

efeu dazu die gerade die silberne tanne gewiß ich bin frei
mal frei wie der hirsch doch drei mal drei geht die jagd oh

führete mich der drache der heitere leitstern des himmels
wo s die mühle hat verlasse ich heimlich die droschke der

häuptling o neill erregt verließ er die daten den codex
ich finde die nordbahn sie nimmt mich gelassen zu abend

es sitzet noch sehr gut mein schlips noch nennt man mich
acab riuben teilmon moiria is acab ngoimar is ngoimar und

schwalbende schatten werfen die schnellen der lachse ans
wollene zeug meiner ländlichen tracht es ziehet ein vogel

wo die mühle sänftigt das wasser blau aber in wildem tau
tarnete sich der pikte ehmals wo aber tarne ich mich du

landschaft 21

der hahn auf der mühle die hände im mehle das stelldichein
in der mulde lieber trauter müllerssohn der abendstern ist

dir im nacken wenn du kömmst im concerto der grillen doch
der vatter leidet s nicht tobt durch die nächte des mahlsteins

als ob s einen schnee in die tiefe risse aus kasten des himmels
am hause des amtmanns vorbei der den vogel im käfige bauert

den papagei oval ist der rahmen des geschlechts aber rund wie
die räder der sehnsucht die tage vor peter und pauli der öse

des sommers durch die man die sonn zieht die strahlengewohnte
lediglich waldo vergißt sich gedankenlos mähet sein schritt

es flieht eine wachtel ach schone der eilein es blitzt aus
dem haus unter rüstern das rauschende licht fragt auch s

gretelein waldo was soll der zinnober keck zwar doch rechtens
die leidige wolke wischt ab er ein kuß schmilzt im mittag

auf bergigen wäldern dehnet ein blau sich der amtmann versucht
seiner lory ein laura zu singen er hebt seinen finger verträumt

oh, diese bösen männer im gaslicht!

herr doktor jekyll
und misterchen hyde,
stehen im zimmer
und wechseln das kleid.

heavens! das gaslicht,
wie brennts heut so trüb,
und auch der vollmond
blickt keineswegs lieb.

horcht nur, da tappt was
die strasse entlang –
ein monster im gehrock,
das macht mir so bang.

drüben vom tower
da schlägts eben zwei,
heavens! was lauert
dort drunten am kai?

ach, mistress betsy
kehrt heim durch die nacht,
die sie in kneipen,
tingel-tangels verbracht.

und aus den schatten
tritts mächtig heraus,
sticht mistress betsy
das lebenslicht aus.

einmal ist keinmal,
zweidreimal doch viel,
und mit dem dolche
erreicht es sein ziel.

ja, gar manche dame
schrie schrill polizei,
doch herr mister hyde,
der fand nichts dabei.

dunkel die maske
wie schwärzeste nacht,
dahinter ein antlitz,
das hämisch verlacht

was redlichen leuten
für leben und gut
vom staate ersonnen
in codices ruht.

und über den dächern
des großen paris
schwebt ein verhängnis,
das manchesmal bis

in die kanäle
und kloaken sich senkt,
wenn kommissar juve
es am wenigsten denkt.

und auch fandor trifft
ein seltsamer graus,
trägt man entleibte
aus villen heraus.

indes im atlantik
mit federndem schritt
tanzt fantomas offen
bei bordbällen mit

und milady beltham,
sein schöner kumpan,
lacht golduhrbehängte
finanzmänner an.

das aug der guillotine
verdrossen starrt,
weil es ohne hoffnung
auf fantomas harrt!

herr über messer
und seife zu sein,
dünkt die rasierer
von london gar fein.

so auch sweeney todd.
er war von beruf
der schlimmste barbier,
den der teufel erschuf.

er war in fleet-street,
good lord, etabliert,
es hatten viel opfer
zu ihm sich verirrt.

jahre durch kehrten
die kunden dort ein,
doch kehrt keiner wieder,
wie mochte das sein?

die sonne geht unter,
der mond der geht auf,
im keller da wachsen
die leichen zu hauf.

die pflege der barttracht
beachten man tut,
wie den neuen raglan
oder seidenen hut.

gestuhlt und beseift
saß da mancher herr
in sweeneys laden
und hüstelte sehr

wenn ihm der meister
nach getaner rasur
mit seiner klinge
die kehle durchfuhr.

(1968)

Theater

Die Zyklopin
oder
Die Zerstörung einer Schneiderpuppe

Pantomime mit inzidenter Musik & Rezitation

Personen:
Pierrot als Dichter
Die Zyklopin Enocchina
Die Schneiderpuppe
Der zerrissene Orpheus
Mond in gelb und schwarz
Sprecherin
Genien, Engel & Halbgötter

Bilderfolge:
1.) Bahnperron
2.) Desolates Atelier
3.) Straßenausschnitt einer Stadt in Manchesterstil & Chiricoantike
4.) Desolates Atelier abends
5.) wie Bild 3, nur Nacht
6.) wie Bild 1, nur Nacht

I. Am Bahnperron.

1.) In einer morgendlichen Essenz von Vorahnung und Pelargonien
wartet Pierrot auf die von ihm geliebte Enocchina, die – wie eine
Prophezeiung – auf alle Fälle eintreffen muß. Aber sie kommt
nicht und kommt nicht ... Musik, Rezitation.
2.) Er wendet sich fragend an den Billetschalter, aber aus dem kommen nur Mäuse, Staub und Papierschlangen.

3.) Im frischen herbstlichen Morgenlicht erscheinen die Engel der Stationen aller Länder. Sie sind mit grauen Spinnweben bekleidet und tragen um Hals und Armgelenke Kettchen aus rostigem Metallabfall. Sie spielen Eisenbahn und benehmen sich wie träumende Kinder. Sie rufen in einem fort uuuuh, als ahmten sie die Pfeifsignale von Lokomotiven nach.

4.) Die Verzweiflung Pierrots aus Langeweile und Sehnsucht steigert sich. Währenddessen geht die Eisenbahnquadrille der Bahnhofsengel vor sich. – – – Musik.

II. Desolates Atelier nach einem Schneider.

1.) Pierrot ist wieder in sein Atelier zurückkkehrt. Das Atelier gehörte vor dem plötzlichen Exodus der Stadtbevölkerung einem Schneider. Man sieht Maßbänder, Blattpflanzen, Journale, Nadelkissen, obszöne Fotos, den Strick eines Selbstmörders, Messer u. Scheren + andere Utensilien, wie man sie eben in jenen unwahrscheinlichen Ateliers der 7. Etagen antrifft.

Das Hauptmobiliar jedoch bilden ein altes Canapé und eine schwarze Modellierpuppe mit ausgeprägt schönen Formen. Sie trägt noch Spuren von der zuletzt an ihr vorgenommenen Arbeit: Nähte aus weißem Zwirn, angeheftete Pölsterchen, ein Maßband um den Hals, Stecknadeln etc.

2.) Die Einsamkeit Pierrots hat ihren Höhepunkt erreicht. Er ist Dichter und beschwört daher durch die ihm innewohnende Kraft den Schatten des zerrissenen Orpheus, welcher tatsächlich erscheint und mit seiner Musik die schwarze Puppe für Pierrot zum Leben erweckt. – Musik. – Der Schatten des zerrissenen Orpheus zerfällt wieder. – – –

3.) Pierrot ist nun allein mit der fleischgewordenen Modellpuppe. Er wirbt um ihre Bereitwilligkeit, da er die Zeit bis zum Eintreffen der geliebten Zyklopin überbrücken will. – Rezitation. –

4.) Die dunkle Puppe ergibt sich schließlich. – Musik, Rezitation.

5.) Nun folgen Szenen auf dem Canapé, während der neuhinzugetretene Mond dauernd auf- und untergeht, um die endlos verstreichende Zeit zu symbolisieren ... Rezitation.

6.) Aus den Tapetenwänden des Ateliers lösen sich die Umrisse der Halbgötter und warnen Pierrot vergeblich ... Rezitation. – –

III. Straßenausschnitt einer Stadt in Manchesterstil & Chiricoantike.

1.) Die Szenerie der verlassenen Stadt präsentiert sich wie oben angegeben. Über den Torbogen und Geschäftsportalen, in Bäumen und verschollenen Straßenbahnwagen, unter Brücken und in alten Remisen nisten Genien und Halbgötter wie sanfte Vögel. Ihr Zwitschern erfüllt die langsam immer drückender werdende Atmosphäre der Szene. – Rezitation.

2.) Unruhe unter den Nistenden. Es wird kühler. Aufkommende Musik. Rezitation.

3.) Die Zyklopin Enocchina tritt auf. Sie ist dunkel und elegant und von der wohltaillierten Schmalheit der Tulpe. Genien und Halbgötter fliehen klagend u. überstürzt den Schauplatz ihres Auftrittes. – Musik – Enocchina setzt ihren Weg fort. – Rezitation.

4.) Keine Musik mehr. Nur das verstärkt auf Tonband aufgenommene Pochen eines Tierherzens ist bis zum Vorhang bei Aktschluß zu hören. Wenn der Vorhang gefallen ist, klingt es sukzessive aus.

IV. Desolates Atelier nach einem Schneider.

1.) Exit der vergeblich warnenden Halbgötter. Keine Musik, keine Rezitation.

2.) Die aufkommende Furcht des Pierrot. Das Nichtverstehenkönnen der Puppe. Man hört den Herzschlag. Sehr distant.

3.) Enocchina tritt ein und schließt die Türe hinter sich ab. Sie beachtet den zwischen Freude und Verlegenheit schwebenden Pierrot – nachdem sie die Situation schnell erfaßt hat – überhaupt nicht, sondern geht starr und wie in einem Zustand von Trance auf die verständnislos entsetzte Schneiderpuppe zu. Lettristischer Text der Puppe. Schrei. Die Zyklopin hat eine Axt ergriffen und zerschlägt mit ihr die Schneiderpuppe. Schrei. Man hört splitterndes Holz. Der stehengebliebene Pendelmond bedeckt sein Gesicht und bleibt reglos im Zentrum der Szene. – Musik. – Exit der Enocchina. Pierrot bricht zusammen.

V. Straßenausschnitt von Bild 3. Nacht. Absolute Leere.

1.) Der Mond trägt die zerstörte Puppe in die Szene und legt sie auf den Boden. Er bleibt über ihr und leuchtet mit seiner Laterne.

2.) Pierrot tritt irrend und verzweifelt auf. Er merkt nicht Puppe, nicht Mond, noch Enocchina, die, in die Einfahrt eines Hauses gedrückt, reglos verharrt. Nokturne Musik. Rezitation + Musik. Die Sprecherin tritt nun plötzlich in das übrige Geschehen.

3.) Der Ausklang dieses Bildes soll harmonisch in das folgende überleiten.

VI. Bahnperron. Nacht. Die letzten Schläge einer Uhr.

1.) Entrée des Pierrot. Seine Ausweglosigkeit. Er erhängt sich in der Dunkelheit.

2.) Die Spinnwebenengel des Bahnhofs kommen. Sie tragen Lampione + wiederholen genau dasselbe Spiel wie in Bild 1. Musik. Gleiches Motiv wie bei Bild 1, nur macabre.

3.) Die Zyklopin kommt an, um den letzten Zug noch vor seiner Abfahrt zu erreichen, und muß diese triste Quadrille durchschreiten. Sie wird von den Tanzenden noch eine Weile hin + hergetrieben und muß notgedrungen durch sie tanzen. Endlich kommt sie frei und erreicht den abfahrenden Zug noch zur rechten Minute. Die Engel rufen uuuuuuh – – – –

4.) Die Engel verlassen huschend die Bühne.

5.) Der Mond geht auf und leuchtet den erhängten Pierrot an. Dieser trägt vorne an der Brust eine Tafel. Darauf steht: *Pierrot als Dichter*. Das Herzklopfen des Tieres kommt wieder, klingt stark und stärker auf, um plötzlich mittendrin abzubrechen.

Vorhang

Wien 1952

die fahrt zur insel nantucket

: für gerhardus rühm

»iòris acus iochanaan na muir
cellgum gan ard gan bron iar
's cirrlòn san inis sa galarn;
a thusa regillam..«
(lib. pictorum: cap. iij.)

personen:
herr freweguest
herr rutherfurt
herr coninxtrum
stimme der meerfrau
erster chor
zweiter chor

die see wie ein grüner atlas in unruhe:

freweguest   : der schiffe hochstier drühmt
                 und raat
                 zu hellezont im sand verlohr..
rutherfurt   : einschwärmt mit losem lischer
                 scheere fisch auf fisch..
coninxtrum   : die ballen staulos starm und
                 staut gehn auf und ab und lee
                 und lie mestaal..
freweguest   : bagien und besam traulop kühl
                 belakt und grau vor hallborn
                 voll vor nebelluuv..
1. chor   : djuuv djuuv djuuv djuuv!

2. chor	: vorunterlee voroberlee
	vorbram voroberroyallee..!
rutherfurt	: o flunder grüner flundergast
	haul lang und rang und jäher!
coninxtrum	: das meer trissiel bescheer uns
	aanegang
	anschovis und der masten strung
	begunderswind miduunderlos..
freweguest	: geraade vloor begossen stumm
	auf aller häfen laagerluug..
rutherfurt	: o fillmor
	teleskop der düsen
	vischastronoom
	planetenströöm..
	das rad verliert die daten
	über lang
	und land erfindet
	wer ins land gelingt..!
1. chor	: djuuv djuuv djuuv...
2. chor	: voruntermars vorobermars
	vorunter und voroberbram....!
coninxtrum	: rossalban ist der feinde sporn
	verschließ ihn rund in deinem lauf..
freweguest	: durchheile deine augen zart
	o flunder grüner flundergast!
rutherfurt	: die blühne regt den staalenstaus
	gesättet dorn in unser blut..
coninxtrum	: bedeckt sich still –
	o cardemom –
	die sonnenanemoone liert..
	manillam saug die brisen
	bis a bis!
rutherfurt	: die inselwohnung die uns gut
	ein lügen wird..
1. chor	: djuuv djuuv djuuv..

2. chor   : vorroyal und vorschei!
             und dann das große untermars
             die sonnensonne obermars
             hinauf zum großen unterbram
             hinauf zum großen oberbram
             großroyal und groß schei..!

ein heißer muskel in der stimme einer meerfrau zeichnet sich auf der
abendlichen welle der see:

meerfrau   : dein lot erreicht mich nimmermehr
             die schwärme eilen meilen veer
             der bandelsalgen vogelzug
             rinnt über mir zu blasen..
rutherfurt   : ju fischfrau lös der ader schling
             blut lachse rot ins Wasser licht!
meerfrau   : still mir die lust
             stiehl mir die brust
             so stillmen stehlen wir
             die lust..
rutherfurt   : arindaxo bist du und steil..
meerfrau   : sei ging und ganf und genf
             o schlaf mich steil
             in haud und helm
             und daamendeil..
rutherfurt   : du bist der lienen weißes
             weißes horn
             verloren ist
             der augen mir
             algebrahorn!

und rutherfurt stürzt in das abgrundtieftosende grüne cardemom der
wütenden see und versinkt:

1. chor   : djuuv djuuv djuuv djuuv djuuv...

2. chor	: kreuzuntermars kreuzobermars
	kreuzunter und kreuzoberbram
	kreuzroyal und kreuzschrei ...
freweguest	: der mond schwehlt uns die segel
	geel und woob die seidenrausen
	lau ..
coninxtrum	: wo wochendagen laugt der wind
	und flunder grüner flunderruf
	das schiff umlaunt und regendacht ..
freweguest	: der schaum der grünen flunder
	stirbt
	sich schaum an hundert meilen
	tod ..
coninxtrum	: so wellen stern wir andelgaam
	so neemen bei die angdel lie

*aus der ferne klingt über das beruhigte meer das duett des ertrunke-
nen rutherfurt mit der meerfrau arindaxo:*

meerfrau	: lie la larridadah lie la larridadah
rutherfurt	: lie la larridadah &c &c.
1. chor	: djuuv djuuv djuuv djuuv ..
coninxtrum	: li la li la lilalialilalalalala &c.
freweguest	: schon dreht die meile leeling bei
coninxtrum	: der nadelkompaß hier voran ..
freweguest	: die insel löst sich augenbaar
	am underbeel die haulen vaar ..

*hier erreicht das gute schiff bei schönem klarem herbstwetter die
reede von nantucket während auf den umliegenden hügeln die rot-
häute stehn und in ihren fernrohren sehn wie herr freweguest und
herr coninxtrum mit dem wehenden banner castiliens das rettende
ufer betreten ..*

vorhang

mcmliv

tod eines leuchtturms

fragment

erste szene:

café mit stilisiertem interieur. dämmerung. herbstbrod sitzt schreibend an einem tischchen. an einem anderen tisch die mapamundi. sie trägt ein glattes einfärbiges kleid im transponierten stil der zwanziger jahre. das décolleté ist rund ausgeschnitten. keine ärmel.
hinter der theke links sieht der kopf des cafétiers hervor. wir haben den eindruck der kopf wäre auf einem teller angerichtet. leise radiomusik.

pilgoraj	: *mit akzent:* zerbrechen, nichts als zerbrechen.. die gestelle der blumenhändler.. die regenschirme beim begräbnis.. die sterbebetten im altersheim.. die tore italienischer friedhöfe zerbröckeln.. die meister vom krematorium auch ... zement.. nichts als zement und schlecht gemischt....
mapamundi	: *mit einem zahnstocher im mund:* hör auf papa, du machst uns alle traurig! der kaffee vereist sich bei solchen reden in der maschine..
pilgoraj	: .. was gesagt sein muß, muß raus aus magen und mund! aber immerhin, was haben wir davon? wie fällt er aus, unser lohn, nach all diesen jahren der ängstigung und des schlechten gewissens, das die kopfkissen näßt?.. kaffeemaschinen.. zerbrochene und zerbrechende kaffeemaschinen wohin man kommt und sieht..! was nützt da eine große vergangenheit hinterm ohr?
mapamundi	: *tröstend:* du bist und bleibst ein bedeutender mann, papa ...

pilgoraj   :.. so ist das leben! was nützt die vergangenheit? un-
                sere fingerspitzen sind zement geworden, unser ge-
                hör, die augensterne, die leber im bauch... und
                schließlich auch unsere gedanken zur nacht! sowas ist
                schwer zu ertragen, mädel, wenn man's auf der brust
                hat! am morgen husten immer die parkbäume.. die
                höre ich.. und die blumengestelle am städtischen
                krematorium von turin ... der holzwurm bohrt und
                knackt und bricht ...
                vielleicht gibt es sogar einen zementwurm!

mapamundi   : *nimmt den zahnstocher aus dem mund:* das ist der
                herbst, pilgoraj, der november.. mach dir nichts
                draus! was soll ich dir sagen?.. um diese zeit ist es
                nun einmal nicht anders! mein onkel und ich haben
                ebenfalls den uhrenhandel liquidieren müssen...
                astern in den zahnrädern mag keiner! sie haben alle
                zu wenig geschmack an der botanik.. der gute onkel
                wird sich wahrscheinlich noch dieses jahr in irgend
                einem waschraum umbringen.. aber das sind die in-
                fektiösen eigenschaften des herbsts... man wird be-
                scheidener.. was könnte einer mehr wünschen?

pilgoraj   : wünschen? wenn's beliebt, einen schönen schwarzen
                astrachan für den winter... ein warmer hals erhält
                den kopf bei laune!
                ich hatte in meiner turiner zeit einen schädelvermes-
                sungszirkel! herrliches exemplar! nickel.. en i ce
                ka e l ... der berühmte pantaletti war geradezu ver-
                liebt in ihn ... er ließ nicht locker .. zu seinem scha-
                den... bravissimo maestro!.. quanto costa?.. come
                sempre, come sempre....
                drei tage später haben sie ihn auf suppentellern ser-
                viert! herbst war es wie jetzt.. mein Gott, war das
                ein spettakel! alles hat sich gebogen vor husten als
                sie beim essen waren... tag und nacht konnten sie
                kein aug zumachen, die köche....

mapamundi	: der onkel soll um halb acht oder spätestens acht kommen.. er ist schon sechzig und in seinem alter leuchten die laternen am abend ein wenig trüber.. er ist immer melancholisch seit unserem uhrendebakel...
pilgoraj	: aber ein fescher mensch war ich damals schon! schnurrbart, sechser, gewichste stiefeletten... schöne weiber hab ich gehabt, da unten in turin... am wasser hat die musik gespielt! salonkapelle! die fisch sind geschwommen... die ober haben gehustet, der pantaletti hat geschrien... kegel haben wir geschoben in gstreiften leiberln und jetzt ist der herbst da... na ja, da tritt einer den andern und am ende gibt's einen haufen laub...
herbstbrod	: *hat sein schreiben beendet:* jetzt hab ich ihnen ekelhafter weise einen brief geschrieben, fräulein! raten sie was da drinnen steht! *er klebt einen brief zu:* verse sind es nicht! ich bin kein kitschier, sondern botaniker.. o ja! aufreibendes studium! aber ich hab mich mit fanatismus ins zeug gelegt... sie lieben doch dieses interessante fach, mein fräulein, wie ich ihren worten von letzthin entnehmen darf!? linné! mendelsche theorie! die kreuzung! das pikante der verfallserscheinungen.... holde floralnatur! ..mein spezialgebiet sind die geranienarten und vorzugsweise das pelargonium!.. sprachen sie nicht auch vorher über die klimatischen verhältnisse der kapkolonie im hinblick auf die hortikultur?
mapamundi	: *überhört herbstbrod und spricht zu pilgoraj:* mein onkel hamburg ist zeit seines lebens ein äußerst sauberer mann gewesen.. jeden morgen im waschraum!.. seine zimmerfrauen sind verzweifelt.. er liebt das feuchte der kachelwände und den geruch nach frischer seife.. er ist eins geworden mit dieser

	atmosfäre.. ich bin sicher wenn er jetzt hereinkäme könnte man keinen unterschied feststellen!
pilgoraj	: *das elektrische licht zuckt etwas:* das licht knistert in den birnen.. sachen sind das!.. und heute kommt auch noch der flöckelsam!.. fotografieren will er wieder... no ja, er lebt halt davon!
herbstbrod	: *er seufzt:* um diese jahreszeit habe ich immer eine große sehnsucht! ich will das ableben irgendeines alten leuchtturmwärters erleben... das wär ein schöner tag!!
pilgoraj	: ich bin immer wie erschlagen, wenn der flöckelsam fotografieren da war... er erinnert mich an den pantaletti von turin!
herbstbrod	: ja, so ist es wohl! der mensch, jung wie er ist, hat wünsche.... er hat sie und wird zu gleicher zeit von ihnen besessen.. *mapamundi wird auf herbstbrod aufmerksam:* ach, ich würde einen großmächtigen kranz für die funeralien spendieren!..
mapamundi	: *lebhaft geworden:* das ist aber herrlich, daß sie so gut träume auslegen können!.. was sagen sie zu diesen: ich träumte gestern von herrn hamburg, meinem onkel... aber es war gar nicht der richtige onkel.. er sah aus wie ein sanfter schwarzer riesenvogel und hielt eine rede über morgengymnastik!.. die versammlung weinte sich die augen rot...
herbstbrod	: nun gut! sie sollen es wissen, mein fräulein! ich sag es ihnen frei heraus... man muß frei und offen heraussagen.. friedrich schiller!!.. ich *will* mir einen leeren leuchtturm an der wilden see mieten, um dort mein lebenswerk über die arten der pelargonien in ruhe zu vollenden!... ich vermute, daß auch sie den pelargonien mit der gleichen feurigkeit ergeben sind wie ich... ihre augen sagen das!.. ich liebe diese blume, sagen sie... tut was ihr wollt!.. da bin ich, da bleib ich!

mapamundi : diese art der auslegung trifft mich seltsam... mit
einem male hoffe ich nun, daß sie ein schlechter
träumedeuter sein möchten!

herbstbrod : *ins pathetische übergehend. sehr edel:* sicherlich,
sicherlich und gewiß! es ist nicht die leichteste aufgabe, die ich mir da gestellt habe... aber ich werde
dennoch, allen auftretenden unsternen zum trotz,
meine texte zur rechten zeit fertigstellen... hoch
über der schäumenden see, ein kapitän ferragut der
botanik!... und von weihnachten ab, will ich auch
täglich ein feuer anmachen in den lichtkörben!

mapamundi : man soll sich lieber keine gedanken machen... lieber
sich nicht dran erinnern!...

pilgoraj : *zuerst leise, dann lauter werdend und gegen ende
seiner rede sehr laut und fast schluchzend:* ich kann
mich erinnern – im zwölferjahr war es – da haben
die köche aufgedrehte schnurrbärte getragen.. à la
kaiser... ich auch!.. die tische waren immer fein-
stens gedeckt! alles was gut und teuer war.. der
liebe pantaletti hat auch dran glauben müssen...
geschrieen hat der! wie ein perlhendl hat er ge-
schrieb... gute suppen, gute suppen... darauf geben
die italiener immer ein bissel parmesan... dann hab
ich ihnen den krakowiak getanzt, daß er nur so ge-
staubt hat!... pelikan haben sie mich damals gerufen...

herbstbrod : *dozierend:* sehr richtig, herr pilgoraj!.. brav geraten!! meine texte werden alle eigenhändig von mir
in die maschine geschrieben.. eine populärwissen-
schaftliche diktion und saubere fotos tragen ein
wesentliches zum erfolg bei!.. selbst ist der mann!
mein emblem ist seit eh und je das ornamentale geranium gewesen!..

pilgoraj : *schnappt beleidigt ein:* werden sie mir, wenn ich bitten darf, nicht grotesk! ich hab niemals ihre auf-

richtigkeit angezweifelt, aber vom zwölferjahr verstehen sie einen schmarrn!

mapamundi : *dazwischen:* aber papa, warum so bitter?.. trinken sie was drauf!

pilgoraj : *enragiert:* gar nichts versteht er! kein vergleich mit mir! ich.. ich habe noch den großen pantaletti gekannt... ich war in turin, in mailand, in verona.. und später bei den bosniaken an der piave!.. da hat's granaten geschneit, mein lieber!!.. ich kann schon behaupten, daß ich ein stück von der welt gesehn hab!...

herbstbrod : *versöhnlich und sanft:* ich will ehrlich sein.. unter der hand gesagt: ich hab neben der botanik noch ein kleines unschuldiges steckenpferd.... die *post!*... wohlgemerkt!: *die post!!* das soll noch lange nicht heißen, daß ich etwa ein filatelist wäre!!

pilgoraj : was?! der große pantaletti war ein tinnef?! da hört sich aber alles auf! fragen sie ruhig das mädel da.. ich kenne sie und ihren seligen herrn onkel, den alten hamburg! schöne geschichten, was sie über mich verbreiten, herr herbstbrod.. schöne geschichten!! von mir aus können sie jetzt ruhig beleidigt sein... ich komm auch ohne ihre kundschaft aus... wissen sie: der rettende engel sind sie *nicht,* lieber herr!!

mapamundi : *vermittelnd:* ach pilgoraj, sie verstören ja den herrn herbstbrod zu sehr! sicherlich hat er es nicht so bös gemeint, und was meinen armen onkel betrifft er wird ihm gewiß verzeihen...

(ende des ersten teils des fragmentes)

dritter aufzug:

alles wieder wie im ersten aufzug. pilgoraj und mapamundi. pilgoraj
nimmt ein altes 6-kreuzerheft hervor:

pilgoraj   : .. übergetitelt: »die rosenkreuzler von Prag« oder
                 »der daumen des ...« na! das ist schon verwischt ge-
                 wesen als ich es gekriegt hab ... was wird es schon
                 heißen?

mapamundi   : herbstbrod ist schon wieder einmal ohne adieu und
                 guten abend verschwunden ..
                 man kennt sich nicht aus bei ihm .. ein seltener
                 mensch!

pilgoraj   : seit dreißig jahren – jeden vormittag nach dem aus-
                 dembettsteigen – les ich darin ..
                 ich kann mir's halt nimmer abgewöhnen ..
                 hab's seinerzeit von dem slavik gekriegt .. !

mapamundi   : wer weiß .. vielleicht ist er doch ein genie .. ?!

pilgoraj   : .. seit dreißig jahren jeden tag!

mapamundi   : onkel hamburg müßte jetzt bald hier sein ...
                 fast acht uhr ist es schon .. !

pilgoraj   : hör zu mädel – und paß jetzt auf ...

mapamundi   : der entsetzliche wind draußen wird ihm leider recht
                 zu schaffen machen ...

pilgoraj schlägt eine unwillkürliche seitenzahl auf und beginnt mapa-
mundi vorzulesen:

pilgoraj   : ... da stand sie nun ... aha! da ist es schon .. also:
                 »mit eisiger kälte stand die alte gräfin vor rosalie.
                 barmherzigkeit, frau tant, rief das unglückliche
                 mädchen und brach in die knie .. barmherzigkeit,
                 ich hab es ja nur aus hunger getan ...«

mapamundi   : es bläst fast die häuser weg!

sie steht auf und geht zum fenster:

                ach so ...!

pilgoraj	: räucherwerk müßte verbrannt werden .. aber kein gewöhnliches .. der herbst damals in turin .. die aufgestapelten kränze ... wie da die wagen hin und herkutschierten ... ach ja .. !

mapamundi wendet sich vom fenster ab. gegen pilgoraj:

mapamundi	: ein segelschiff mit lampionen ist vor dem hauseingang stehengeblieben ...
pilgoraj	: zwerge und kleine pudelhunde züchten sie einem an! die käfige der alten monarchie waren voll davon ..

er schenkt ein großes glas voll und stellt es vor sich auf die theke. er deutet mit dem finger nach seinem magen:

                da drinnen aber werden sie nicht fett werden!!

wahlvangst kommt zur tür herein. er trägt blaue hosen und pullover:

wahlvangst	: heiliges kreuz .. ! kinder! die schiffsmeister gehen schon auf und ab am strand .. sie warten auf den riesenfisch ... braten wollen sie ihn – aber er kommt nicht!
pilgoraj	: das hirn ist kugelrund, und rollt so leicht davon ..
mapamundi	: der gulden ist ihm schon wieder zu leicht in die hosentaschen genäht, pilgoraj .. wie ein lockerer knopf ..

wahlvangst trinkt aus dem bereitgestellten glas:

wahlvangst	: mädchen du gefällst mir heute noch viel besser als das vorige mal.. immer besser gefällst du mir! am liebsten möcht ich dir die beiden hemisfären an den hintern malen..
mapamundi	: .. tätowiert wär so was schöner!

sie setzt sich kokett an wahlvangsts tisch:

> du bist ein weitgereister mann wahlvangst! .. erzähl mir was..

wahlvangst reicht pilgoraj sein leeres glas:

wahlvangst	: dasselbe nochmal für mich.. und was mit strohröhrchen!

er setzt sich breit hin:

> ich will dir was zeigen!
> aus korea mitgebracht.. hoho.. adresse und diverse details – alles drauf ...

er zieht einen pack mit fotos hervor und legt ihn auf den tisch:

mapamundi	: das mag ich nicht sehn..

pilgoraj kommt mit den getränken:

pilgoraj	: weil der onkel kommt..
mapamundi	: mein onkel ist der sauberste mensch in der welt ... ganz aus seife und kacheln..
wahlvangst	: .. und das hier sind magnetblümchen sag ich euch! da wird's einem schummerig vor zungen und augenzähnen ...!

pilgoraj und wahlvangst nehmen einblick in die fotos:

wahlvangst : eine doller wie die andre!
pilgoraj : schön und gut.. aber in turin sind sie fescher ...
           ITALIENERINNEN!!
mapamundi : onkel hamburg dürfte so was nicht sehen – er ist so
           sauber!

(ende des fragments)

die hochzeit caspars mit gelsomina

»hier sehen sie, was sie noch nie
gesehen haben und auch nie sehen
werden!«

personen:
caspar als bräutigam
ein beistand mit löwengesicht und hausschuhen
ein beistand mit adlergesicht und hausschuhen
der herr menschenfresser als lieber brautvater
das liebe fräulein gelsomina als braut
der herr pfarrer mit dem lackierten holzbein
die schwarze köchin aus dem kinderreigen
der fotograf mit dem teufelsschwanz

ort:
in einem altmodischen fotografenatelier

vor geschlossenem vorhang ouverture auf der grottenbahnorgel.
die opernmusik schwillt schicksalhaft und sinister an. eine schöne
»schwarze köchin« tritt zum prolog an die rampe. die musik wird
leiser, man hört sie jedoch aus gebührlicher entfernung:

schwarze   : sehr zu verzehrendes publikum, meine damen und
köchin   herren!
                für einige kleine minuten dieser schönverdämmern-
                den abendstunde habe ich ihnen zuliebe meine küche
                verlassen um ganz gegen meine profession den heu-
                tigen prolog vorzutragen.. ich bitte sie aber von

vorneherein, mich als einfache köchin zu beurteilen, die auch einmal einen prolog spricht, und nicht etwa als schauspielerin, die nebenbei, in ihrem privaten leben, eine, sagen wir, ganz gute köchin abgibt..

allora: ich bin seit einigen drei jahren im haushalt des herrn sapristi di mangiatutti, einem der hauptacteure dieses folgenden stückes, als betreuerin eines unersättlichen, jedoch delikaten gaumens beamtet, und ich darf ihnen mit offenem herzen versichern, daß ich in all den drei appetitlichen jahren nicht einen einzigen anlaß zu irgendwelcher klage gegeben habe.. ich bin eine perfekte und daher gesuchte köchin, was heute in dieser üblen zeit der amerikanischen konserven und schnellsiedetöpfe eine äußerste seltenheit bedeutet!

allora: in den kommenden meisterleistungen unserer darsteller werden sie sehen, wie mein herr, der liebe herr sapristi di mangiatutti seine tochter gelsomina an den caspar verheiratet. daß aber der mächtige herr sapristi seine jüngste und schönste tochter gerade an eine solch spaßhafte und nichtsnutzige persönlichkeit, wie sie der herr caspar nun einmal ist, verschwendet, hat wiederum seine besonderen gründe, welche ich jedoch nicht auf der großen schüssel servieren will. geschnittener speck springt bisweilen aus der heißen pfanne, aber ein wort im vertrauen gesagt, stets von einem ungerechten ohr ins andere..

allora: es wird eine prachtvolle hochzeitstafel werden, und selbstverständlich setze ich zum gelingen derselben mein bestes an meinen kochlöffel. handelt es sich doch immerhin um den myrthengrünen ehrentag meines lieblings gelsomina..

was ich kochen werde brauche ich ihnen nicht geheim zu halten und es wird die anwesenden damen wahrscheinlich nicht uninteressiert lassen, wenn ich ihnen einige rezepte verrate, die ich heute noch kulinarisch verwirkliche:

allora: unter anderen leckerbissen gibt es auch einen frischgefangenen installateur mit bratwurstfülle.. ein nicht zu fetter, mittelgroßer installateur wird ausgenommen, auf einer seite abgezogen und gespickt. dann streift man etwa zwölf kilo gute bratwurst aus, dünstet das ausgestreifte mit angelaufener petersilie ein wenig ab und gibt 15 in wasser erweichte semmeln und zwanzig eier dazu, füllt den installateur mit dieser fasch und näht ihn zu. hierauf läßt man in der bratpfanne butter heiß werden, gibt dreißig schnitten semmeln hinein, legt den installateur darauf und bratet ihn, ohne ihn umzukehren, eineinhalb stunden, wobei man ihn anfangs einige male mit butter begießt, mit salz und bröseln bestreut und dann den saft, zu welchem man öfters etwas wasser gibt, fleißig darüber schöpft. dieses, meine damen, gehört zu einer der sieben capitalleibspeisen meines lieben herrn sapristi di mangiatutti.. ihr herr gemahl wird sie umarmen, wenn sie ihm diese delikate wie leichtverdauliche speise auf den mittagstisch bringen sollten..

allora: ein ähnlich delikates, wenn auch nicht so leichtverdauliches gericht, ist ein gefüllter handelsvertreter auf fein bürgerliche art.. ein mittelgroßer handelsvertreter wird sauber enthaart und ausgenommen. dann salzt man ihn ein, füllt ihm den bauch mit fischfasch, (dieses muß aber mit parmesan statt rahm angemacht sein), und näht ihn zu, legt ihn in eine passende casserolle, gibt limonensaft, wein, öl, petersilie und schalotten darauf, deckt mit butter bestrichenes papier darüber und bratet ihn ungefähr eine stunde, wobei man ihn fleißig mit dem safte begießt. dann zieht man den faden, mit dem er

zusammengenäht wurde, aus, legt den handelsvertreter auf die vorgewärmte schüssel, überstreicht ihn
mit krebsbutter, der man gelee oder liebigs fleisch-
extrakt beigemischt hat, garniert ihn mit faschnok-
ken und serviert dazu in kleinen schüsseln kräuter-
oder austernsauce ...

nun, mein sehr zu verzehrendes publikum, meine
damen und herren, ist es wieder an der zeit nach der
küche zu eilen. die gäste sind bereits mit ihren auto-
mobilen unterwegs, das personal naschhaft und ich,
durch diese ungewohnte aufgabe als prolog, etwas
mitgenommen .. ich habe versucht, mich meines auf-
trages mit den mitteln eines profunden fachwissens
zu entledigen und bitte sie, mich nicht nach theatra-
lischen talenten, sondern nach meiner ehrlichen ambition als cuisinière zu richten ..

die »schwarze köchin« knickst und verschwindet kokett. die grotten-
bahnorgel schwillt wieder an, erreicht einen höhepunkt und ver-
klingt allmählich. der vorhang wird hochgezogen.
das fotografenatelier, in dem die schönen, braunen bilder der neun-
ziger jahre aufgenommen werden. das atelier hat einen hintergrund,
der aber keineswegs die illusion eines tatsächlichen hintergrundes auf
den zuschauer übertragen will. einige zimmerpalmen und eine weiße
bank möblieren den sonst kahlen raum. an der rampe, links vom
zuschauer, steht ein sehr großer fotoapparat mit dem obligaten
schwarzen tuch. caspar stürzt mit verzweifelten capriolen und pur-
zelbäumen in die szene. tusch & frenetischer applaus auf tonband:

caspar   : auslassen! unschuldig! schuldlos! ich werd's nimmer
          tun!

er kniet hin, beugt den kopf zu boden und schützt sein genick gegen
imaginäre schläge:

caspar : ich werd's gewiß und wirklich wahr nimmer tun! es
soll das letzte, allerletzte fräulein sein, was ich ge-
schändet habe. ich schwör's: ab heut kauf ich mir
noch eine große, liebe, jedoch artificielle puppe aus
der schönen stadt singapore. jetzt gleich laß ich sie
mir schicken, damit ich nicht mehr an lebendigen in
versuchung komm! die hab ich dann gekauft und
darf mit ihr lt. polizeiordnung schlafen und tanzen
und spielen und allerlei sonstige unzucht treiben,
ganz wie es mir gefallen tut, und kein abscheulicher
herr vatter kann mich dann zwingen, daß ich mit
seiner entehrten kleinen tochter als mr. bräutigam
zum herrn pfarrer lauf und nachher für zeit und
ewigkeit an den lieblichen leib drück, weil die chine-
serpuppen aus der schönen stadt singapore gar keinen wirklichen vattern nicht haben..!

er verschnauft, hebt vorsichtig den kopf und sieht sich suchend um:

caspar : wo bin ich denn eigentlich eingestiegen? recht un-
möbliert schaut's da ja schon aus..

*er steht auf und setzt sich seine künstliche lange nase, die verschoben
war, wieder zurecht:*

caspar : bei dem fotografen bin ich; da steht ja die große
zaubermaschine.. jaja.. aber so ein fotograf ist halt
doch noch besser als ein abgemachtes halstüchel oder
ein standesamt oder ein traualtar..

*er geht umher, dreht sich dabei jedoch immer ängstlich und ruckartig
um:*

caspar : wo wendet sich der hirsche hin, hat ihn der jager
scharf im sinn? jawohl, wo hinwenden in dieser ago-

nissanten verfolgungsnot? es darf doch nicht sein! mitnichten!! wie hätt ich's denn auch wissen sollen, daß die liebe fräulein bei der letzten maskerad die jüngste tochter vom herrn mentschenfresser sapristi di mangiatutti ist? lavora tutti, der tät schnalzen mit der zungen, wann der mich als suppenfleisch vertilgert..

er sitzt auf der bank nieder und blickt trübsinnig vor sich hin:

caspar : zu mehr wärert ich ja eh nicht zum brauchen bei meiner statur!
o du meine güte! jetzten soll ich sie stanterpeder heiraten, vor den herrn pfarrer führen, ein eheleben leiten, junge halbkannibalerln in die schnöde welt setzen!! no, habe die ehre.. und am end, wann ich in diesem wehstand am schluß noch ein solides embonpointerl ansetzen sollt, kriegt mein schwiegervater tatsächlich noch einen jähen guster und laßt mich von der schwarzen köchin auf ein beinfleisch nach hausmacherart verarbeiten..

er springt auf:

caspar : juhu, ich glaub die rettung liegt mir in der lauen luft!

er geht mit spaßhaften schritten, so als wollte er etwa einen vogel fangen, nach dem fotoapparat und hebt das fast bis zum boden langende tuch hoch:

caspar : heiliger kodakius, ich dank dir! ein fotografierapparat hat, wenn man's bedenkt, auch seine okkultierenden fähigkeiten..
aparte zum publikum
wißt ihr was? jawohl, genau das! ich werd mich in

119

derer schwarzen leinwand verstecken. das ist im moment noch das sicherste und außerdem ist's da drin
so lustig, weil man alles verkehrt sieht, was in wirklichkeit am kopf steht..

*er verbirgt sich hinter dem schwarzen tuch. man sieht indessen noch
seine waden:*

caspar : kuckuck! sucht's mich jetzt, ihr gefraßter!!

*je von links und rechts treten sehr atemlos die beiden herren beiständ
auf und treffen sich in der mitte, der eine hält einen eleganten spazierstock mit silberknauf und handschuhe, der andere einen bildschönen
zylinderhut, welcher mit einer himmelblauen florschleife und mit
zwei weißen täubchen geschmückt ist. die beiständ gehen in hausschuhen aus filz, sind aber sonst feierlich dunkel gekleidet. caspar
merkt sie nicht:*

rosmarin : püü!
güldenkraut : pff!

*sie wischen sich mit großen weißen taschentüchern den schweiß von
der stirne:*

güldenkraut : nun, was denken sie, mein lieber rosmarin, kann er
sich hier befinden? die szene scheint leer zu sein;
außer dieser weißgestrichenen gartenbank kein andres mobiliar..

beide sehen sich noch einmal in der runde um:

rosmarin : leer oder nicht leer, das ist hier keine frage, lieber
güldenkraut. früher oder später muß er ja wohl her-
kommen. weiß er doch, daß in diesem kunstatelier
die hochzeit, sowie die nachfolgende tafel samt ab-
fotografierung veranstaltet wird..

güldenkraut   : da haben sie so unrecht nicht, lieber rosmarin. ver-
                loren haben wir ihn ja nur einige schritte vor dem
                portal, also kann er nicht weit vom trauring sein.
                wollen wir uns nicht ein wenig setzen und unsre
                atemnöte verschnaufen? eine hurtigkeit sonderglei-
                chen besitzt dieser herr caspar..

sie nehmen platz und atmen erleichtert auf:

güldenkraut   : ah, das tut gut! sie müssen wissen, meine stiefeletten
                sind neu..

er zeigt seine filzpantoffeln elegant vor:

güldenkraut   : sie drücken noch etwas..
rosmarin   : ach ja, man hätte meinen können, der gute herr cas-
                par wäre von einem bösen teufel gejagt! ha ha! indes
                scheint ihm die liebe zu gelsomina ein paar ausge-
                zeichnete flügel verliehen zu haben, denen ein paar
                neue stiefeletten kein pari zu bieten vermögen..
güldenkraut   : nun, ich denke, bei gelsominens vortrefflicher schön-
                heit oder bellezza, wie der italiäner sagt, vermöchte
                man sogar mit zwickenden stiefeletten wie hermes
                oder irgend ein anderer marathonist dahineilen!
rosmarin   : wie recht sie haben, lieber güldenkraut! gelsomina
                ist schön wie eine prinzessin aus jasmin und parfü-
                mierten wildlederhandschuhen.. gelsomina! der
                name ist ihr nicht umsonst gegeben..
güldenkraut   : und überdies heiratet er in eine ausgezeichnete fami-
                lie, der herr casper. bekommt er nicht den hochbe-
                rühmten herr sapristi di mangiatutti zum schwieger-
                vater? wahrhaftig, eine beneidenswerte eidams-
                schaft! mangiatutti, der haupt- und übermeister der
                transponierten kannibalistik! wer käme einem mann
                wie ihm gleich?

rosmarin   : ich will sogar behaupten, daß nicht einmal der su-
                  perbe eynaug von syrakus mit ihm in die schranken
                  eines gaumenbewerbes treten könnte..

güldenkraut   : .. oder etwa gar der große kalliphag von novo sim-
                  birsk, wie sie ihn nennen! nein, keiner ist ihm an
                  gutem geschmack und feiner delikatesse gleich..

rosmarin   : nun, sei es wie es sei: herr caspar hat die große lotte-
                  rie seines lebens gezogen, und es erweist sich, wie
                  schon so oft, daß das glück immer und immer wieder
                  nur dem wagemutigen hold ist.

güldenkraut   : er war kühn wie ein römer und griff nach dem lor-
                  beer, noch ehe ein anderer überhaupt nur daran
                  dachte. leider..

rosmarin   : es sei ihm vergönnt. ein wenig mager ist er wohl
                  noch, der herr caspar, allein..

*der verborgene caspar läßt von ohngefähr einen mächtig großen
wind streichen. rosmarin und güldenkraut fahren aufmerksam hoch:*

güldenkraut   : ein vogel hier im atelier? wie das, rosmarin?!

rosmarin   : es könnte auch der neukaledonische engel gewesen
                  sein, der sich in unserer stadt seit kurzem zeigt..

güldenkraut   : .. oder das junge käfigfräulein unseres bezirksscha-
                  manen.. die stimme klang bestürzend ähnlich!

rosmarin   : es wird doch der engel gewesen sein.. aber wo nur
                  herr caspar bleibt? es wird ihm doch nicht so kurz
                  vor dem ziel etwas zugestoßen sein?

caspar   : genug versteckt, schon halb verreckt! mir wird hinter
                  der verwunschenen schwarzleinwand heiß wie unter
                  einer böhmischen tuchent im juli!

*er schlüpft hervor und reibt sich die augen. vorerst bemerkt er noch
nicht die beiden herren beiständ, welche erfreut aufspringen:*

caspar   : ein bisserl nach der guten luft schnappen, das tut

gut.. ahh! wann einer kommt, dann brauch ich mich
ja nur ins fotografentüchel einwickeln und bin sicher
wie in herrn abraham sein paradiesischen samstags-
kaftan..

*die beiständ treten auf caspar, der dem publikum zugewendet war,
zu, legen ihm freundlich die hand auf die schulter und räuspern sich
dezent:*

güldenkraut : gott zum gruße, herr caspar, und fröhliche hochzeit!
rosmarin : der ihnen so zutrauliche amor segne ihnen das future
brautbett aufs allerbeste, herr caspar!

*caspar fährt wie von einer tarantul gestochen zusammen und blickt
die beiden entgeistert an:*

caspar : ja was ist denn das? wer sind denn sie da? ich bin ja
gar nicht der herr caspar! oh, wie wird mir im bau-
che..
güldenkraut : aber herr caspar, wir sind doch ihre beiden beistände: rosmarin und güldenkraut! erkennen sie uns
nicht wieder?
rosmarin : er scheint verwirrt..
caspar : ich bin ein hauptstädtischer fotograf.. lavora tutti
mein name! vielleicht eine schöne brustaufnahme zu
diensten?
rosmarin : aber herr caspar, fassen sie sich! wir verstehen: es ist
nicht leicht, sein glück so schnell zu fassen! sie sind
verwirrt..
güldenkraut : kommen sie, herr caspar, wachen sie auf! wir sind es,
rosmarin und güldenkraut, die die ausgezeichnete
ehre haben, ihrer hochzeit mit fräulein gelsomina di
mangiatutti als trauzeugen beizustehen..
rosmarin : amoretten und waldenglein haben sie wie im traume
in dieses atelier hergebracht und uns der sorge ent-

hoben, das selbe mit dem automobile zu tun.. gestatten sie? ihr zylinderhut..

rosmarin setzt ihm sorgfältig den bräutigamshut aufs haupt:

caspar   : ich bin petschiert, daß mir der schwarze lack nur so
                 über die nasen und ins genack rinnt!
güldenkraut : gestatten sie? stock und glacés..

er überreicht caspar stock und handschuhe, welche dieser teilnahms-
los nimmt:

caspar   : auweh!
güldenkraut : herzlichen brautmarsch!

er schlägt ihn mit der flachen hand auf die schulter:

rosmarin   : cordiales brautbett! *schlägt dtto.*
güldenkraut : ein bräutchen, glatt wie nasse seife! *schlag dtto.*
rosmarin   : zwei brüstchen wie reine pomeranzen! *dtto.*
güldenkraut : ein popo zum hineinbeißen! *dtto.*
rosmarin   : ein mäuschen wie ein schneckenhäuschen! *dtto.*
caspar   : ich komm mir vor wie ein neugeborener stiefsohn..
rosmarin   : mitnichten, herr caspar, sie werden dem herrn von
                 mangiatutti ein liebes kind sein..
güldenkraut : auf meine ehre: ein trauter eidam mit haut und
                 haar..
rosmarin   : alle welt beneidet sie, seien sie des versichert!
caspar   : ich bin unschuldig! ich berufe!
rosmarin   : bescheidener herr caspar..
güldenkraut : sie haben's gewagt – und gewonnen! kopf hoch!
rosmarin   : eine braut, wie der mond noch keiner zweiten ins
                 bett geleuchtet hat..
güldenkraut : ..und die sonne noch keine vor ihr aus ihm heraus..
rosmarin   : myrthen und weihrauch, sir casper!

er schlägt ihm wieder jovial auf die schulter:

güldenkraut	: zylinder und lackschuh, sie glückspilz! *schlägt detto*
rosmarin	: sammet und leinwand fürs brautbett! *dtto.*
güldenkraut	: heil ihnen im lila schlafrock! *dtto.*
rosmarin	: sanct affrodita zum segen: die leinentücher sind gebügelt! *dtto.*
güldenkraut	: à la bonheure, die violatio wird legitimisiert, herr caspar, keine maus wird sie mehr kränken!
caspar	: *aparte* lauter sprüch, lauter sprüch und ich steh auf einem seil, von wo ich jeden moment in ein offenes menschenfressermaul fliegen kann. ich hab schon immer viel für die aviatik was übergehabt, aber so ein flug?
güldenkraut	: wir fortifizieren sie mit unseren herzhaften sprüchen, damit sie ihre schüchternheit, die ja meistens selbst den kühnsten schlankerl vor einer trauung befällt, wie einen letzten schluck tee hinunterschlukken..
rosmarin	: er hat scheinbar vor glück die zunge verloren. es ist meiner meinung gar nicht die schüchternheit..
güldenkraut	: saprament, herr caspar, reden sie doch! nur zu! ein wort von mund zu ohr getragen.. sie haben doch rühm gelesen?
rosmarin	: ein wort von ein zu ein getragen.. heißt es, lieber güldenkraut!
güldenkraut	: natürlich, natürlich! also, lieber caspar: ein wort von ein zu ein getragen, wie schon rühm sagt, kommen sie, sagen sie was, nur zu!!

sie bearbeiten seine schultern mit wohlgemeinten handschlägen:

caspar	: *ermannt sich* caspar, sei ein römer! animo! courage! adelante! auf geht's! en avant! hurrah! tutti avanti..

> *furchtsam*
> der mangiatutti..
> *kläglich*
> es geht nicht..

er sinkt um und die beiden beistände fangen ihn auf. sie setzen ihn auf die bank:

rosmarin : kein wunder! seine fortuna ist ihm zu momentan mit der tür ins bett..

güldenkraut : ach was, die nähe gelsominens wird ihn gleich wieder auf die beine bringen..

sie befächeln caspar mit ihren großen taschentüchern:

güldenkraut : so! das wär jetzt genug der kühlung. indes muß ja auch gleich der liebe herr mangiatutti mit seinem kandierten töchterchen anrücken..

rosmarin : hören sie! soeben ist ein automobil vorgefahren..

güldenkraut : das sind sie!

rosmarin : ei der tausend, güldenkraut, sie haben lange gebraucht..

güldenkraut : ach ja! höchste eisenbahn für herrn caspar..

altertümliche csárdásmusik: geigen, cimbalon, klarinetten..
gefolgt von einem kunstbeinigen pfarrer im lutherrock betritt herr sapristi di mangiatutti, der menschenfresser, die szene. mit seiner rechten führt er seine schöne, zierliche tochter gelsomina. mit einer manirierten geste, als schritte er ein minuette, hält er ihren kleinen finger. sein gesicht drückt kannibalisches wohlwollen aus. gelsomina trägt ein modisches brautkleid; ein eleganter, weißer tüllschleier verhüllt ihr gesicht; im haar trägt sie eine kleine krone aus künstlichen jasminblüten:

güldenkraut : willkommen geboten!
& rosmarin

sapristi läßt gelsominens hand los und bringt sich in positur. er spricht mit grimmig-jovialem hochtrab:

sapristi : amor selig zum gruße, liebe freunde, und ein dunkles affrica zum dank für das liebe willkomm! die vöglein dieser bestürzend schönen welt sind heute schon ein volles stundenglas früher aufgestanden als sonst und in das gezweig der bäume geflogen, um mit uns diesen fröhlichen tag, den tag der vermählung meiner lieben gelsomina mitzufeiern.. jubelt und frohlocket! heute ist ein feiertag, wie es seit meiner geburt keinen zweiten mehr gegeben hat, ein täglein, das man in allen kalendern dieser welt mit roter tinte einzeichnen sollte..

güldenkraut : hört, hört..

rosmarin : hört..

sapristi : ..dieser tag, obgleich ein freitag, verdiente wahrhaftig in der historie der vermählungen als ein zenith vermerkt zu werden! ja, alle vöglein dieser stadt haben sich eine ganze stunde früher aus den nestern gemacht und umschwirren flötend und tirilierend unser freudenhaus, diese holde architektur seligster umarmungen und.. allein, wo steckt mein teurer schwiegereidam, damit ich ihn an mein väterlich rumpelndes herz presse?

rosmarin : *verlegen*
güldenkraut, was sagt man?

güldenkraut : augenblick!

er springt zu dem schlafenden oder ohnmächtigen caspar und rüttelt ihn:

güldenkraut : herr von mangiatutti, es tut mir leid, ihnen vermelden zu müssen, daß der herr caspar vor übermüdung eingeschlafen – ich beutle ihn, so gut ich es vermag – und kaum wach zu kriegen ist..

rosmarin : *devot*
herr caspar konnte vor erwartung seit vier tagen
nicht schlafen .. nun meldet sich die natur ..

güldenkraut : vergebens .. er schläft wie ein sack mit traumbüchern!

sapristi : ha! tut er das?? ja wozu perorier ich denn da eine
ganze viertel stunde? ich studiere eine wohlaufge-
setzte rede ein, und der kerl schläft wie das ägyptisch-
babylonische schusterbubentraumbuch .. wohlan!
dann ist ja noch zeit zum tanzen!!

*während eine sehr schöne, scheppernde musik erklingt, fängt der herr
sapristi di mangiatutti zu tanzen an, dabei ruft er recht kannibalisch:*

sapristi : jetzt fressen wir den bräutigam &c. &c.!

*bald darauf fällt auch der herr pfarrer in den tanz ein. er ruft eben-
falls:*

pfarrer : jetzt fressen wir den bräutigam &c. &c.!

*nun erscheint die schöne »schwarze köchin« mit einem großen küchen-
messer, tanzt mit und ruft:*

köchin : jetzt braten wir den bräutigam &c. &c.!

die beistände treten nun auch den reigen und stimmen in den ruf ein:

güldenkraut : jetzt fressen wir den bräutigam!
& rosmarin

*sie bilden eine schlange und durchtanzen im kreis die szene, wobei
sie ihre kannibalische losung rufen. gelsomina tritt allein an die
rampe. zum publikum:*

gelsomina : ja um priaps willen, hilft mir denn keiner? wozu soll
ich denn den herrn caspar heiraten, wann sie ihn mir

schon noch bevor ich ihn ins bett krieg auffressen? oder glaubt denn vielleicht mein guter herr vater, daß ich in der hochzeitsnacht mit den übrigbliebenen knocherln spielen will? von mir aus sollen sie doch ruhig ihren frischgefangten installateur und den halbfetten waschmaschinenvertreter aufschnabeln, aber der caspar gehört mir.. helfen sie mir doch meine herren, tun sie was, ziehen sie ihre säbel vom leder, reißen sie geschliffene stilletterln aus der verborgenheit ihrer busen, zeigen sie bedrohliche geschütze. telefonieren sie nach funkstreifen, tun sie was, ich bitte sie ganz süß mit händ und füß!

sapristi : *im springen*
heissa und frohsinn, gelsomina, rühr deine schönen beine, tu was fürs ballett! wozu hab ich dich denn in die tanzschul lassen..

gelsomina : *zum publikum*
damit ich ihm recht viel schüler nach haus und in die pfann bring..

pfarrer : obacht, er wird munter!

alle bleiben in der stellung, in der sie gerade waren, steif stehen und rühren sich nicht. caspar reibt sich die augen, blinzelt schlaftrunken und steht auf:

caspar : gerettet, ich bin im panoptikum!!
sieht gelsomina, die ebenfalls starr wie eine puppe verharrt

caspar : so eine gspaßige träumerei! ich muß direkt da in derer wachsanstalt eingeschlafen sein.. aber wie bin ich denn nur da hereingekommen? da war der fotograf.. die zwei herren mit die viecherköpf.. die schauerliche erwartung zur hochzeit.. oh.. wachs.. oder kein wachs.. ich werd einmal meine gossene fräulein braut hineinzwicken..

er hebt ihr das kleid und kneift sie in die waden:

gelsomina   : auuu!
caspar   : wer hat denn da au gesagt?
           zum publikum
           haben sie vielleicht einen witz gemacht? bitte, tun
           sie das nicht, ich hab schon ohnedies und eh ein
           schwaches herz.. schaun wir einmal hinter den
           schleier! eingewickelt is's, wie eine tausendjährige
           ägypterin..

er will den schleier lüften, da tritt plötzlich mangiatutti hinter ihn:

(fragment) 1960

die liebe fee pocahontas
oder
kasper als schildwache

personen:
kasper als privater in der armee der nordstaaten
ein farbiger trainsoldat erster klasse namens johann
der koch, ein dicker mensch namens johann
der herr hauptmann, ein böser mensch namens johann
die liebe fee pocahontas
die schöne frau des herrn hauptmann
der onkel sam, welcher aber auch johann heißt
ein waldhornist der nordstaaten, der sich johann nennt
der präsident johann linkoln, welcher aber nicht auftritt

ort und zeit:
erster auftritt: auf einem eroberten camp der conföderierten in der
landschaft georgia im jahre 1865

zweiter aufzug: auf einer schönen waldlichtung in dem staate nord
dakota und ebenfalls im jahre 1865, jedoch einen tag später

schilderhaus in der nähe eines lieblichen marsfeldes. der kasper, an-
getan mit einem viel zu großen uniformrock, marschiert seinen säbel
schwingend auf und ab. er sieht aus wie ein kleiner bub, der den rock
seines vaters angezogen hat. musik: ›the american patrol‹..:

kasper   : soldaten, ach soldaten, ja die müssen früh aufstehn,
               um auf der lauer zu liegen oder auch schildwacht
               stehn. und kommt der herr hauptmann spät abends
               noch vorbei, dann denkt er sich: granaten, mord,
               potzpulver, blitz und blei..

eine hyäne jault in der nähe. der kasper erschreckt fürchterlich und streckt den säbel abwehrend vor sich hin:

kasper   : geld oder leben, halt werda, auf und nieder, eis und
                 schnee, kind und kegel, rax und max, gold und eisen,
                 rühr dich und stoß, wenn du dich traust!!

die hyäne hört zu jaulen auf. der kasper beruhigt sich wieder allmählich:

kasper   : ich glaub, das war wieder einmal überhaupt nichts.
                 immer das gleiche regenschirmchen! oder vielleicht
                 war's nur die schöne mietzekatze von der frau haupt-
                 männin..

über dem marsfelde geht der mond als großer, gelber lampion hoch:

kasper   : ui jegerl, schon wieder ein neuer feind! warum geben
                 sie mir denn auch nur so einen dummen, eisernen
                 sabel? so weit schieß ich ja mein leben doch nie mit
                 ihm, daß ich diesen chineserischen zeppelin da tref-
                 fert! muß ich denn allerweil warten, bis mir die
                 ganzen ungeheuer da an leib und kragen rücken?

er stellt sich ganz verängstigt in das schilderhäuschen und wartet ab:

kasper   : geh ich jetzt raus, dann sieht er mich, bleib ich drin,
                 dann kommt akkurat wieder der hauptmann vorbei
                 und schreit mir die farb aus dem gesicht und sich
                 selber eine aufs eigene, weil ich nicht da heraußen
                 steh, wie's der befehl vom herrn präsident linkoln
                 ist. was soll da ein mensch mit seiner angst ums leben
                 anfangen? mei gott, ich tät wirklich wahr am lieb-
                 sten auf eine gaslatern kraxeln, wenn eine da wär.
                 aber was soll man machen? die verflixte kasern liegt

ja mitten auf dem land und noch dazu in einem ab-
gebrockten kukurutzfeld!

*ein gemeiner negersoldat kommt mit dem schaukelpferd des herrn
hauptmann vorbei. dieses ist gar schön mit spiegelchen, goldtroddeln
und prima Ia flitterwerk geschmückt und wurde aus einem ringel-
spiel der landschaft georgia während eines gefechtes erobert:*

negersoldat : he, du sohn einer zwergratte, willst du wohl nicht
salutieren wie sich's bei die soldaten gehört, eh?

kasper : was glaubst denn du, du rauchfangkehrerrawutzel?
glaubst ich grüß einen, der gerade so viel und so
wenig ist als ich!? geh heim zu deiner mamma und
sag ihr, daß sie ein rechtes schweindel ist, weil sie
dich nie mit der seif gewaschen hat..

negersoldat : kusch, kasper, und gehorch, was dir dein vorgesetzter
zu sagen hat: und daß du's auch weißt, ich bin trainsoldat 1. classe, also um einen grad höher, zweitens
führ ich hier das pferd von unserem herrn hauptmann und das steht in lieutenantsrang und drittens,
wer zu mir sagt, daß er weißer wär als ich, der wird
auf befehl des herrn präsidenten stante pede aufge-
hängt. so! und nun geh ich weiter, weil der hauptmann seinem lieben schimmel selbst den hafer geben
will..

er zieht mit seinem pferd weiter und verschwindet:

kasper : schwarzer mohrl!

*er kommt wieder aus dem schilderhaus hervor und sieht nach dem
mond:*

kasper : es könnt auch der mond sein. aber trotzdem: der
schaut mir zu verdächtig nach papier aus! mir ist

allers papier verdächtig und suspekt! das einzige papier, was ich mag, wär ein wurstpapier wo noch die wurst drin ist.. das wär himmlisch. aber so ein himmelskörper und ich mit dem eisernen sabel, der mir halbert die hand abreißt: o nein, kasper, du hast dich da in ein rabiates abenteuer eingelassen.. und ist einmal kein feind nicht da, dann kommt der liebe herr hauptmann und versalzt einem die guten linsen.. ja, das tut er, der schlechte hamlet der!

ein dicker koch mit weißer mütze kommt mit einem großen topf herzu:

koch　　　　　: kasper, deine ration!
kasper　　　　: was gibt's denn heute, lieber johann!
koch　　　　　: gute linsen, kasper..

er schöpft ihm einen kochlöffel trockene linsen in die bereitgehaltene menageschale:

kasper　　　　: und ein fleisch gibt's keines, lieber johann?
koch　　　　　: da mußt du dir schon auf den hintern greifen, dann
　　　　　　　　hast ein fleisch..

der koch geht wieder ab:

kasper　　　　: immer selbstverpflegung bei die soldaten. das ist ein
　　　　　　　　schlimmes geld.. na ja, dann also..

er greift sich an den hintern und macht ein langes gesicht:

kasper　　　　: hab ich mir eh gleich gedenkt: nichts mehr da! jetzt
　　　　　　　　muß ich meine guten linsen wie einen laib trockenes
　　　　　　　　brot essen. o weh, mir staubt schon die gurgel im
　　　　　　　　voraus!

*der hauptmann kommt. er hat einen walroßschnurrbart und sehr
rote wangen:*

kasper   : habt acht, tag und nacht, schlicht schlacht, haut und
                haar, falsch und wahr, sieben jahr! melde gehor-
                samst, herr hauptmann, privater kasper auf schild-
                wacht für die union!
hauptmann   : wie heiß ich denn, kasper, antwort!
kasper   : der hauptmann heißt herr johann!
hauptmann   : gut, kasper.. weil du das gewußt hast, kriegst du
                auch einen löffel salz für deine guten linsen..

*er nimmt einen salzbeutel hervor und schüttet dem kasper eine hand-
voll davon in die linsen:*

hauptmann   : so, da hast einen guten löffel für deine guten linsen..

der kasper sagt säuerlich:

kasper   : danke..
hauptmann   : na, freut's dich nicht *mehr*? he, antwort, du garten-
                zwerg!

*der kasper antwortet nicht sogleich. der hauptmann schleudert ihm
den am boden stehenden topf fort. die linsen springen lustig in das
marsfeld:*

hauptmann   : so! und wann du noch was essen willst, so greif dir
                auf den hintern.. und jetzt: habtacht! linxum! rechts-
                um! halt! sakragewalt, ich werd dir schon noch deine
                waden nach dem wind richten..

er marschiert wieder ab:

kasper   : wann er mir das noch einmal macht, dann schreib ich

auf seine zimmertür »der hauptmann ist blöd«..
oder ich schneid seinem pferd den schweif ab.. oder
ich sag zu seiner frau »du hur, du..« oder ich nimm
sie ihm gleich weg und leb mit ihr in einem holzhaus,
oder ich steche ihm mit meinem eisernen sabel ein
loch in bauch, daß ihm das blut ausrinnt wie einer
abgestochenen sau.. ja, das wären halt so schöne
sachen, was ich meinem lieben herrn hauptmann antun möcht. johann heißt er, genau wie der koch. alle
heißen sie johann und nur ich bin der kasper. und
weil sie alle johann heißen, deshalb glauben s alle,
daß sie den krieg gewinnen. aber ich, der kasper,
weil ich mein einziger namensvetter bin, bin bei
ihnen immer der spion! alle soldaten sollten kasper
heißen, dann gäbs gleich keinen krieg mehr und der
präsident johann müßtert vom fleck weg abdanken
und ich nehmert mir dem hauptmann seine frau als
die meinige zum schlafen nach haus..

ein quadratmeter kukurutzfeld als tarnkappe nähert sich langsam
dem schilderhaus. der mond flimmert orangerot in der dunklen nacht,
eine nachtigall schlägt und die grillen zirpen:

kasper   : wenn mir jetzt nicht der magen so krachert, wär mir
                        im moment ganz angenehm zu mute. so schön warm
                        ist's heute nacht, hinlegen möchtert man sich und auf
                        was warten, na ja, so ein kasper ist ja auch ein lieber
                        mensch, nicht nur die herren johanne..
eine stimme   : kasper, bist du da?
aus dem tarn-
kukurutzfeld
kasper   : ja freilich, wo denn auch sonst. ich heiß ja nicht jo-
                        hann! moment, wer ist denn das? der feind? oho,
                        auslassen, ich ergib mich eh schon!!

das kleine kukurutzfeld teilt sich und eine indianische fee mit feder-
schmuck und einem bärenfell als umhang steigt heraus in das mond-
licht:

fee : fürcht dich nicht, kasper, ich bin eine gute fee!

kasper : guten abend, miss fee, gut daß sie es sind.. ich hab
schon glaubt der mister feind..

fee : deine feinde, kasper, sind auch meine feinde. aber
mir können sie nichts antun, ich blas sie alle gleich
weg wie die federn von einem kuckuck..

kasper : ja du liebe fee, das möchtert ich halt auch gern tun
können, meine feind so leicht wegblasen! aber wie's
bei mir ist, werden sogar die leichtesten daunen zu
federn von einer kirchenuhr..

fee : nun, kasper, das soll jetzt ein ende haben, denn du
hast dein glück gemacht..

kasper : ja, wenn's wahr ist?

fee : es ist schon wirklich wahr, kasper! darauf kannst du
dich verlassen..

kasper : und du bist auch wirklich wahr eine fee und keine
frau spionin von die conföderierten?

fee : ich bin die gute fee pocahontas und die conföderierten wie die unionisten können mir den buckel hin-
unterrutschen, wenn sie wollen..

kasper : o du gute pocahontas, das täten die sicher gern; laß
s nicht, ich bitt dich drum!

fee : ich hab's ja nicht wörtlich gemeint, kasper. und wenn
sie es nur probieren täten, dann wachserten mir gleich
ganz scharfe krokodillenzähne aus dem rückgrat..

kasper : gelt, pocahontas, und da müssert dir dann mein lieber herr hauptmann hinunter mit dem nackten hintern, und der koch und der schwarze mohrl, der was
immer das pferd führen tut?!

fee : ja, kasper, da täten sie sich schön aufreißen, gelt?!

kasper : ha ha, das vergönnert ich ihnen aber schon recht!

fee	: nun hör aber zu, kasper, was ich dir sagen will: wenn du meine hilfe brauchst, dann sollst nur rufen: ›pocahontas erscheine als das und das‹, und als was du mich herbeirufst, als das will ich kommen und dir helfen..
kasper	: ja sowas und noch was, das ist heut schon was..
fee	: was soll denn das heißen, kasper?
kasper	: weißt, pocahontas, ich kann's halt nicht so recht glauben, daß 's du wirklich da bist. vielleicht bin ich nur eingeschlafen und träum nur in mein wachterhäuserl und jetzt oder gleich beutelt mich der herr hauptmann bei die ohren auf!
fee	: du bist schon der ungläubige thomas, kasper. aber: greif einmal in deine rocktaschen..

der kasper greift in die rechte tasche und holt einen spagatknäuel heraus, an dem eine alte zwirnspule und allerhand anderer kram hängt:

| kasper | : ja, pocahontas, was soll ich da damit anfangen? |
| fee | : nicht das, mein ich. in die linke taschen sollst greifen.. |

kasper greift in die linke rocktasche und zieht einen neuen silberdollar heraus. er schreit zuerst auf, als hätte er einer kröte an den bauch gegriffen:

fee	: was schreist denn so, dummer kasper?!
kasper	: das silber ist ja kalt wie der bauch von einer krot.. aber, aber.. juhuu, jetzt bin ich reich und du, liebe fee pocahontas, eine wirkliche fee!
fee	: na, siehst du's jetzter? aber.. was hast du denn eigentlich da vorher aus deiner rechten taschen herausgezogen? darf ich das einmal anschauen?
kasper	: ui jegerl, jetzt hat s das schnürlzeug dersehen. ich schäm mich gleich.. weißt, liebe pocahontas, wann

man so tag um tag und nacht um nacht auf der wach
stehn muß, da wird einem so fad .. da hab ich, lang-
weilig wie's war, mit einem spagatschnürl gespielt
und allerhand zeug dran bunden .. da!

*die fee nimmt die behängte schnur fast wie ein heiligtum in die hand,
sie zittert sogar ein wenig:*

fee   : kasper, du bist ja ein künstler! wie schön das ist!

sie hält das zeug ins mondlicht und betrachtet es verklärt:

fee   : kasper, so etwas schönes hab ich mein ganzes leben
               noch nicht gesehen, mir zittert direkt das herz, wenn
               ich es angreif, das sind ja eingefangene mondstrah-
               len, kasper ..
kasper   : gefallt's dir, pocahontas? und ich hab schon denkt,
               du wirst mich auslachen oder mir gar den dollár wie-
               der wegnehmen?
fee   : aber kasper, wie kannst du nur sowas denken!?
kasper   : weißt was, pocahontas? kannst es haben, das schnürl,
               wann's du willst ..
fee   : aber kasper, das ist ja ein schatz ..
kasper   : na ja, du bist ja auch einer ..
fee   : kasper, ich dank dir! da laß ich mir sofort ein extra-
               wigwam bauen, damit ich diese lieben mondstrah-
               len drinnen aufhängen kann .. komm her, kasper,
               ich geb dir gleich ein busserl vor freud!

sie küßt den kasper, der vor staunen seinen säbel verliert:

kasper   : na sowas, da schau ich ja!

*die fee geht wieder in ihr kukurutzfeld zurück und sagt, bevor sich
die maiskolben hinter ihr schließen:*

fee   : vergiß mein nicht, kasper! und wann du mich
                brauchst, dann ruf nur: ›pocahontas erscheine als das
                oder das‹..

das kukurutzfeld verschwindet auf rädern. kasper wieder allein. er
hebt seinen säbel auf:

kasper   : ich werd mich einmal in die nasen zwicken. werd ich
                dann nicht munter, sondern bin es eh, dann greif ich
                in meine linke taschen. ist dann auch noch der sil-
                berne dollár drinnert, so weiß ich, daß allers wirk-
                lich wahr und nicht derlogen ist.. soo..

er kneift sich in die lange nase:

kasper   : auweh, das gspürt man!! also muß ich jetzt munter
                sein.. so. und jetzter linke taschen.. uaaaah!! brrrr!!
                hilfe!!!

er fährt bestürzt aus der rocktasche. dann greift er noch einmal vor-
sichtig und beglückt lächelnd zurück und holt ganze hände voll sil-
berner dollars heraus:

kasper   : ha, ich bin ein glücklicher mensch. ja, ich sag euch es:
                wer tät nicht seine freud dran haben, wann er weiß,
                daß seine linke jankertaschen das silberbergwerk von
                amerika ist.. sakragewalt, leute, ich bin der reichste
                mann der welt!

er beginnt fröhlich einen hornpipe zu tanzen, daß der mond wackelt.
musik: ›tomorrow morning‹ und ›the cuckoo's nest‹:

kasper   : heissa kathreinerle, schnür mir die schuh! ich brauch
                nimmer in den wilden westen reiten, ich hab meine
                mine schon im sack! oh, du grenzenlose möglichkeit,

die was ich bei mir trage.. morgen kauf ich mir die
ganze kompanie mitsamt dem herrn hauptmann..

*der hauptmann hat sich unversehens angeschlichen und ertappt kasper
bei seinem bärentanz. die musik bricht sofort ab, so auch kasper:*

hauptmann	: ha! du abreißkalender schreist mir ja, daß man dich bis ins conföderierte lager hinüberhört.. karierter spion du, suspekte roßhaarmatratze, verdächtiger schweißsocken.. an die wand stellen und schießen lassen wie einen ziegenbock.. wie heißt du denn, verdammter rebell? antwort!!
kasper	: *kleinlaut* ja, weiß der herr hauptmann das nicht mehr?
hauptmann	: mein wissen ist macht! ich weiß alles, aber dich hab ich gefragt und da hast du stracks zu antworten!
kasper	: ich bin der kasper, privater zweiter classe..
hauptmann	: hohoo! der kasper.. kasper der spion von georgia! eingehen wirst in die geschichte dieser staaten als einer der sieben kapitalhalunken, die gegen mich rebelliert haben. wärst grad der sechste..
kasper	: *muckt etwas auf* herr hauptmann, ich bin kein kapitalhalunke! ich bin der kleine kasper und..
hauptmann	: schloß vors maul, du bist ein halunke und auch der spion von georgia. wer nicht johann heißt, ist ein verräter..

*er holt seinen salzbeutel hervor und gibt dem kasper eine schöpfkelle
voll:*

hauptmann	: da, friß, vogel, oder ich laß dich noch heut durch die wurstmaschine, du wurstel! na, wird's bald?
kasper	: bitte nein, herr hauptmann johann. ich werd sonst ganz heiser und könnt am end nimmer »halt werda!« rufen..

hauptmann	: am end brauchst du nimmer rufen, da bist du eh schon hin.. friß, zaunkönig, oder ich ruf meinen herrn hund!!

kasper müht sich hustend und spuckend das salz hinunterzuwürgen. der hauptmann hält sich den bauch vor lachen und krümmt sich genau wie der kasper:

kasper	: kutz kutz kutz!
hauptmann	: jawoll, so war's schon etwas besser.. weißt du überhaupt, was du jetzt gefressen hast? antwort!!
kasper	: meersalz, herr hauptmann..
hauptmann	: mehr salz willst du? hohohoo!! das kannst schon haben! da komm her, du salzwurm du!
kasper	: nein, nein! das ist ein irrtum, herr hauptmann johann, ich hab ja ein salz aus dem großen meer von amerika gemeint..
hauptmann	: habtacht! herrgschautt! maul auf!!

kasper befolgt die befehle schön militärisch und bekommt noch einen schöpfer salz in den mund geschoben. er gibt unartikulierte laute von sich:

hauptmann	: ha, schmeckt das salz? ja, ja, ich tu einen jeden sekkieren, sagen meine gegner, aber in wirklichkeit versalz ich nur jedem, was nicht johann heißt, die linsen.. o ja, wer nicht johann heißen tut, der ist gegen mich und wird erobert.. so, und jetzt bedank dich schön bei deinem herrn hauptmann.. nu, wird's!
kasper	: *sehr gepreßt* danke, herr hauptmann johann..
hauptmann	: habtacht! linxum! rechtsum! marsch und.. aufgepaßt auf den feind..

er geht ab. kasper zeigt ihm eine lange nase nach und wirft ergrimmt

den säbel zu boden und tritt auf ihm herum. dieser zerbricht. kasper
schreckt zusammen:

kasper : knax? knax! knax.. knaxknaxknaxknax! der sabel
ist ab! na, dann gefreu dich du schöne welt, wann
das der johann sieht.. hoffentlich kommt er nicht
gleich wieder zurück! der laßt mir das blöde tran-
chiermesser glatt auffressen, wann er merkt, daß
ich's zerbrochen hab.. aber was, ist ja schon allers
beim teufel..

die grillen beginnen wieder stark zu rufen:

kasper : warm ist's schon wieder. eine so schöne nacht könnt's
sein, wann der hauptmann da nicht wär..
schlägt sich plötzlich erkennend vor die stirne
ja krutzikaputzi, bin ich aber ein schafskopf! ich hab
ja ganz vergessen, daß ich ein reicher mann bin und
eine gute fee pocahontas habe, die was mir jeden
wunsch von die augenbrauen herunterlest! fort mit
dem grauslichen herrn johannsjanker!

er zieht seinen uniformrock aus und wirft ihn ins schilderhaus. das
geld klingelt durch die stille nacht:

kasper : haltaus! nur die montur!

er beginnt das herausgefallene geld aufzulesen und nimmt das übrige
aus der rocktasche. dann reißt er einen großen zettel, der ein brust-
*bild und die aufschrift ›*WANTED*‹ aufweist von der wand des schilder-*
hauses, wickelt damit den zerbrochenen säbel ein und wirft ihn zu
der abgelegten montur:

kasper : soder mit himbeer und zitron, das wär erledigt! und
jetzter:
po ca hon tas, erscheine als ein krokodil!

*man hört das unheimliche rasseln eines krokodils und pocahontas
erscheint mit einem krokodilskopf:*

kasper   : *jault auf*
              uaaah!!
              er springt entsetzt umher
              krokodil, verschwind!

pocahontas mit dem echsenkopf verschwindet:

kasper   : ui jegerl, hab ich mich aber gefürcht.. ein alligator,
              wirklich wahr! aber.. ich bin doch schon ein dummer
              mensch.. es war ja eh die liebe pocahontas und die
              hättert mir ja sowieso nichts angetan.. ich werd sie
              anders erscheinen lassen!!
              po ca hon tas, erscheine als ein kuckuck..

*pocahontas erscheint mit einem überdimensionalen kuckuckskopf.
eine kuckucksuhr schlägt dazu sehr laut:*

kasper   : *jault wieder auf*
              ui jegerl, ui jegerl, hilfe! der geier ist da!! geier ver-
              schwinde!

*pocahontas mit dem kuckuckskopf verschwindet jedoch nicht und
kommt näher. der kasper jault noch mehr und schlägt vor angst
einen purzelbaum:*

kasper   : geier verschwinde.. oder wann's sein muß:
              kuckuck verschwinde!!

pocahontas mit dem kuckuckskopf verschwindet wieder:

kasper   : *sammelt sich*
              was schrei ich denn auch gleich geier, wann's ein

kuckuck sein soll? na ja, aber ausgschaut hat er aber
so, der kuckuck.. ja, und dabei war's ja eh nur die
liebe fee pocahontas.. ich bin halt ein rechter waldesel.. aber als was soll ich sie denn dann rufen? gesagt hat sie: rufe mich ›pocahontas, erscheine als das
und das!‹ alsdann, probieren wir es halt…
po ca hon tas, erscheine als das und das!

*ein sturmwind bricht los, der mond verlöscht, es ist ein richtiger
hexensabbath. man hört in der sausenden luft die stimmen, oder besser gesagt, die stimmkarikaturen von eseln, kröten, katzen, stuten,
affen, kakadus &c. &c. der kasper ist nur mehr ein bloßes schemen
in der dunkelheit, gerade daß man noch sehen kann, wie er sich die
ohren zuhält:*

kasper   : um gottes willen, was ist denn da los? die welt geht
                 unter! arche noa zu hilf, alle leut auf die bäum, ich
                 derstick in dem wind..
                 endlich
                 das und das verschwindets!

*der lärm verstummt mit einem schlag, der mond geht auf und die
grillen zirpen wieder wie vorher:*

kasper   : *rappelt sich vom boden hoch*
                 krutzikaputzi, jetzt hab ich meiner seel glaubt, der
                 teixel hat mich schon beim genack.. na sowas? na
                 die liebe fee pocahontas hat mir da was sauberes
                 eingepackt in mein namenstagsstanitzel! was soll ich
                 denn rufen? ich hab's! ich laß sie selber kommen.. ich
                 laß sie als das liebe fräulein pocahontas herkom-
                 men.. daß mir das nicht schon früher eingefallen ist?
                 ich bin halt ein rechter wurstel..
                 po ca hon tas, erscheinen s!

sie erscheint nicht:

kasper : no, was ist denn das wieder? will s nicht oder kann s
         nicht?!
         po ca hon tas, erscheinen sie!

sie erscheint nicht:

kasper : ja gehorsamster diener, ist heut die uhr stehnblieben?
         einmal ruf ich sie noch und wann dann das raben-
         bratel nicht daherkommt, so laß ich sie als osterhasen
         erscheinen. dann hat sie die schand..
         po ca hon tas, erscheine!

*das kukurutzfeld rollt sanft an und teilt sich. pocahontas erscheint
und geht auf den kasper zu:*

fee   : ja lieber kasper, seit wann sind wir denn per sie?
kasper : wieso per sie, das sind wir ja eh nie gewesen..
fee   : zweimal hast gerufen: pocahontas, erscheinen sie..
         beim dritten mal wär ich beleidigt gewesen und gar
         nimmer gekommen. hin und her jagen kannst du
         einen auch schon, du kasper..
kasper : geh, du liebes indianerl, sei mir nicht bös und gib mir
         ein schönes busserl..

die fee pocahontas küßt den kasper herzhaft, daß es schnalzt:

kasper : sapramant, das hat aber geschnalzt, direkt den atem
         hat's mir weggenommen.. ja, ich muß sagen, du bist
         schon eine liebe fee pocahontas!
fee   : so. und was hast für einen wunsch, du dummer kas-
         per? sag ihn, er soll gleich geschehen..
kasper : weißt, liebe fee pocahontas, du bist halt so ein schö-
         nes fräulein und so eines möcht ich halt auch gern
         haben..

146

fee	: wie kommst du denn auf so eine idee, kasper!
kasper	: nun, zuerst hab ich die idee ja auch gar nicht gehabt. aber jetzt, wos du mir das busserl gegeben hast, da ist mir mein versalzener mund wie voller honig und kristallzucker geworden..
fee	: ja, und was willst du da haben..
kasper	: dich, wann's gingert..
fee	: nein, lieber kasper, das geht nicht. stell dir vor, wann ich mit allen meinen schützlingen ein verhältnis anfangert, wo tät ich denn da hinkommen!
kasper	: no dann halt dem herrn hauptmann seine schöne frau!
fee	: siehst du, kasper, das ist vernünftig. nur mit der vernunft kommt man weit. gespaßig, daß grad ich sowas sag, aber wann einer so närrisch ist wie du, dann muß er sich schon ein stückerl von der vernunft jeden tag zum frühstück abschneiden!
kasper	: ich schneid gleich jetzt zum nachtmahl, pocahontas, weil ich eh noch keines gegessen hab. also: dem herrn hauptmann johann seine frau möchtert ich halt gar so gern haben!
fee	: gut. sie schlaft zwar schon, aber ich kann sie dir stante pede herfliegen lassen..
kasper	: juhuu, jetzt setz ich mein herrn hauptmann ein paar hörndln auf, daß ihn morgen früh beim apell die ganze mannschaft für einen sechzehnender hält! da wird's aber einen hallo und ein geknall geben..
fee	: red jetzt nicht so viel, kasper, sondern schneuz dir schön deine nasen, damit du wie ein anständiger, dezenter liebhaber ausschaust, denn die frau hauptmann wird gleich da sein!

kasper schneuzt sich lautstark und versucht, sein gesicht mit dem gleichen taschentuch zu reinigen:

fee	: ho kus po kus eins zwei..
kasper	: haltaus pocahontas! noch nicht!
fee	: warum denn? willst dich noch einmal schneuzen.. tät auch nicht schaden..
kasper	: nein, liebe fee, geschneuzt bin ich schon für vierzehn täg im voraus, aber..
fee	: aber?
kasper	: weißt, pocahontscherl, ich denk mir halt, die schöne frau hauptmann wird einen feinen, rosaroten hintern haben..
fee	: ja, kasper, das ist schon leicht möglich.. und?
kasper	: ja, da habe ich mir gedenkt, sie kann doch nicht so in dem stoppelfeld liegen, direkt leid müsserts einem tun und schad wärerts außerdem..
fee	: du bist ein guter kasper, kasper!
kasper	: gelt ja, liebe fee pocahontas?! wie wärs jetzt, geld hab ich ja ein ganzes taschenbergwerk voll, wann ich ein schönes, großes bett kaufen tät? weißt so eines mit messingene kugeln und stangeln!
fee	: das geht schon, kasper. ich werd dir halt einen herrn schicken, der sowas zum billig verkaufen hat. aber handel ein bißerl mit ihm, er wird zuerst mehr verlangen als die ganze liegerstatt wert ist..
kasper	: ah was! kost's was kost.. hauptsach, ich hab für meine schöne frau hauptmann eine gute unterlag und der schlechte johann sein hirschgeweih am plutzer!
fee	: well, kasper, dann geh ich wieder, der vertreter mit dem bett wird gleich anrücken, und wann du was brauchst, dann schreist halt schnell, gelt?
kasper	: ich dank dir schön, liebe fee pocahontas.. und krieg ich noch ein busserl zum adjö!?
fee	: nein, nein, das führen wir gar nicht ein! dazu hast ja jetzt ohnedies die schöne frau hauptmann..
kasper	: o ja.. ist eh wahr.. behüt dich halt gott, du saubers madel!

fee   : dich auch, kasper.. und schneuz dich vorher immer
                 schön, das haben wir frauen gern..

*die fee pocahontas steigt in ihr feld und fährt ab. kasper macht einen
kopfstand, springt wieder auf und beginnt lustig zu tanzen. musik:
›hartigan's fancy jig‹:*

kasper   : *im takt der melodie*
                 ratatam ratatan taratam &c.

*die musik verklingt und bei den letzten takten taucht der onkel sam,
welcher aber auch johann heißt, auf. er hält eine lange schnur in der
hand, deren ende man jedoch nicht sieht. er schaut genau so aus, wie
er aussieht: zylinder weiß mit blauen sternen, ziegenbart, hageres
gesicht, gestreifte breite hosen &c. unter dem frack trägt er einen
halfter mit zwei colts:*

onkel sam   : ah, musik und fröhlichkeit, recht so, herr kasper! ein
                 schöner, gesegneter abend und der honiggelbe mond
                 .. direkt zum hineinbeißen..
kasper   : ein bißerl weit weg ist er halt. aber ich hab einen
                 anderen, kleineren mond in aussicht, juhuu!
onkel sam   : oh, ich sehe! sie haben sich wohl verlobt, ha, stimmt
                 es? geben sie's zu, junger mann.. o ja! es ist nicht
                 gut, daß der mann allein sei..
kasper   : no ja, wann sie's eh schon wissen.. ich wart nämlich
                 auf meine liebe fräulein braut..
onkel sam   : ausgezeichnet, ausgezeichnet, das trifft ja zusammen
                 wie zucker und zimt! da werden sie ja auch ein fabel-
                 haftes, mit allem komfort ausgestattetes messingbett
                 brauchen, eh?
kasper   : ja, mit *komfort* braucht es ja grade nicht zu sein. ha-
                 ben sie keines mit bleib da? das tät ich ihnen gleich
                 abkaufen, kost's was kost!

onkel sam	: aha, eines mit *bleib da* wollen sie? alles vorrätig, lieber herr kasper..
kasper	: bravo! sie sind ein akrobat, der was bei jeder gelegenheit den richtigen sprung parat hat. wo ist das betterl?

der onkel sam zieht an seiner schnur und das bett rollt auf gummirädchen in die szene:

onkel sam	: hereinspaziert, hereinspaziert..
kasper	: .. jetzt wird getanzt und musiziert! jujhuu! was kostet der gspaß?
onkel sam	: dreißig dollár!
kasper	: dreißig dollár? *beiseite* ich hab hundert haben sie kein besseres, herr?
onkel sam	: ich habe alles!
kasper	: her damit!
onkel sam	: ab durch die mitte!

das bett fährt wieder zurück. man hört nach seinem verschwinden eine glocke bimmeln, dann kommt das selbe bett, dieses mal aber mit rosafarbenen schleifchen geschmückt, wieder angefahren:

onkel sam	: sechzig dollár.. der überschuß erlaubt es uns!
kasper	: ja das ist ja gleich etwas anderes! eine schäferei auf radeln.. ist sie auch gut gefedert!?
onkel sam	: rostfreier einsatz, herr kasper, sie können ruhig ins bett machen.. und prima I a roßhaar.. da..

er läßt sich ins bett fallen und federiert. dann springt er hinein und übt wie ein parterreakrobat auf dem sprungbett. er springt wieder herunter und baut sich selbstbewußt vor kasper auf.

onkel sam	: was sagen sie?

kasper   : ein schönes bett, das ist schon wahr! das gibt kontra
              wie beim kreuzschnapsen!!
onkel sam   : für sechzig dollár ist es geschenkt..

*kasper zählt die sechzig dollar ab und betrachtet immer wieder das
bett. er gibt onkel sam das geld:*

onkel sam   : gratuliere, sie haben einen prima I a kauf gemacht,
              herr kasper! alles gute zur vermählung..

er geht ab. kasper springt in das bett und deckt sich bis zur nase zu:

kasper   : *er federiert*
              das gibt kontra, sakrament!!

eine hyäne heult wieder:

kasper   : schrei zu, ich lieg im bett und da gibts dich eh nicht,
              du luderviech!

*es wird ein wenig dunkler, da sich einige wölkchen vor den mond
geschoben haben. die schöne frau hauptmann mit nachthäubchen und
etwas zu kurzem schlafhemd, eine sehr anziehende puritanerin,
kommt in die szene. sie hat die hände nach art der mondsüchtigen
vorgestreckt und geht direkt auf das bett zu:*

kasper   : krutzikaputzi, die fräulein braut im negligé!

die frau hauptmann stößt einen leichten schrei aus und erwacht:

frau   : himmel, wo bin ich?
kasper   : fast schon in guten händen..
frau   : ich war im bett..
kasper   : naja, bist halt herausgefallen.. kommst halt wieder
              herein..

frau	: der mond scheint so schön schön ..
kasper	: ei ja, du hast schon recht, du herziges wutzerl!

er steigt aus dem bett und schleicht an der frau hauptmann vorbei zum schilderhaus und schiebt es aus der szene:

kasper	: soder, jetzten findet er nimmer her, der schlechte nero!

die frau hauptmann ist in ihrer noch immer etwas mondsüchtigen haltung bis ans bett gekommen und fällt hinein:

frau	: mmmmmmmaaaaaa!
kasper	: *zurückkommend* aha, die fräulein braut ist schon serviert ..

er springt zu ihr hinein und deckt sich und die frau hauptmann zu. das bett bewegt sich federnd:

frau	: du bist ja der kasper, ich weiß es eh ..
kasper	: und du die frau hauptmann, ich weiß es aa!
frau	: du bist aber schon ein böser herr kasper ..
kasper	: und du auch eine schlimme frau hauptmann!
frau	: was ist denn das, was du da hast, kasper ..
kasper	: und was ist denn das, was du da hast, frau haupt- mann?
frau	: wie der mond aber heute leuchten tut, kasper ..
kasper	: ganz heiß ist er, frau hauptmann ..
frau	: ist ja sommer ..
kasper	: o ja!

man hört wieder die ›american patrol‹. gleich darauf marschiert der hauptmann in die szene. er hält zackig:

hauptmann	: habtacht! linxum, rechtsum .. ruuuht! ja wo ist denn

das wachterhaus hingekommen? soll ich mich wirklich wahr geirrt haben..? dreihundert schritt nörd-
lich, zwanzig schritt wieder zurück und dann noch
einmal dreizehn nach westen.. sakragewalt! kasper!!

der kasper läßt sich aus dem bett fallen und legt sich blitzschnell dar-
unter:

kasper   : fix laudon, grad jetzt kommt er!

die frau hauptmann beugt sich aus dem bett und ruft:

frau   : uhuu, mauserl!
hauptmann : johanna! ja was treibst denn du da hier?
frau   : ei, johann.. weißt du, der mond zieht mich immer
              aus dem bett und da weiß ich halt nie, wo ich hin-
              geh..
hauptmann : du liegst ja eh im bett! ja, träum ich denn auch?

er geht zum bett und legt sich hinein:

hauptmann : da ist es ja ganz warm da!
frau   : ja, mein liebes manndderl, ich hab dir es halt vorge-
              wärmt, damits du keinen schnupfen derwischst!
hauptmann : das ist aber schön! uaah, bin ich müd.. chrr chrr..

er beginnt zu schnarchen. das bett rollt aus der szene. kasper liegt da
und schaut perplex. neben ihm steht ein schöner nachttopf:

kasper   : wo bin ich??

ende des ersten aufzuges. der vorhang fällt, geht jedoch nach einigen
augenblicken wieder auf:

*es ist heller morgen. kasper liegt in der gleichen stellung wie zu ende
des ersten aufzuges; ein schnurrbärtiger waldhornist der union tritt
in die szene und bläst den weckruf:*

kasper	: *wird munter und reibt sich die augen* wo bin ich, lieber spezi?
waldhornist	: im zweiten aufzug, mister, auf, auf!!
kasper	: krutzikaputzi, das hätt ich beinah verschlafen. ich dank dir, guter trompeter, bist ein braver bursch..
waldhornist	: ich bin kein trompeter nicht, mister..
kasper	: ja sowas! aber dann sag mir sogleich, was du dann für einer bist. eine blasen tust du ja trotzdem in der hand halten..
waldhornist	: du sollst wissen, ich bin ein waldhornist der union und das, zu dem was du blasen sagen tust, das ist mein liebes waldhorn. darauf kann ich dir die ganz schönsten stückeln von nordamerika herunterblasen!
kasper	: das ist aber lustig, lieber spezi. ein so was möchtert ich halt auch gern können.. wie heißt du denn oder wie tust dich denn schreiben?
waldhornist	: ich heiße johann und schreiben kann ich leider nicht, nur lesen. hast dir denn nicht vorstellen können, daß ich johann heiß? schau ich denn aus als wie ein spion..
kasper	: ui jegerl, wie schaut denn so ein spion aus?
waldhornist	: wie die ausschauen, das weiß ich selber nicht, wirklich wahr. aber unser herr hauptmann hat gesagt, wer nicht johann heißt, der gehört nicht zu uns..
kasper	: ah so.. ja, da hast aber glück gehabt, daß dir dein lieber herr vater und deine liebe frau mutter diesen ausbündig praktischen namen vom herrn pfarrer über die augen haben schütten lassen..
waldhornist	: ja, du kannst schon recht haben.. meine schuld aber wird's schon nicht gewesen sein. ich hab eh recht

	geplärrt, so haben sie mir immer derzählt, wies mich getauft haben..
kasper	: wird schon seine gründ gehabt haben, daß du so plärrt hast.. vielleicht ist dir das wasser in die augerln geronnen?
waldhornist	: du, weißt was?
kasper	: nein, ich weiß nix..
waldhornist	: nein, ich mein halt, daß du herhören sollst!
kasper	: ohrwascheln hab ich, also hör ich dir zu..
waldhornist	: ich heiß gar nicht johann..
kasper	: das ist aber schlimm.. wirst ein recht ein gewürgst haben, wann sie dir da draufkommen..
waldhornist	: ah woher! wer kann denn mir das beweisen?
kasper	: bist ein gescheiter kerl, waldhornist!

der herr hauptmann taucht plötzlich schleicherisch auf und erblickt die beiden:

| hauptmann | : hierher, hornist!! |

der waldhornist springt sofort vor den hauptmann und bringt sich erschrocken in militärische stellung:

waldhornist	: *mit dem horn salutierend* tötörötötöö! waldhornist zweiter classe johann zur stelle!
hauptmann	: ruht! was neues?
waldhornist	: soeben mit dem waldhorne zum aufstehen geblasen, herr hauptmann!
hauptmann	: sakrament ohne end! und ist denn schon einer auf-gestanden?
waldhornist	: so weit ich sehen kann, herr hauptmann, nur der mister da!

der hauptmann erblickt den kasper, erkennt ihn aber nicht, da dieser die montur abgelegt hat:

hauptmann	: ha! was ist denn das für ein suspekter zivilist da? schaut ja aus wie vom zirkus.. wie heißen sie denn, mann?
kasper	: ich schreibe mich hans wurst, herr offizierer!
hauptmann	: hans wurst? wie? also heißt er johann wurst, ha?! einen hans gibt es keinen, weil sowas nicht im kalender steht..
kasper	: nun, meinetwegen, so bin ich halt der johann wurst, wann's schon sein muß!
hauptmann	: ja schauts euch einmal her! ich glaub bei ihnen da stimmt was nicht recht.. mir kommt vor, wie wann sie sich für ihren namen schämen täten? sie verschleiern mir was!
	sieht den nachttopf und gibt diesem einen leichten fußtritt
	und was soll denn das da sein?
kasper	: ah, das?
hauptmann	: jawoll, das!
kasper	: ah, das da?! jasoo! das ist mein alletagshut, lieber herr offizierer. ein altes stück, was ich von meinem seligen herrn vattern geerbt hab..
hauptmann	: ich weiß nicht recht, ob sie mich da nicht recht belügen, ha! mir kommt das ehender wie ein nachtscherben vor..
	blickt den nachttopf sehr inquisitiv an
kasper	: ja, das könnt schon sein, weil ich ja für gewöhnlich eh immer den scherm aufhab!
waldhornist	: waldhornist zweiter classe johann bittet den herrn hauptmann auf die kleine seite treten zu dürfen!!
hauptmann	: dageblieben, hornist! saufen oder schiffen, das können s.. durchsuchen sie diesen lausigen zivilisten. vielleicht hat er geheime nachrichten der conföderierten in der taschen!
waldhornist	: *durchsucht den kasper, welcher sehr kitzlich tut*

	sei mir nicht bös, lieber freund, aber befehl ist etwas, was man muß..
hauptmann	: hat er was bei sich, der suspekte zirkusmensch?
waldhornist	: ich glaub nein, herr hauptmann, nur.. ganz neue dollár..
hauptmann	: aha, sehr verdächtig! so, jetzt schauen sie einmal ins innere dieses scherbens. vielleicht ist dort eine geheime inschrift oder ein marschbefehl der conföderierten eingraviert!

der waldhornist hebt den nachttopf auf und schaut genau in sein inneres:

hauptmann	: na, sehen sie was, waldhornist zweiter classe?
waldhornist	: nein, herr hauptmann, nur einen gelben belag!
hauptmann	: versteht sich auch.. und draußen?

er sieht den topf von außen an und beginnt zu lachen:

hauptmann	: ha, was soll das gelachter? der krieg ist eine ernste sache!
waldhornist	: zu befehl, herr hauptmann, aber es steht da so eine ganz gelungene inschrift drauf..
hauptmann	: *zu kasper* aha, hab ich sie überführt? spion! lesen sie, waldhornist, was steht drauf?

der waldhornist nimmt eine große franzschubertbrille hervor:

hauptmann	: zu was setzen sie sich denn die augengläser auf? wenn sie schon gelacht haben, dann brauchen sie ja eh keine mehr zum lesen!
waldhornist	: wenn der herr hauptmann den befehl gibt, daß ich laut lesen soll, muß ich die augengläser aufsetzen, weil in meinem soldbuch steht, daß ich ein brillenträger bin..

hauptmann	: lesen sie schon!
waldhornist	: meinem herzlieben johann..
hauptmann	: was???
waldhornist	: meinem herzlieben johann steht drauf, und beim lie-ben hat der maler das e beim ie vergessen!
hauptmann	: *entreißt dem hornisten den topf und starrt diesen an* sakramordkreuzschrapnellundaufruhr!! das ist ja das nachtgeschirr, was mir meine liebe frau zum vorigen namenstag geschenkt hat.. wie kommt der her? *packt kasper an der brust und beutelt ihn* antwort, herr wurst!
kasper	: ui jegerl, wie soll ich denn das wissen, herr offizierer, er ist halt dagelegen..
hauptmann	: und zuerst sagen sie, er wär ein uraltes erbstück von ihrem unseligen herrn vattern?
kasper	: das hab ich gar nicht gesagt, das ist eine lug!
hauptmann	: ha, überführt! sie haben sich widersprochen!
kasper	: nix da widersprochen. ich hab gesagt: von meinem seligen herrn vattern..
hauptmann	: hoho! und das sollt vielleicht nicht ein ganz quatra-lierter widerspruch sein? ganz gleich, ob selig oder unselig, von ihren vattern wär er, haben sie gesagt..
kasper	: na, darf man vielleicht nichts mehr sagen? und außer-dem hab ich gar nie nicht einen vattern gehabt, ätsch!
hauptmann	: wie das? oh blasphemie!! wache!!
kasper	: man lernt nie aus! ich hätt mir nie gedacht, daß es ganz kurzum blas für mi heißt, wann einem der esel im galopp verloren hat.. ja dann sei's drum; blas mir halt die ›waldeslust‹, lieber spezi, wanns schon sein muß..

der hauptmann jault hysterisch auf und rauft sich, nachdem er sein käppi zu boden geschleudert hat, die haare. der waldhornist hebt

mit der ›waldesruh‹ an, die vögel zwitschern lieblich, und nach eini-
gen augenblicken, der hauptmann schreit noch immer nach der wache,
ruft kasper:

kasper   : pocahontas erscheine als wache!!

die halbnackte pocahontas erscheint sofort in der szene. sie trägt
das blaue käppi tief in die stirne gezogen und hält einen schußberei-
ten karabiner in der hand:

hauptmann   : *hebt sein zu boden geworfenes käppi auf und ruft*
                  zur vermeintlichen wache
                  nehmen sie diesen zirkusmenschen sofort fest! er ist
                  ein spion der conföderierten!
fee   : *mit diskantem baß*
                  zu befehl herr hauptmann!

sie packt den kasper beim arm und führt ihn ab:

kasper   : *im abgehen*
                  auslassen, ich bin unschuldig!

der waldhornist setzt mit einer neuen strophe der ›waldesruh‹ an. der
hauptmann wird plötzlich versonnen und hört zu:

hauptmann   : ja, johann, schön kannst du halt schon spielen .. ganz
                  weich wird man da dabei!

indessen kommt der schwarze mohr, also zur zeit die echte wache,
und baut sich vor dem lauschenden hauptmann auf:

negersoldat   : *ebenfalls mit käppi und karabiner*
                  trainsoldat erster classe johann zu stelle!
hauptmann   : *schon zu tränen gerührt*
                  die macht der musik!

negersoldat	: trainsoldat erster classe johann wie befohlen zur stelle!
hauptmann	: mein gemüt hat flügerln, der stille wald, die bäum, der abendwind.. man möchtert direkt schwammerl-suchen gehn..
negersoldat	: *sehr laut*
	herr hauptmann, trainsoldat erster classe johann wie befohlen zur stelle!
hauptmann	: *fährt auf*
	kusch jetzt oder du kriegst einen gulaschschöpfer voll salz!

der negersoldat salutiert erschrocken und will sich aus dem staub machen. der waldhornist bricht sein spiel ab. der hauptmann plötzlich, als erwachte er:

hauptmann	: halt! dageblieben! ja sag einmal, du schwarzer mohrl, jetzt warst ja grad da und da kommst mir schon wieder.. ja wo hast denn den spion gelassen? ha? antwort!
negersoldat	: spion? was für ein spion? zu befehl, herr hauptmann, ich hab keinen spion nicht gehabt!
hauptmann	: keinen spion nicht gehabt? keinen zirkusreiter mit einer roten nasen und einer zipfelhauben? ja, wer hat denn dann ... verrat!!!!
negersoldat	: verrat!!!!
waldhornist	: *ganz kleinlaut und wenig begeistert*
	verrat..
hauptmann	: waldhornist stoß in dein waldhorn! alarm!!

der waldhornist stößt in sein horn und bläst zum angriff. hauptmann und negersoldat stürzen ab; der negersoldat mit vorgerichtetem karabiner, der hauptmann mit gezogenem säbel. der waldhornist bläst noch einige augenblicke, setzt aber dann mit einem quäkenden ton ab und sagt:

waldhornist   : wann *die* wüßten, daß ich in wirklichkeit abraham
                  heißen tu!!

dunkel. zuerst leise, dann jedoch immer mehr anschwellend indianer-
trommeln und whoopeegeschrei. langsam wird es wieder hell. man
sieht ein schönes wigwam und davor ein herziges birkenbäumchen.
dem bäumchen gegenüber steht eine art ortstafel alten stils mit fol-
gender legende: STATE OF NORTH-DAKOTA IN THE YEAR OF 1865.
kasper und die fee pocahontas, die nun wieder ihren federschmuck
trägt, kommen aus der luft oder auch über eine jakobsleiter in die
szene:

kasper   : krutzikaputzi, jetzt hat's mir aber anständig den
                  adam verlegt, wirklich wahr, mir ist die luft bei derer
                  fliegerei ärger ausgegangen als gestern, wie du mir das
                  busserl geben hast.
fee   : was du nicht sagst, kasper! ich hätt mir schon vorge-
                  stellt, daß meine küsse gewaltiger sind als mancher
                  sturm. oder wie?
kasper   : ja freilich, freilich. es wird halt die höhenluft ge-
                  wesen sein, die mit ihrer blauen hand mir das maul
                  zugehalten hat, daß ich halt gar keine luft hab schöp-
                  fen können.
fee   : nun, jetzt kannst ja wieder genug schöpfen. da in
                  dieser gegend hast du die schönste waldesruh und
                  dein herr hauptmann kann lang suchen, bis er dich
                  hier findet.
kasper   : piff paff puff!
                  ahmt mit den händen das schießen mit dem gewehr
                  nach
                  und da liegt er schon, der kasper, und der haupt-
                  mann und der koch und der grausliche schwarze
                  mohrl reiben sich die händ.. nein, nein! das machert
                  einem besseren menschen schon gar keine freud..
fee   : na siehst du's! und jetzt murr nicht, dort hast ein

161

schönes zelt, da kannst den ganzen tag indianer spielen, konservendosen und einen schlüssel dazu hast
für ein ganzes jahr, und bis dahin ist der ganze blöde
krieg vorbei und dann kannst auch wieder nach haus
zu deinem vattern und deiner mutter..

kasper   : nein, liebes pocahontscherl, zu meinem vattern
nicht!

fee   : ja ist er dir denn schon gestorben?

kasper   : das nicht! er ist ja noch gar nicht auf die welt gekommen.. mich hat nämlich..

fee   : der esel im galopp verloren!

kasper   : krutzikaputzi, bist du aber ein gescheites madel!

fee   : so! jetzt hab ich für dich gemacht, was ich können
hab. ab jetzt kannst du dir nichts mehr wünschen. du
mußt halt schaun, daß du selber mann genug bist,
wann dir was dazwischen kommt.. behüt dich gott,
kasper und bleib gesund..

kasper   : *umfaßt hastig ihre hüften*
haltaus, pocahontscherl, nicht so schnell!

fee   : willst noch was?

kasper   : ja..

fee   : aber dann geschwind, ich hab noch was anderes zu
tun, als deine nasen anzuschaun..

kasper   : weißt, mir wird da bald fad werden, wann ich so
mutterseelenalleinig hausen muß..

fee   : kannst ja indianer spielen oder die vogelsprach lernen
oder auf die bäum kraxeln und findst mi nit schrein..
ich muß schon sagen, du bist mir ein recht unzufrie-
dener nußknacker..

kasper   : sakrament, du liebe fee pocahontas, du bist schon
recht ungerecht! zuerst schickst mir einen vertreter,
der was mir ein wunderschönes, nagelneues messingbett mit rosarote mascherln um sechzig dollár verkauft, dann fallt mir die liebe frau hauptmann von
selber unter die tuchent, sagt zu mir ganz zutrau-

lich: »ich weiß ja eh, daß du der kasper bist« und busselt mich dabei ab wie einen haubenstock.. ja, ich gib's zu, ich bin verwöhnt.. aber wann man halt einmal einen zuckerstrietzel gegessen hat, so schmeckt einem eben kein schwarzes weckerl nicht mehr.. ich bitt dich, pocahontas, sei fesch, bring mir noch ein einziges mal die liebe frau hauptmann da her. ein bett brauch ich eh da nicht, weils gras von selber wachst..

fee   : na ja, weils du mir die schönen mondstrahlenschnürl gegeben hast und so schön bitten tust. die schöne frau hauptmann sollst halt noch haben..

kasper   : als beilag, gelt?

fee   : als was du dein nachthemdengerl haben willst, ist mir ganz gleich; kannst dir's ja unter einen regenschirm stellen, damit's dir nicht schimplig wird, wann's einmal regnet..

kasper   : maria und johanna, jetzt ist sie gar eifersüchtig!

sie geht ab. die vögel beginnen zu zwitschern und in der ferne hört man den jig ›baste to the wedding‹. plötzlich kommt ein großer reisekoffer auf rädern angefahren und bleibt vor kasper stehen:

kasper   : ja da schau ich ja! die post geht einmal regelmäßig.. ja was ist denn das schönes?

der koffer geht auf und die frau hauptmann steigt mit häubchen und negligé heraus:

frau   : ja grüß dich gott, lieber kasper, wie geht es dir denn?

kasper   : ich dank dir recht schön, liebe fräulein braut! aber wie geht es denn dir?

frau   : ja weißt, ich schlief immer so unruhig, weil mir bei meinem herr hauptmann immer von salzstangeln träumt.. und da bin ich halt wieder einmal aus mei-

163

	nem bett herausgeflogen und, wie's halt grad so zu-geht, direkt in den reisekoffer da!
kasper	: und jetzter bist da?!
frau	: wies da's siehst: ja!
kasper	: juchee, du gute fee! jetzt kann ich wenigstens zu zweit indianer spielen und die vogelsprach lernen und auf die bäum kraxeln und findst mi nit schrein!
frau	: gibst mir kein busserl, weil ich halt schon da bin?
kasper	: no, so komm halt her, du sauberes nachthemdengerl und halt schön, damit ich nicht ausrutsch und dich vor lauter verliebtheit ins ohrwascherl beiß!
frau	: da..

er küßt sie, daß es schnalzt:

kasper	: soder mit himbeer und limoni, das hat aber ge-schmeckt.. direkt besser als gurkensalat, und über den hab ich noch meiner lebtag nichts kommen las-sen.. und jetzt sag mir schön, wies du eigentlich heißt, du rabenbratel?!
frau	: johanna, genau so wie meine mutter und groß- und urgroßmutter..
kasper	: *komisch entsetzt*
	verrat! spionerie!! alarme!!! waldhornist stoß ins waldhorn!!!

auf das geschrei des kaspers erscheint tatsächlich der waldhornist. bläst ihm jedoch die ›waldesruh‹:

kasper	: *gerührt*
	sakradi, der blast mir ins gemüt! meiner seel, mein herz kriegt flügerln, der stille wald, der hirsch röhrt dumpf aus dem röhricht
	es wird abend
	die lieben bäum und der kuckuck, der abendwind

> *der gelbe mond geht wieder auf*
> der mond geht auf, man möchtert direkt schwam-
> merln suchen gehn..

frau   : du, kasperl?

kasper   : ja, was denn, johannerl?

frau   : sag nimmer johanna zu mir! ich heiß ja in wirk-
                   lichkeit greterl genau so wie meine mutter und groß-
                   und urgroßmutter schon geheißen haben..

kasper   : weißt was, greterl? gehn wir schwammerlsuchen:..

sie gehen engverschlungen ab. der trompeter beendet seine strophe.
dann setzt er ab und spricht sehr deklamatorisch:

waldhornist   : die macht der musik!

er setzt wieder an und beginnt, indem der vorhang fällt, eine neue
strophe der ›waldesruh‹.
wenn der vorhang zu ist, hört man einen auf tonband aufgenomme-
nen frenetischen applaus, der erst nach einiger zeit allmählich aus-
klingt.

wien, am 3., 4. & 6. märz 1961

how lovecraft saved the world

die uraufführung dieses melodramas fand am 18. 2. 1934
im kinosaal der gemeinde arkham, mass., statt:

h. p. lovecraft, esq. . . . . franchot tone
pickman, ein kunstmaler . . . . bela lugosi
kutlyoos schatten . . . . charles laughton, esq.

lovecraft trifft in einer mitternächtigen straße auf den maler pick-
man, der sich mit einem kolossalgemälde durch die schreckliche,
schwefeldunkle finsternis bewegt:

pickman	: *der lovecraft nicht gewahrt* snrrllech snephat orhll umph astrogath!
lovecraft	: no, there can be no mistake – it *is* pickman!
pickman	: verfluchtes ding! ich kann es unmöglich mit einem einzigen arm umfassen.. *er lehnt das kolossalgemälde an eine langsam ver-* *modernde wand* schweiß und dämonie – infernalische zwillinge, die meinen letzten lebensnerv vernichten.. ohh!
lovecraft	: hullo, pickman, is it you?!
pickman	: tausend ghoule über mich; sollte das nicht lovecraf- tens stimme sein?!
lovecraft	: sie ist es, freund pickman! was treibt dich um diese zeit noch mit kolossalgemälden durch die finster- nisse der stadt boston?
pickman	: komme aus dem federal art club..
lovecraft	: und?..
pickman	: hollister hat mir mit schneidender stimme den rest gegeben – man hat mich für alle zukunft..

lovecraft	: halt! ich habe es bereits erraten ..
pickman	: und?
lovecraft	: hollister ist ein altes waschweib, ein abergläubischer schlappschwanz, er sollte nicht präsident eines kunst-clubs sein, sondern patient einer heilstätte für para-noiker ..

kutlyoos schatten lagert sich über das kolossalgemälde pickmans, wird aber, da unsichtbar, von keinem der beiden nachtwandler be-merkt:

lovecraft	: ich möchte nicht unbescheiden sein, pickman, aber dürfte ich das kolossalgemälde einmal bei licht be-trachten?
pickman	: hast du eine taschenlampe?
lovecraft	: eine ausgezeichnete sogar – hier, wie immer griff-bereit in der innentasche meines dunklen überziehers. ich gehe ohne sie nicht mehr aus dem haus, du weißt ..

das kolossalgemälde beginnt unter seltsamen, ungeheuerlichen schmatzlauten zu schmelzen – es ist, als ob sich die langsam ver-modernde wand mit ekelhaftem grauem schleim bedecke ..:

kutlyoo	: der tote cthulhu wartet träumend in seinem unter-mietszimmer in wigmore-street! unghll unghll yogh-sothot!
pickman	: verdammt, mein kolossalgemaälde! die gesamten ratten dieser verfluchten gegend sind über es her-gefallen! es war eines meiner besten!
lovecraft	: wo befinden wir uns hier?
pickman	: in wigmore-street und keine zehn schritte vom fried-hof aus dem jahre 1681.
lovecraft	: dann sind es keine menschlichen ratten mehr, pick-man! hier herrscht bereits das namenlose grauen der uralten!

er knipst seine elektrische stablampe an und richtet sie gegen das
bereits schäumende und sinistre blasen blubbernde kolossalgemälde;
ein donner rollt über die bislang stockdunkle bühne, die straßen-
beleuchtung flammt auf, man erkennt ein uraltes straßenschild: es ist
tatsächlich die unselige wigmore-street. lovecraft und pickman
schreien entsetzt auf, als sie den grausig brodelnden haufen erblicken,
der an der stelle, wo sich noch vor kurzem das kolossalgemälde be-
funden hat, allmählich kleiner und kleiner wird und schließlich ver-
schwindet.:

pickman   : *schaudernd*
               es hat seinen bruder geholt, lovecraft..
lovecraft   : und ohne diese gute taschenlampe hätte es auch uns
               und die ganze menschliche rasse geholt..
kutlyoo   : *von ganz ferne, fast schon aus einer anderen welt*
               urghll urghll rhyll niarhchll edison edison onkhtphot
               onkthtphot!

ein höllischer gestank breitet sich in dem kinosaal der gemeinde ark-
ham aus, die zuschauer verlassen in panischer angst die vorstellung,
die nun ein vorhang, über und über bedeckt von pickman'schen moti-
ven, beendet.

Erlaubent,
Schas, sehr heiß bitte!

Ein gleichnis

Personen:
Anton Lackl, Wiener
Stephanie, süßes madl
Cafétière Kriebaum
Herr Josef, ober
Moses, nur als stimme
Engel Sauber
Teuxl Pfui
Adolphus Hitler

Die szene ist in einem café. Jugendstilinterieur. Kassa jedoch einer
älteren stilepoche entsprechend. Links und rechts vom zuschauer.

1.
Cafétière, Herr Josef, Stephanie

*Eine stimme aus dem raum. Aus dem gleichen raum wird später eine
geige tönen. Noch später sturm und wind. Noch später kanonendonner.*

stimme	: Soll man ihm was aufspielen? Soll man
	ihn ghörig anstrudeln? Soll man ihm
	den himmel voller geigen behängen?
Josef	: *dösend*
	Zahlen gewünscht?
stimme	: Aufspielen, anstrudeln, den himmel mit

	geigen behängen. Geigen, die die welt
	bedeuten. Volk der dichter und stehgeiger.
Cafétière	: Drei melangen, einen ordinären schwar-
	zen, zwei tee, einen capuccino.

Sie klingelt mit der kassa:

stimme	: Aus dem stegreif was aufspielen, was
	anstrudeln, was mit geigen behängen.
	Was meinen? Sprechen schon.
Stephanie	: Fürstin sein, das wäre fein, fürstin kann
	nicht jede sein.
Josef	: Zahlen gewünscht der herr?
stimme	: Aufspielen und anstrudeln muß sein, dann
	hängt der himmel sogleich voller geigen.
Josef	: Zahlen gewischerlt?
Stephanie	: Und draußen im wienerwalde, ja, da hat
	er mich entehrt.

Die cafétière klingelt mit der kassa.

2.
Herr Lackl, die vorigen

Herr Anton Lackl kommt durch die mit einem roten kotzen abgedichtete türe herein und geht, an der kassa vorbei, an seinen stammtisch links und nimmt platz:

Lackl	: *im gehen*
	Klingelfee.
Cafétière	: Der Herr Lackl. So spät heute?
Lackl	: Schas mit schlag.
Josef	: Zahlen gewünscht?
Lackl	: Alsdann, wo is er, der schiegerl?

Stephanie	: *nähert sich Lackl*
	Servus, fescher faun.
Lackl	: Verschwind, trampl.
Josef	: Wohl gespeist zu haben.
Lackl	: Mein Schas, hab i gsagt, und mit schlag,
	aber dalli.
Stephanie	: Eine krone am haupt, ja dann gings leichter.
Lackl	: *zu Stephanie*
	Geh, geh, oder ich geh dii.
	zu Josef
	Mein Schas, Josef; bist terrisch?
Josef	: *begreift*
	Ein Schas fürn Herrn Anton, sehr heiß!

Er eilt an der kassa vorbei nach der küche ab:

Cafétière	: Einen capuccino, zwei tee, einen ordinären
	schwarzen, drei melangen.
Lackl	: *für sich*
	Was will denn die dader, mir scheints, die
	will was.
Stephanie	: Servus, fescher faun, liebling der fraun.
Lackl	: Putz di, stirb.
Stephanie	: Komm mit mir ins schamber séparée zu einem
	süßen tett à tee.
Lackl	: Dalli, Josef, mein Schas!
Josef	: *noch nicht sichtbar*
	Kommt schon, wird frisch gemacht!
Lackl	: Aber heiß, heit is s kalt draußen.
Stephanie	: Kalt, kalt is s in wald.
Cafétière	: Drei melangen, einen ordinären schwarzen,
	zwei tee, einen capuccino.
Josef	: *an der kassa vorbeieilend zur cafétière*
	Einen Schas, sehr heiß . .

Die cafétière klingelt wortlos die registrierkassa:

Lackl	: Das dauert, Josef, das dauert.
Josef	: Frisch gemacht, Herr Lackl, frisch gemacht.

er serviert:

Stephanie	: Fürstin sein, das ist fein, fürstin kann nicht jede sein.
Lackl	: *zu Josef* Wer ist denn die dader?
Josef	: *mißverstehend* Zahlen gewischerlt?
Lackl	: Und holn s mir den geiger.
Josef	: Sehr heiß, Herr Lackl.
Lackl	: Den geiger, hab ich gsagt, den judenschie- gerl, jüdelach, verstanden?
Stephanie	: Allers wie im film auf weißer flimmerwand.
Josef	: Oh pardon, war ganz abwesend .. Ein geiger fürn Herrn Steiger!
Lackl	: Lackl der name.
Stephanie	: Servus, fescher faun, liebling der fraun.
Lackl	: *zu Stephanie* Du schleich di.
Josef	: *abgehend* Musik für herrn Lackl .. *an der kassa zur cafétière* Lackl sein name .. *ab:*
Cafétière	: Der Herr Lackl. So spät heute?

Sie klingelt an der kassa:

Lackl	: *öffnet die suppenterrine und steckt die nase hinein* Klingelfee.

Stephanie	: Sei fesch, du faun, mach keine faxen.
Lackl	: Geh, geh schon oder ich mach dir füß.
Cafétière	: Einen capuccino, zwei tee, einen ordinären
	schwarzen, drei melangen.
Lackl	: Ganz kalt, der dreck.
	laut
	Und was is s mit meinem geigenspiel? Will er net,
	der jüdelach?
Josef	: *unsichtbar*
	Wohl gespeist zu haben!
Lackl	: Mei musi, herr Jud!

Plötzliches geigensolo: Draußen in Sievering blüht schon der flieder:

Lackl	: No endlich. Aber mein Schas ist trotzdem
	kalt wie r a leich.
Stephanie	: A ferme musi tralalala, a fesches gschpusi
	tralalala.
Josef	: *erscheinend, von der kassa aus*
	Zahlen gewischerlt?
Lackl	: Spielen kann er, der jüdelach. Ich wer mit n
	Dolpherl a wort reden.
Stephanie	: Allers wie im film auf weißer flimmerwand.
Lackl	: Was der trampl dader will möcht i wissen.
Cafétière	: Der Herr Lackl. So spät heute?
Stephanie	: Die liebe der Lady Mabel zu Kain und Schna-
	bel.

Lackl deutet mit dem suppenlöffel den takt der melodie an:

Stephanie	: Fescher faun, walzertraum.
Lackl	: Erlauben, sauce!
Stephanie	: Wien und der wein, Wien und der wein.

3.
Engel Sauber, Teuxl Pfui, die vorigen

*Engel Sauber und Teuxl Pfui treten ein und sehen nach einem platz
aus:*

Cafétière   : Der Herr Teuxl. So spät heute?

Sie klingelt:

Pfui   : *zu Engel Sauber*
               Klingelfee.

Sie nehmen an Lackls nebentisch platz:

Lackl   : Neuche gäst.
Stephanie   : Faundiburli, feschifesch.
Lackl   : Verschwind, trampl, störst den herrn Jud
               bein geigenspiel.
Pfui   : *zu Engel Sauber*
               Heut spielt der Schiegerl.
Josef   : Zahlen gewünscht?
Stephanie   : Mein faundifaun.
Lackl   : Reiß ab, du bein.
Stephanie   : Ich komm vom film.
Lackl   : Bist trotzdem ein trampl, putz di, drah
               di, geh sterbn.

Die geigenmusik bricht ab:

Sauber   : Ein fertiger geiger der geiger.
Teuxl   : Russe, liebste, russe.
Lackl   : Weitergespielt, Judas! Was is?
Josef   : *erschrickt*
               Haben zahlen gerufen?

Neues geigensolo: Komm mit mir ins chambre séparée:

Lackl	: Unsunzt is da dod und dea kost s lebm ..
Stephanie	: Bussi, faunderl.
Lackl	: Sag, bist narrisch?
Stephanie	: Aida bin ich, eines nubierfürschten einzig kindeskind.
Lackl	: Reiß ab, du schlechter film.
Teuxl	: Ja, seh ich recht?
Sauber	: Wer is sie denn, die schöne fee?

Cafétière klingelt:

Teuxl	: Aida, eines nubierfürsten einzig kindeskind.
Josef	: *geht zu den neuen gästen* Erlaubent, sauce.
Teuxl	: Russe, liebste, russe.
Lackl	: Lauter, schiegerl, i hör nix!
Josef	: Haben zahlen geruft?
Teuxl	: Was wirst nehmen, engi?
Sauber	: Fürstin sein, das wäre fein, fürstin kann nicht jede sein.
Teuxl	: Alsdann: Zwei vermouth.
Lackl	: Josef, einen neuchen Schas, aber heiß zum zungenverbrennen.
Josef	: *in die küche eilend* Sauce!
Stephanie	: Faun du, reiß mir nicht das herz aus meiner damenbrust!
Lackl	: Arsch.

Die cafétière klingelt zweimal mit der kassa:

Cafétière	: Der Herr Lackl. So spät heute?

Teuxl	: Ein geiger von format.
Sauber	: Wie heißt er?
Stephanie	: Wer wagt, gewinnt. Küß mich, faun.
Lackl	: Stör nicht meinen kunstgenuß, du strawanzerin du miserable.
Stephanie	: Schlimmer faun..

Sie wendet sich an teuxl und engel sauber:

Stephanie	: Die herren werden s net glauben, aber ich bin die Nubierin aus Präuschers panoptikum.

Musik bricht ab. Josef erscheint wieder:

Josef	: *an der kassa* Ein heißer Schas, zwei vermouth..

Cafétière klingelt scharf:

Josef	: Sehr heiß.
Sauber	: Schön hat er gespielt, der russe.
Lackl	: Weiter, jüdelach!

Großes schweigen, hernach starker donnerschlag, dem symphonische musik folgt: ‘·

Lackl	: Was is das? Weitergspielt hab i gsagt!
Teuxl	: Stehn s net um, Josef, tun s was, bewegen s ihner.
Sauber	: Machen s freiübungen, hantieren s mit was!
Stephanie	: Allers wie im film auf weißer flimmerwand.
Lackl	: Quinquilliert s net, des hab i gar net gern, wann einer quinquilliert, dann der Schiegerl oder ii! Musik und mein Schas, bevor er kalt wird!

Cafétière	: Josef, der wievielte is heut?
Josef	: Der erste, frau Kriebaum.
Stephanie	: Und draußen im Wienerwalde, da hat er ..
Lackl	: Ein walzer, Judas, oder ich ruf den Dolferl!
Josef	: Wir schreiben heut den 1. Januar 1995, frau Kriebaum.
Cafétière	: Drei melangen, einen ordinären schwarzen, zwei tee, einen capuccino.
Lackl	: Adoif, se wönt net schbün!

Neckischer geigengickser:

Lackl	: Ha? No wird s?

Abermaliger geigennecker:

Lackl	: Frechheit, der jüdelach will mi ratzen!
Stephanie	: Ich mag den Lackl net. Der Artmann aber is ein fescher faun, ein liebling der fraun ..
Teuxl	: Wie wahr.
Sauber	: Net wahr?
Stephanie	: Und im Wienerwalde ward ich fesch entehrt!
Lackl	: Scheißwirtschaft, judenwitz von einem café, mitten im konzert hört der Kohn dader auf! Doiferl erscheine!

Maschinengewehrgeknatter und vereinzelte gewehrschüsse, vermischt mit dem geräusch von geschirrspülen.

4.
Hitler, die vorigen

Adolphus Hitler, grotesk gealtert, mit sichtlich gefärbtem schnurr-bart, schiebt sich vermittels eines rollstuhles in die szene, hebt die linke zum deutschen gruß:

Adolphus	: Geiger erwache!
Teuxl	: Trefflich, trefflich, mein vetter.
Lackl	: Bravo führer!
Cafétière	: Der herr führer. So spät heute?
Stephanie	: Servus fescher faun, liebling der fraun.
Adolphus	: Geiger erwache!
Sauber	: Entschuldige, Teuxl, ich muß nur einmal.
Teuxl	: Grad jetzt?

Engel Sauber steht auf und begibt sich auf die toilette:

Cafétière	: Der herr Engel Sauber. So spät heute?

Sie klingelt:

Adolphus	: Klingelfee.
Lackl	: Mein führer, der jüdelach verweigert das geigenspiel.
Adolphus	: Ein solo für den herrn Lackl. Spiel, Judas!
Stephanie	: Die liebe der Lady Mabel zu Kain und Schnabel.

Cafétière klingelt:

Teuxl	: Ein leben, ein traum.
Adolphus	: Geigelach erwach!
Teuxl	: Der will net.

Stephanie setzt sich auf den führer:

Stephanie	: Faundiburli feschifesch.
Adolphus	: Ui, die menschenfresserin, hilfe!
Josef	: Zahlen gewischerlt?

Lackl wirft sich zu boden, strampelt mit den beinen und ruft laut:

Lackl : Avanti la musica!

Engel Sauber kommt wieder herein, er macht sich diskret den hosen-
latz zu und nimmt platz:

Sauber : Du, Pfui Teuxl, da draußen aufm häusl hat
einer an die wand geschrieben: Der Artmann ist
ein fescher faun.
Stephanie : Ein traum der fraun, gelt, Dolferl?
Adolphus : Geiger geig!
Lackl : Ein kalter Schas ohne musi.. das leben ist
nimmer lebenswert. Die juden sind unser un-
glück.
Josef : Zahlen gewünscht.
Cafétière : Einen capuccino, zwei tee, einen ordinären
schwarzen, drei melangen, ein sowas und noch
was das is was.

Kanonendonner, geigenmusik: Wien, Wien nur du allein, maschinen-
gewehrgeknatter, herbststürmen und das ständige geklingel der regi-
strierkassa:

Stephanie : Die welt ist aus den angeln..

Sie verläßt Dolferl und geht an die rampe:

Stephanie : Will mich denn keiner pempern? Ich bin die
Nubierin aus Präuschers panoptikum!

Vorhang

Malmö, dezember 63

179

Prosa

enthüllungen . . .

1.
Ein mumienpräparator hatte sein laboratorium im neunten stockwerk eines warenhauses eingerichtet, um ungestört arbeiten zu können. Der besonders günstige umstand, welchem er seine solitude zu verdanken hatte, war ein unerklärlicher defekt im stahlgeseile des fahrstuhls, der denselben immer wieder schon im achten stock zur umkehr zwang.

2.
Der exekutivbevollmächtigte eines suppenwürzekonzerns stand wegen in elf fällen nachgewiesener sittlichkeitsverbrechen vor den höllenrichtern. Die geheim geführte verhandlung dauerte diesmal bis über mitternacht hinaus und kurz vor urteilsverkündung wurde noch ein agent provocateur in den zeugenkäfig gerufen, welcher auf befragung angab, bei lebzeiten geprüfter bademeister im krematorium Fuxenhütel gewesen zu sein.

3.
Das pagatmännchen hatte sich nach der schwängerung seiner rumelischen antipodin kurzerhand aus dem staub gemacht, um in einem leihhaus ein neues leben zu beginnen. Der alte wucherer, dem jenes etablissement gehörte, gewann den munteren husaren bald lieb, nannte ihn seinen eigenen sohn und setzte ihn als oberaufseher für musikalien, über zimbeln, spinette, hackbretter und pistolen von selbstmördern ein.

4.
Nachdem der handleser Runtelzirg von einem abendlich illuminierten straßenbahnzug zu tod gerädert worden war, bildete sich auf der ungewischten marmortheke seine stammcafés eine anzahl von klebrigen ringen, wie sie etwa gläser mit süßlichen schnäpsen hinterlassen. Das servierfräulein, welches mit dem handballen darüber

hinweggewischt hatte, muß seither das bett hüten, da sich an ihrem unterarm, vom ellenbogen abwärts, ein übler petersiliengrüner aussatz entwickelt.

5.

Ein hauptmann der legion, welcher erst kürzlich aus der oase Tinggil Toulourth zurückkehrte, antwortete auf eine zeitungsannonce, die er einige stunden vor seinem ableben las. Es war ein eigentümlich kalter herbstnachmittag und in den glashäusern der morgue vertrocknete der sechzigjährige kampferbaum der concièrge. Die dame mit den roten wildlederhandschuhen und dem einzigen zyklopenauge mußte daher vergeblich in der intimen rôtisserie warten. Sogar der dicke koch wußte ihr nur ein leises trauriges achselzucken zu entgegnen.

6.

Es ist jetzt genau sieben uhr und im nebenzimmer gibt ein giftmischer seinen kleinen töchtern eine vorstellung mit der laterna magica. Das weite mineralienkabinett besitzt einen feinklingelnden glasluster und ist mit rotem plüsch gut abgedunkelt. Die große weiße hand des giftmischers schiebt die buntbemalten glasplättchen sorgsam hinter die optische linse. Eine bauernfrau erscheint an der wand, ein tisch mit geschlachteten gänsen, veilchenverkäuferinnen, die unter dem triumphbogen frieren, die sieben raben mit ihrem schwesterchen, das sich den zeigefinger abschneidet, ritter Blaubart, ein stück edamer käse, in den eine sehr dicke maus ein loch frißt, Schneeweißchen und Rosenrot und eine mit flittertand geschmückte schaubude, aus der du nicht mehr herauskommst ...

7.

Ein diskretes tingeltangel hatte gestern abends an seinen schwarzen seidenrüschen feuer gefangen und war mit seinen cancantänzerinnen, kellnern und lebemännern knisternd zu asche verbrannt. Schon heute in den grauen morgenstunden konnte man die pfründner und armenhauspensionäre der stadt sehen, wie sie in dunklen scharen

die brandstätte abpilgerten, um vielleicht einen geschmolzenen goldzahn, anhängsel, incombustible medaillons oder verräucherte ge-
denkmünzchen aus dem warmen ruß zu fördern. Gegen mittag, kurz
bevor jener große regen niederging, der alles zu schlamm wandelte,
fand das kleine waisenmädchen mit dem matrosenanzug ein fleisch-
farben fossiliertes geranium, das aus dem gerösteten beckenknochen
von mlle. Marie-Ange zart hervorwelkte.

8.

Der große illusionist Noureddîn Archenzohr, dessen raimundinsze-
nierung vergangenen sonntag an der komödie durchfiel, hat eine
braut, die ihn mit mir betrügt. Wir sind nun beide in mein ärmliches
gartenhaus gezogen und schlafen auf einer art umgeworfener hüh-
nerleiter. Schon morgen oder übermorgen wird uns herr Archenzohr
entdecken und in kleine spielhündchen verwandeln. Ich wünsche mir
von ganzem herzen, wir überlebten diese bittere situation. Vor
jedem schlafengehen reißt sich die gefährtin meiner dunklen passio-
nen das haupt vom rumpf, legt es in ein zinnernes waschbecken und
drückt mich an das haar ihrer lenden, das schwarz ist und ängstigend
wie die fahne das madhi ...

(1950)

von einem drachen
oder der sturz des ikarus

... sans doute,
Monsieur le Dragon,
Nous admirons
Votre gestes tragiques
...
(Périclès de Louvain acte 1)

Einer hatte seine handschuhe bei dem fest, das gestern stattfand, vergessen und deshalb ging er kurz nach dem mittagessen zum schloß,
um sie abzuholen, da er sich nicht gerne von ihnen trennen wollte.
Aber als er durch den großen park gekommen war und über die
prächtigen steintreppen hinaufstieg, fand er türen und fenster weit
offenstehen und er mußte zu seinem erstaunen feststellen, daß das
große herrenhaus des drachen verlassen und verwahrlost vor ihm
lag, als sei es schon seit vielen jahren nicht mehr bewohnt ...
»Heute mittag ist niemand mehr in diesen zimmern – sagte er – und
ich finde hier die melancholie des tages nach einer versteigerung, aber
gestern waren sie noch übervoll von fröhlichkeit und menschen ...« –
und er erinnerte sich, daß einer von den gästen gesagt hatte: »Laßt
uns doch die fenster öffnen, denn es ist erstickend heiß hier. Man
sollte in solchen nächten des sommers seine feste eigentlich in den
gärten abhalten – ja, man sollte sie wirklich lieber in den gärten
abhalten ...«
Wenn der hausherr jedoch irgendwie in der nähe stand, sprachen sie
allerdings leiser, aber eher aus angst vor dem drachen, welcher das
fest veranstaltete, als aus rücksicht auf das zarte gemüt, welches
dieser besaß.
»Darf ich darum bitten, daß wir jetzt zusammen dem spiel meiner
eigenen theatergruppe beiwohnen – sagte der drache – es heißt der
»Sturz des Ikarus« und ist von einem tragischen dichter, den ich
persönlich außerordentlich hochschätze!« Es war um diese Zeit schon

sehr dunkel geworden und der abend fiel durch die großen, nun weitgeöffneten fenster des saales und der drache fuhr fort: »Weil es schon so sehr dunkel geworden ist und weil ich nur mehr die augen der anwesenden damen erkennen kann – ich wüßte natürlich nichts, was ich lieber erkennen würde –, will ich meinen leuten sagen, daß sie die fackellichter hereinbringen sollen, um unsere heiterkeit noch durch den glanz des rötlichen zu erhöhen!«

Es waren nun die besten und schönsten der stadt zu gaste geladen worden und eine junge dame sprach aus der dämmerung einer nische: »Wenn jetzt noch die brennenden fackeln hereinkommen, so werde ich mich sicherlich zu tode erhitzen!« Und dabei seufzte sie ...

Aber dann erschienen die leute des drachen mit den unruhigen lichtern in den händen und alle gesichter in dem saal wurden überaus schön durch die abschatten des flackernden feuers, und der milde nachtwind drang aus den gärten und feldern ein und manchmal, in kurzen stößen, bauschte er sich maritim in den schweren seidenen vorhängen der balkone und flügelfenster ... Und der hofmeister trat unter gongschlägen auf. Er war prächtig wie ein mond der einen stab trägt, und ihm folgten die schauspieler in sorgfältig abgetönten kostümen. Und der hofmeister des drachen trat noch einen schritt nach vorne und sprach:

Das ist der sturz des jungen
I k a r u s
oder
Das tragische spiel vom Griechen Dädalus
und seinem sohn.

DÄDALUS, ein Grieche (tusch)
IKARUS, sein sohn (tusch)
DIE SONNE, (ein accord auf dem
cembalo.)

DER LANDMANN,
EIN SCHÄFER,

DER BOOTSMANN,
EIN MANN IM TURM,

samt einem chor der mädchen und dem choros thrēnōdes ...

Seine worte zogen wie schöne, gepflegte zierfische durch die gläserne
begrenztheit eines aquariums ziehn, und die gäste blickten erwartend
auf ihn und die schauspieler, die den hofmeister in einem halbrund
umstanden.
Und nachdem auch die eingangsmusik geendet hatte, sprach der
junge schöne Ikarus:

> Bald kommt nun die sonne
> Mit gold daher
> Um den vater und mich
> Zu verderben ...

Ich mag diese sonne auch nicht sehr, – sagte die junge dame aus der
dämmerung einer nische ...

> Aber der landmann, wenn er
> Durch fliederfarbenes erdreich
> Seine furchen zieht,
> Braucht sie ...

Durch die offenen fenster zog ganz leicht der duft nächtlicher pflanzen und der drache sah, durch den geschliffenen diamanten seines
lorgnons, auf den Ikarus ...

> Und der matrose, um
> Die dunkle ängstigung
> Der überstirnten firmamente
> Zu vergessen ...

Wie voll und weich seine stimme, zur zufriedenheit des drachen, bis in die letzten ausmaße des raumes klang... Dieser Ikarus ist gewiß eine verkleidete frau! – sagte die junge dame aus der dämmerung. Und Ikarus sprach weiter:

> Wenn mit den angegilbten
> Knochen einer flöte,
> Der schäfer seine herden
> Um den weißdorn lockt...

Dabei flackerten die fackellichter so stark und rot, daß sich die gäste untereinander verliebten, denn so schön waren ihre gesichter dadurch geworden, und sie dachten – »Ja, das drachentier versteht es wirklich, ein großes haus zu halten..« Und Ikarus:

> Die sonn braucht auch der mann im turm
> Wenn er zum dritten mal die nacht verwünscht
> Weil sie, zu fest ihm noch, in seinen augen klebt...
> Und in die düsternis des morgens dann,
> Senkt er das lot, um ihre tiefe auszumessen...

An dieser stelle des stückes, erschien nun der sinnreiche alte Dädalus und dabei hielt er seine gemuschelte hand horchend an das ohr...

> Doch in der dämmrung fernen höfen
> Schrie lange schon der erste hahn...

Oh ihr lieben gäste des drachen! Oh ihr schönen gäste des drachen! Einer unter euch ist jetzt schon dazu bestimmt, in der verwirrung eines morgendlichen abschiednehmens, seine handschuhe, an irgendeiner passenden gelegenheit des salons, zu vergessen.
Und das stück nahm seinen weitern verlauf und wickelte sich ab mit der folgerichtigkeit der tragödie und es war eine unaufhörliche bewegung in durchwegs abgetönten kleidern... Als der junge Ikarus ertrunken war, und nachdem der trauerchor die schlußverse gespro-

chen hatte, ließ der drache champagner servieren und andere erfrischungen. Und er benahm sich wie ein fürst. Und man aß und trank bis in den grauenden morgen hinein. – Oh ihr lieben gäste des drachen! Oh ihr schönen gäste des drachen! Bald werden die fackellichter im geschrei der amseln verlöschen, aber einer unter euch ist schon dazu bestimmt, im morgendlichen abschiednehmen, seine handschuhe an irgendeiner passenden stelle zu vergessen; und wenn er, kurz nach dem mittagessen kommt um sie, wird er zuerst nichtsahnend durch den garten gehn und dann über die weiten verfallenen treppen ...

(1952)

Überall wo Hamlet hinkam

ES IST WAHR, *daß der tod die liebe
konserviert, aber er nimmt das herz
aus dem leib und legt es in den schnee
wie einen geschlagenen fisch, und es
wurde gesagt, daß dies wiederkehrt
von jahr zu jahr, und der schmerz bleibt
der selbe und wird nicht blaß vom
vorbeigehn vieler zeit, denn die herzen
sind immer die gleichen roten aus fleisch,
und auch dein eigenes mußt du einmal
dazulegen ...*
(post mortem Opheliae)

ÜBERALL WO HAMLET HINKAM fand er eine aster und die ist ganz
gewöhnlich grün solange es den hohen stiel entlanggeht doch die
schönen spitzen blätter ihrer blüte sind weiß wie die gepflegten kran-
kenzimmer aus denen er eben gekommen ist und er erinnert sich an
gärten die er in Italien gesehen hat aber die waren durchaus anders
und er stellt vergleiche die jedoch zu keinem ausweg führen und er
gibt seinen freunden mit einer leisen gequältheit zu verstehn daß
nur einige stunden des alleinseins in dieser situation helfen mögen
und er nimmt abschied von ihnen und geht langsam davon in den
unbekannten park und berührt die bäume vor ihm leicht mit den
handschuhen und die landschaft tut sich tröstlich auf und so verwächst er zusehends mit dieser helldämmrigen laubkulisse und Hora-
tio der ihm eine weile nachblickt verliert ihn bald aus den augen ...
(Siehe: an allen stellen des erdbodens die mit dem wasser in berührung kamen wachsen blumen hervor und neue erde fällt durch ein
wunder vom himmel und füllt indes die spur auf wo der schreckliche
fuß hintrat und zu beiden seiten des frühjahrs sprießen zwei bäume
auf und die darfst du betrachten ohne furcht ...)
DANN BEGINNT DIE NACHT während man die lampen anzündet und

die telefongespräche werden häufiger und sie laufen unsichtbar hin und her und quer von einem ende der stadt bis zum anderen und man verläßt die gärten mit stühlen an jeder hand und die mädchen spielen verwirrt ich habe gar nichts mehr zum tragen und in anderen häusern wieder tauscht man ungesagte küsse und weingläser und worte die man später lieber vergessen möchte aber das alles bleibt im grunde genommen doch gleich denn man bereut die getanen dinge ebensogut wie die ungetanen und was auch sollte gemacht werden an einem abend in diesen ersten tagen des frühlings obgleich der und der mit seinen händen den herbst einer eigenen traurigkeit durchteilt und nichts findet als die furchtbare weiße aster aber der herbst ist eine krisis zu neuem beginnen hin und ihr dürft gewiß alle noch hoffen ...

(»Ich will euch alle trösten« spricht Hamlet bei dem bankett das ihm der onkel zu ehren gibt und die freunde sehen ihn an denn sie lieben den klang seiner stimme und die wahl seiner worte und wie er sie setzt und er fährt fort: Ich will euch trost sagen aber nicht deshalb weil ich ein mitleid hätte und ich habe nie ein solches gehabt: jedoch drängt es mich daß ich solches zu euch rede denn die dinge und gegebenheiten die uns diesen augenblick umstellt haben gleichen einer eingetroffenen profezeiung und vor allem ist es die konstellation der lichter in diesem saal denn was sonst wohl sollte mich dazu treiben oder glaubt ihr wirklich daß einer der es gerecht meint mit sich selbst behaupten wollte ein tiefer innerer zwang bestimme ihn dazu und nicht wie es wahr ist: das einwirken der äußeren umstände auf seine eitelkeit ...?

Oder: denkt ihr daß alle unsere aussagen oder handlungen von wichtigkeit einer offensichtlichen moral entspringen ...?

Ich bin genug ohne falsch euch zu gestehn daß gerade die gesten welche ich am meisten an mir liebe diejenigen sind die jeder moralischen grundlage entbehren ...)

Als Hamlet die ebenen serpentinen des parks lang ging kam er an den teichen der oktoberhusaren vorbei und in den betonierten becken hatte sich das wasser wieder frisch angesammelt und war schon recht tief und es roch nach neuem grün und dahinein warf er mit kleinen steinchen und horchte dem geräusch des aufschlagens am ruhigen wasserspiegel und die chloroformweißen astern um ihn waren wie eine gläserne kleidung und sie nickten in dem leisen wind der ab und zu aufkommt und an der andren seite des teiches standen bänke aber die blieben leer bis in die spätere dunkelheit hinein ...

(1953)

Der aeronautische Sindtbart. Seltsame Luftreise von Niedercalifornien nach Krain

Siebzehentes Abendteur avt Capitvl:

Beim hl. Nepomuck, wir banden uns larven vor die augen, die hatten nasen, deren beträchtlichkeit alles bisher dagewesene übertrafe, rosenrot, sammet außen, seide innen, schwartz beflort, goldbestickt, perlmutter beknöpft, von kleinen, kunstreichen fackeln erleuchtet, kaiserlich, königlich, edel, gerecht, rätselhaft, zinnenbewehrt, elefantenbeinig, walbrüstig, bruchsicher, bombenzündrig, berg- & talverwurzelt, traumsicher, brandsicher, sokratisch, saltzbeständig, divanfärbig, schlüpfrig und besonders fest in jahreszeiten des gebens & nehmens.. Meine larve hatte die numero sieben, die des Rufus aber zwei- und vierzigeinhalb, und wir traten in den wunderschönen, kühlen abend hinaus, die wachen des cannibalenbeghs präsentierten ihre mousqueten, ihre schwartze menschenfresserhaut gläntzte im mondenlicht als speckschwartengeschmiertes stiefelettenleder und von der straße, die sich vor uns auftat kam ein klatschen und stampfen.

Zwanzigstes abenteur:

prope illinc in abditis latitabat
qvidam robvstvs rvsticvs, Crysticleik
nomine, cvm viragine sva, qvi mvliercvlis
& pveris ac ivvenibvs insidiabantvr, &,
tanqvam lvpi eos strangulantes de ipsorvm carnibvs
victitabant.
(Fordun's Scoticron. II.)

Die printzessin von Alpuxarra hatte ihr fenster dem meinen gegenüberliegen. Da blickte ich zu ihr hinüber und sie zu mir. An jenem tage regnete es zufällig gegen alle gewohnheit, nun, es war kein besonderer regen. Es war ein feines, laues rieseln, wie es eigentlich den britannischen inseln besser in das grüne gesicht gestanden hätte, denn dieser wojwodschafft Neapol. Die witterungen sind heutzutage gantz verdreht, sagte ich mir und blickte von meinen briefschafften auf, die ich zu erledigen hatte gedacht. Im grunde genommen war mir dieser schöne regen eine äußerst anmutige recreation. Der donner grollte wie ein satter hund aus den umliegenden bergen, nicht zu laut, nicht zu leise war sein grollen, das grollen eines träumenden hundes, der gut und teuer gegessen. Manchmal erhob sich auch dies joviale rumoren stärcker. Dann klang es wohl wie das hastige abladen eines wagens voller fußbodenbretter. Blitze entluden sich keine, das gewitter selbst, mußte sehr ferne von uns, irgendwo im nordosten die felsen und klüffte eines gebürges berennen. Vielleicht hätte ich sogar ein wetterleuchten können beobachten, allein, in der gründämmrigen einsamkeit meines schreibsalons, war mir dieses zuckende himmelslicht eine verborgene naturerscheinung.

Ich legte mein schreibzeug weg und trat an das hohe fenster. Der regen fiel leise, aber unablässig in das gras, das unsere zimmer wie ein kleiner fluß zu trennen schien, ein kleiner grüner fluß mit weißen schaumkronen, so sah er durch die fast mannshohen schierlingsbüsche aus, die fahl und hoch aus dem gras hervorwucherten. Es ist den faulen gärtnern zu danken, daß sich dieses schöne gift so wunderbar in allen wiesen ausbreitet. Wer könnte auch schöneres betrachten, als frischen schierling im sommerregen, der vor dem fenster eines mädchens blüht und das, wie es mir vorkam, nicht ohne absicht ihr braunes haar kämmte, obgleich sie nie zerraufft gewesen wäre oder gar verungeziffert. Welche gedancken!

Die hübsche, schmale printzessin von Alpuxarra, der schlancke schierling am hofe des regierenden bischoffs von Neapol, die dame mit den lila augen, die ihre kleine zutrauliche zofe von riechefläschchen zu riechefläschchen jagen konnte, im nächsten augenblicke aber ›mädchen‹ sagte ›ich möchte deine hände haben! Komm schneid sie dir ab für mich und dich, sie sind so zart und flink . .‹, die rotlippige jägerin, wie doch die rebhühner aus der lufft purtzelten, daß die hunde kaum mehr wußten, wo aus und wo ein, die anhörerin von teufflischen geschichten, die der wackere ursus von zeit zu zeit so gerne aus der mehllade seines vaterhauses hervorziehet.. Warum war sie aber so erbleicht, als die rede auf den alten Zopetz gekommen? Rot wie blut und braun wie honig, aber bleich mit einem male wie der regennasse schierling der den nachmittag zwischen ihr und mir in zwei teile teilete.

Ich stand auf und trat an das fenster, so daß sie mich genau sehen mußte, denn auch sie stand am fenster und kämmte noch immer das haar. Ich griff nach dem telefon und wählte ihre nummer, ließ dabei jedoch meine augen nicht abschweifen, sondern konnte jede bewegung, die sie nun tuen würde, ausnehmen. Eine prinzessinnennummer, eine schierlingsnummer. Eine nummer aus schierling, leisem regen und einem nachmittag, der sich dehnt, als steckten hinter jeder tapete des salons frisch aus dem regen gekommene, frivole blaue engel.. Das telefon der prinzessin von Alpuxarra stand auch am fenster. Es klingelte, das schierlingsmädchen hob ab:

– Ja? –

Sie sah zu mir herüber und lächelte. Sie war anscheinend darauf gefaßt gewesen, daß ich sie nun anrufen würde. Vielleicht hätte ich sie sogar schon früher anrufen sollen. Warum kämmt sie auch schon seit einer stunde ihr honigbraunes haar vor meiner nase? Oder tut sies dem schönen regen zu liebe? Ich könnte mir einigermaßen vorstellen, daß man dem regen etwas zu liebe tut. Nicht dem strömenden, dem alleserränkenden landregen, aber diesem lieblichen, lauen sommerregen, der in alle tapeten des schlosses nackte mädchen zaubert.. Warum sollte man so einem regen nichts zu liebe tun?

– Ja? –

– Es regnet noch immer, prinzessin.. –

– Ja, es regnet noch immer.. –

– Es ist ein zauberregen.. –

– O ja, es ist wircklich ein zauberregen, ich möchte ihm gerne etwas schenken, ich möchte, wie soll ich sagen? ich möchte ihm etwas zu liebe tun.. – Seltsam, soeben dachte ich daran, daß man diesem regen etwas zu liebe tun müßte und nun sagt auch das mädchen im fenster gegenüber das selbe..

– Was würden sie ihm am liebsten zu liebe tun, prinzessin? –

– Ich möchte mich angreifen lassen von ihm, ich möchte durch ihn

gehen, ich möchte mich am liebsten in ihn legen, gantz hinein, aus-
gestreckt in ihn hineinlegen zwischen den hohen schierling.. Haben
sie den schierling schon bemerkt der zwischen ihnen und mir auf-
geblüht ist? Gestern war er noch gar nicht da.. –
– Der schierling ist giftig, prinzessin, aber ich liebe ihn. Ich möchte
dem schierling etwas zu liebe tun, wie sie dem regen! –
– Sind sie wasserscheu, hauptmann? –
– Nicht im regen, prinzessin.. –
– Ich muß jetzt ablegen, hauptmann, ich habe mit dem regen eine
verabredung.. –
Die prinzessin legte den hörer auf und ich sagte, da sie das nimmer
hören, wohl aber sehen konnte, in den elfenbeinweißen mund:
›Ich wünschte der regen zu sein, der von allen seiten auf den giftigen
schierling fällt..‹
Die prinzessin lächelte im fenster und verschwand im dunkelgrün
des hintergrundes. Ein fester schmaler strich, ein arabisches alif, das
mit grüner tinte auf ein frisches ahornblatt geschrieben wird und
verblaßt..
Ich verließ mein zimmer, lief die treppen hinab, durchquerte die
kühle halle und trat in den ahornfarbenen regen hinaus, der sich sofort in meinen haaren festsoff und durch den hemdkragen auf brust
und rücken rann. Ich zog die schuhe aus und schoß sie mit einer
schleuderbewegung des fußes in die vornehme halle zurück. So trat
ich in den nassen rasen und wischte den körnigen sand von den soh-
len, denn ich hatte vorher über den gelben weg müssen, der an diesem
portal vorbeiführte. Als ich so durch das scharfe gras wischte, zer-
schnitt ich mich ein wenig zwischen den ersten zwei zehen.. Ich
bückte mich und drückte das ausspringende blut fort. Es brannte wie
saltz, aber da sah ich schon die schöne prinzessin, genauso durchnäßt
schon wie ich selbst. Auch sie hatte ihre schuhe abgelegt, ihr seidenes
kleid klebte ihr dunkel am körper, das haar trug sie jetzt von einem
gewöhnlichen gummiring gantz oben festgehalten à la pferdeschweif.
Es war vom regen fast violett geworden. Honig aus den unergründ-
lich verborgenen waben der waldbiene.. Ich wischte mir den warmen regen aus dem gesicht:

– Es regnet noch immer, printzessin .. –

Sie warff ihr violettbraunes haar mit einer kräfftigen kopfbewegung nach rückwärts und lächelte mir zu:

– So schnell vergeht mein regen nicht, und außerdem möchte ich ihm etwas liebes tun! –

– Warum ist es *ihr* regen, printzessin? Ist er nicht auch meiner? Wie sie sehen, so hat er mich schon genau so durchnäßt wie sie .. –

– Diesen regen müssen sie *mir* lassen, hauptmann. Sie haben doch ihren schierling. Oder mögen sie ihn nicht mehr, da sie ihm jetzt so nah sind? Fürchten sie, daß er sie zu starck vergifften könnte? –

– Nein, schierling .. –

– Das ist gut, regen .. –

Wir gingen durch den endelosen tropfenwald tiefer und tiefer in den weiten park hinein, die schönen glatten und die grotesken krummen statuen badeten stumm und gläntzend, der donner aus den bergen war bereits viel näher gerückt und der regen brach jetzt ungehemmt aus allen wolcken auf uns herab. Wir setzten uns auf eine steinerne banck, die unter bäumen stand ..

– Hier ist der regen sanft wie vorher, hauptmann .. –

– Fürchten sie den regen, wann er zu starck wird, printzessin? –

– Ich fürchte ihn nicht. Er gehört doch mir, und dinge die einem gehören, darf man nicht fürchten, meinen sie nicht auch? Aber wir können ja wieder hinaus gehen .. –

– Wir können auch sitzen bleiben, printzessin .. –

– Nein, jetzt will ich hinaus. Sie können ja dableiben, wenn sie angst haben neben diesem giftigen schierling zu liegen! –

– Warum liegen, printzessin? –

– Warum nicht, hauptmann? Ich werde mich ja auch in den regen legen. Ich will ihm was liebes tun. Er soll mich mit allen seinen fingern fühlen, ich will mich gantz lang ausstrecken unter ihm, ich will selbst wie der regen werden! –

Sie sprang auf von der banck und lief in den strömenden regen hinein, der wie ein warmes bad auf das hohe gras und den weißen schierling fiel. Ich folgte ihrer ungebärdigkeit und da sie plötzlich wieder stehen blieb, war ich ihr so nahe, daß sich unsre nassen kleider wie haut berührten. Die wolcken hingen so tief in den garten, man dachte in einem schönen, großen zelt zu sein . .

– Wir sind in einem zelt, printzessin von Alpuxarra! –

– Es ist schön, in einem zelt zu sein, hauptmann Artmanno . . –

– Ist es nicht ein wenig unschicklich von uns, daß wir allein zu zwein in einem einzigen zelt zusammen sind. Wir können uns doch kaum rühren. Sehn sie doch, wie nahe wir aneinander stehn müssen, damit wir platz haben . . –

Die nasse printzessin sah in die rechte ecke des regens:

– Hätte ich meine zofe als anstandsdame mitnehmen müssen? –

Ja, dachte ich, sagte aber nein . . Warum nicht eine schöne zofe im regen?

– Ich glaube, daß ist nicht unbedingt nötig, printzessin . . –

Das mädchen ließ sich rücklings ins gras fallen und breitete die arme weit aus:

– Sehen sie, hauptmann, es ist doch noch mehr platz, als wir dachten! –

– Tatsächlich, dieses zelt ist lange und breit genug für zwei, printzessin! –

Damit legte ich mich neben das schöne, schmale olivenfarbene alif und um uns bewegte sich der gewitterfahle schierling im rauschenden regen . .

Als der himmel wieder klar geworden war, wand die printzessin ihr kleid aus und legte es wie ein kissen unter den kopf. Ich wunderte mich, daß sie das auswinden so verstehen konnte. Wie mochte sie das gelernt haben? Es ist doch nicht so leicht gemacht, ein gewaschenes kleidungsstück so ohne weiters richtig auszuwinden. Printzessin, printzessin, ihr gebt mir rätsel auf! Zuerst erbleicht ihr bei nennung eines kleinhäuslers, nun aber seid ihr, der geschicklichkeit nach, ein fertiges wäschermädchen, glatt und gewaschen im regen, die späte sonne fällt aus den ersten wolckenrissen in das sanfte haar eurer achselbeugen, wie kommt es, daß ihr so gut meine eigene sprache sprecht, habt ihr doch diesen unsinnig mauretanischen namen, ich müßte euch so lange auf die lippen küssen bis ich euch euer geheimnis aus dem roten blut eures mundes sauge, aber teuffel, der meine ist selbst so wund und von scharffen zähnen verstört, ich kann jetzt nicht, will aber nicht auffgeben, es soll mich nichts und niemand dran hindern, dieses verborgene drosselnest eurer herkunfft aufzuspüren, denn die printzessin Alpuxarra seid ihr nicht!

Sie haben sich sehr gefürchtet, prinzessin, sagte ich, als gestern der gute ursus seine geschichte erzählte. Ich mußte, da nun wieder die sonne mit ihrer lichten wärme aus all den confusen wolken aufzoge, das gekommene schweigen brechen. Es lag mir zu stark auf den nerven..

Die prinzessin aber sagte kein wort. Sie bog nur eine nahebeistehende schierlingspflanze zu ihrem mund und ich rieß das giftige ding wieder weg. Mädchen machen gefährliche dummheiten wie schuster nützliche schuhe. Aber gefährliche dummheiten, die an die wurzel des lebens greifen? Meine stimmung war, wenngleich nicht schal, so doch irgendwie triste..

Ich kenn den alten Zopetz, sagte ich, um überhaupt weiter zu kommen, er hat tatsächlich diese keusche, von der Rufus seinen bericht gab. Sie liegt oberhalb..

– Ich kenn den alten liederlichen Zopetz nicht, hauptmann, warum also erzählen sie mir davon? –

Sie starrte in den fliegenden himmel, daraus die sonne immer neu, wie ein verwandlungskünstler, hervorkam. Sieben gestalten hatte der runde spiegel aller planeten bereits durchgemacht: als beflügelter buckelschild des löwenritters Yvain, als deckel eines artoisischen brunnens, wenn es einen solchen deckel wohl gibt, als cupferne krapfenpfanne, als wagenrad, das sich selbständig machend die gekommene route zurückrollt, dem wagner ins haus, als übergroße gratulationsblume, als eherne ehrenmünze des churprintzen Achatz, die ein liebhaber vergolden ließ, als parfümiertes einglas, durch das ein müder landgraf in die sonne schaut.. Alles närrische überlegungen! Ich beschloß die augen zu schließen und nicht mehr in die prestigitatorische sonne zu schauen.

Die giftige vegetation um uns bewegte sich mit der ungiftigen brüderlich im abendwind. Ich schob meine rechte hand unter die schultern des schönen mädchens und berührte mit dem knie ihre schlanken, langen schenkel.. Dieses verborgene drosselnest eurer abkunft, prinzessin oder nichtprinzessin will ich auf jeden fall aufspüren. Ich werde es euch von der zungenspitze küssen, ob ihr nun wollt oder nicht. Alpuxarra ist zu dunkel und zu weit, um vor dem namen Zopetz zu erbleichen!

Ich fürchte mich niemals vor teuflischen geschichten, sagte die falsche prinzessin, ich war gestern wohl sehr übermüdet. Das wird es gewesen sein, weiter nichts. Ich habe zu hause selbst eine große anzahl von büchern in denen die schrecklichsten geschichten stehn..

Erzählen sie mir eine solche, sagte ich und ließ die augen zu.

– Sie werden die gänsehaut kriegen, mein freund.. –

– Das tut gar nichts. Ich habe sie ohnedies schon. Den nackten ist die gänsehaut ein epilog zum regen.. –

– Pfui, hauptmann! Was sie da sagen.. –

– Erzählen sie, liebe prinzessin, ich will mich an ihrer geschichte erwärmen.. –

– Glauben sie, daß sie ihnen warm machen wird, lieber? –

– Sie kommt aus einem heißen mund.. –

Das mädchen legte seinen rechten arm um mich und sprach wie eine schamanin über eines meiner geschlossenen augen:

– Auf eine zeit war eine teuerung im land, da geriet ein mädchen hellentags in ein menschenfresserwirtshaus und wollte darin später übernachten. Man gab ihm gerne eine kammer oder stüblein, und so sagte der menschenfresserhauptmann zu seiner lieben frau, nachdem das mädchen hinauf war gegangen: ›Liebe frau, von dir soll es einmal heißen, daß du eine gute cöchin seiest gewesen; also bereite mir dies hühnlein zurecht, spar nit mit den zwiebeln, max in öl, tu brav pfeffer und salz dran und, solltest du aber das gute fleischlein lassen anbrennen – das sagte er, denn er war ein wirklicher menschenfresser –, will ich dich selber ragoutieren und aufessen als eine leibsspeis!

Ach ja, mein schöner liebling, sagte ich und blinzelte mit einem aug nach den lippen der prinzessin, eine teuerung im land ist immer schlimm. Sie weckt die bösen instinkter und läßt jeglich ungutes gelüst aufleben wie blumen im mai. Das hab ich gehört und gelesen in Fordunii Scoticronicon II. Mußte mir nachher des Schwarzen Bären Hornpipe aufspielen lassen um auf andre gedanken zu kommen..

Soll ich nicht weiter erzählen? fragte die unterbrochne prinzessin. O ja, weitererzählen, sagte ich und schloß wieder das blinzelnde aug..

– Ich will alles zu deiner zufriedenheit tun, sagte die frau, maßen sie nicht wollte ragoutiert werden. Alsdann brachte sie ein heißes wasser zurecht, erwischte ein anständiges messer und schliff es scharf, roch am ranzigen öl und freute sich, daß es, ihrer meinung, noch frisch seie, wog das salz und den pfeffer in zierliche quentchen damitdasfleischnurnitfadewerdedenndaswärbös und begab sich mit dem geschliffenen messer und einem festen pfauvogelnetz vor die kammertüre des armen mädchens..

rappel rappel rappel!!

Das mädchen war gerade am baden, denn es hatte eine weite reise getan. Wer rappelt da an meiner tür? rief es mit seiner schönen badstubenstimme durchs schlüsselloch..

mach auf, mein hühnlein,
mach auf, mein entlein,
mach auf, mein schönes
catzenhemptlein!

Catzenhemptlein war nämlich der name des mädchens. Es hatte eine so zarte haut, daß man hätte meinen können, strich man mit der hand darüber, es wär eines kätzleins fell.

Wie nun das mädchen durchs schlüsselloch sahe und merkte, daß die frau wirtin ein pfauvogelnetz hatte und ein anständiges messer um den leib trug und ihre schwarzen augen wie salz und pfeffer sprüheten, dachte es ›Die führt bestimmt was hinterm cochbuch und ist ihr nicht über den löffel zu traun!‹ Deshalb antwortete sie: Ich bin nackt und bade mir den hinteren. Ich kann euch nicht aufmachen im augenblick. Außerdem verstehe ich nicht, was ihr wollt sagen – sie verstand es wohl – tut also euren mund ans schlüsselloch und ich will meinerseits ein ohr dran legen, so werd ich euch besser verstehen!

Da legte die schöne, schwarzaugige menschenfresserhauptmännin ihren roten mund ans schlüsselloch und begann abermals:

mach auf, mein hühnlein,
mach auf, mein entlein,
mach auf, mein schönes
catzenhemptlein!

Aber das kluge catzenhemptlein hatte, nackt wie es war, nicht sein ohr, aber den mund ans schlüsselloch gelegt und, wie die hauptmännin grade das wort ›hemptlein‹ ausspricht, rutscht ihr die schnelle zunge aus dem maul und zapp, das mädchen erwischt diese mit den zähnen. beißt sie ab .. schnapp!!
Da schreit die angebissene:

Akn änkäng unke akekikn!
Akn änkäng unke akekikn!

Der herr menschenfresser in der guten stube unten, da er diese seltsame sprache vernehmen muß, meint nichts andres, als daß die Ungarn oder Türken sein wirtshaus hätten handstreichiert, versteckt sich hinter einem weinfaß im tiefen keller und getraut sich nimmer hervor. Die frau menschenfresser lauft eilends die treppen hinunter, pardauzt dabei über die eigenen beine und fängt sich im pfauvogelnetz wie eine kopfscheue wachtel. Und das mädchen sagt in der kammer aus seinem badzuber heraus: Jetzt haben sie eine große puppe über die treppen geworfen, möcht wissen warum!
Wie es nun mit seiner baderei fertig ist und wiedrum in die röcke schlupft, hört man einen star im garten pfeifen:

Der wirt ist im weinfaß,
die wirtin im vogelnetz,
die zeiten sind teuer und
in der cüche ist ein schatz,
geh hinein ..

1956

23.

Seitenlogen muß jedes anständige theater haben. Wo bliebe sonst die feierlichkeit, deretwillen man den frack mit seiner weißen schlinge an brühendheißen sommerabenden so herzhaft anlegt. Seitenlogen müssen sein. Seitenlogen wie in so manchem altlondoner musentempel aus der rosmarinfarbenen zeit der guten Victoria Regina, einer zeit, da man noch im reichen schneegestöber vor den mauern von Candahar oder Caboul ›Gabhaidh sin a rathadh mòr‹ von hochlandpfeifern durch den eisigen wind tragen ließ, um die verirrten schneemänner im kilt um ein kleines petroleumfeuer wieder zu versammeln.. In dieser zeit möchte ich noch leben oder könnte ich leben oder hätte ich gelebt oder lebe ich noch immer. Ja, ich lebe damals, ich lebe schon sogar viel länger zurück, wayback in einer zeit, in der ich mit freunden und äußerst anziehenden freundinnen die keinen pardon geben, wanns drauf ankömmt, an bord einer sehr schönen, aufgeputzten barke den weg von Hampton Court themseabwärts zwischen schwan und welle bis nach Battersea fahre. Das ist eine wassermusik, meine herren! Und am abend die herrlichen logen, aus denen man die vorgänge der histrionischen schau überhaupt nicht überschauen kann, dafür aber das ganze orchester mit seinen cymbeln, fiedeln, harpsichorden, großen trommeln, kleinen trommeln, althörnern, bockshörnern, engelsstimmen, hackprettern, kariathyden, negerköpfen, adelaidenbrüsten, dirigentenstecken, schminkewolken, rotkehlchenwangen, violetten augenschatten.. das alles bietet einem die zauberhafte seitenloge zum ersatz, und, sind die schultern zu breit vor dem magnifizierglas, so mag man getrost an der knopflochnelke riechen und eintunken, die zeit überträumend, wie in schleier gehüllt, die zwillingsabenteuer des anderen lebens durchfalternd.

Ich war weder in London noch Paris oder irgendwo sonst, aber in einer mittleren landeshauptstadt angelangt. Rufus und ich hatten uns aus diesem anlaß vollkommen neu eingeschneidert und wir konnten uns wieder sehen lassen. Der gouverneur persönlich hatte uns eingeladen, der friseur hatte uns die haare geschnitten, ein italiänischer meister, die ich als die einzigen ihres faches in dieser welt gelten lasse. Am Franciscaner Markt, dem tummelplatz der guten gesellschaft oder societé, waren wir in ein floristengeschäft getreten, um uns knopflochblumen, treibhausastern, einen gulden das stück, zu kaufen. Ich sah auf meine uhr: Zwei stunden noch, dann würde die galavorstellung beginnen. Wir setzten uns in den garten eines wiener cafés, nahmen einspänner mit schlag, diverse schnäpse, spielten zur zeitvergeudung einige partien domino. Ich war an diesem spätsommernachmittage ein wenig zerstreut, verlor sogar gegen Rufus acht von zehn partien und schließlich kamen einige vorwitzige amseln an unseren tisch, die pickten uns gegen sieben uhr die schwarzen punkte von den spielsteinen weg, daß das feine elfenbein klang, als seien die spechte des waldes über eine trockene eiche gekommen. Nachdem ich nun so oft verloren, Rufus aber soviel gewonnen – wir hatten die partie zu einem halben gulden gespielt –, bestand er darauf, die rechnung für uns beide zu begleichen. Er rief nach dem ober: Račun! Platiti! Der ober holte seinen großen rechenblock hervor, hielt den bleistift schreibbereit wie ein soldat, der seinen karabiner schußbereit hält und spitzte freundlich die ohren..

Mi mamo, sagte Rufus kroatisch, domino i tri trabuko cigare, deset gospojinskih cigareta, jedan sladoled, tri čaše piva, jednu limonadu, jednu sodu sa malinom, dva einspänner sa šlagom i četrnaest liker.. Što sam vam dužan?

Der ober ließ seinen bleistift wie ein großherrlicher kalligraph über den rechenblock zärteln, legte das vollendete chef d'œuvre verkehrt auf unseren marmortisch, bekam seine schuldigkeit und verabschiedete sich mit einem selten zufriedenen lächeln..

Bist du verrückt, Rufus? zischte ich meinen bären an, das haben wir doch gar nicht alles konsumiert, was du da angegeben hast! Wer von uns hat die drei bier getrunken, wer das sodahimbeer, wer die Dames-zigaretten geraucht, wer die limonade bestellt? Und wenn ich noch dazu ein gefrorenes gegessen habe, dann soll mich auf der stelle eine choleraepidemie im kleinen erwischen!

Rufus lächelte in seine fliederblaue aster und drückte seine dritte trabucocigarre in den aschenbecher. Ich habe, sagte er darauf, vor einigen zehn jahren in der stadt Agram beim piquetspielen pech gehabt, bis auf hemd und hose alles verloren, keinen tupf geld über und gerade soviel geld, als ich jetzt drüber hinausbezahlt, war ich schuldig.. Ich floh durchs.. naja!

Na schön, und jetzt nach zehn jahren bezahlst du irgendeinem beliebigen kellner deine agramer bier und gefrorenesschulden?

Wißt ihr, sagte nun wieder Rufus, wer dieser alte, dezente ober war? Aha, das war dein ehemaliger gläubiger, der dich nach so vielen jahren mit einem einzigen blick seiner geübten augengläser erkannt hat! Ich verstehe..

Nur halb, herr, sagte der wackre Rufus, nur halb!

Wieso nur halb? wollte ich erstaunt wissen.

Dieser ober, herr, ist der berühmt-berüchtigte Thelonius C. Vuković! Na und?!

Thelonius C. Vuković ist der ärgste ertzmagier Europas. Der crambucktrambuckschamane aus dem 11. capitul ist ein ganz kleiner medizinstudent gegen diesen hauptprimarius der schwartzen kunst! Hätte ich ihn heute nicht sogleich bezahlt, wir beide wären nimmermehr bis vor die theatertür gekommen.. Wer weiß, was er sich wieder einmal ausgedacht hätte, der Vuković? Es war zehn nach sieben. Wir brachen auf und dankten den feen dieses landstriches, insonderheit, denen dieser hauptstadt, daß wir noch einmal so billig abgekommen waren. Mir schien jetzt auch der name des zauberers irgendwie bekannt zu sein. Ich wollte aber nicht zuviel des kopfzerbrechens und rief nach einem fiaker, der uns durch die elegante Dr.-Franz-Hajek-Allee in weniger als fünf minuten vor das prachtvolle jugendstilportal des opern- beziehungsweise schauspielhauses brachte. Wir traten ins foyer..

Der gouverneur mit gemahlin und tochter war bereits vorhanden und nahm die honneurs entgegen. Er mochte etwa sechzig jahre sein und trug mit großer würde einen himmelblauen frack mit gelbem bandelier, daran ein silbernes fließ träge, als hätte man es dem armen schaf erst kürzlich abgezogen, in das gemurmel der vorhalle baumelte. Seine weste war aus zartrosa atlas, ein gewaltiger parricida drückte die backenbebärteten wangen elegant nach oben, die lackschuhe aus schwarzem chevreauleder waren hauchdünn und vom besten schuster. Der gouverneur war sehr wohlbeleibt. Er hieß Herr von Roßnagel-Lidmanský und übte sein verantwortungsvolles amt bereits seit dreizehn monaten aus. Seine frau, eine wohlgeratene brünette, noch immer halbwegs schlank und appetitlich, schätzte ich um gute zwanzig jahre jünger, was auch zutraf, da mir die tochter noch im verlauf dieses capituls gestand, ihre mama habe sie mit achtzehn gekriegt und sie selbst sei erst vorgestern neunzehn geworden. Die frau gouverneurin also trug eine reizende abendtoga aus lombardischer hirschhaut, noch hauchdünner geschabt als die schuhe des herrn gouverneurs, das dunkle haar hatte sich kunstvoll hochtoupiert, was die an sich kleine, pikante frau um einiges größer erscheinen ließ. Ihre chaussure war aus Venedig, ebenso violenfarbig wie die toga gefärbt, ihre lippen waren framboise-au-lait geschminkt, ihre nägel ebenso, beim lächeln zeigte sie einen discreten goldzahn und an händen, füßen, ohren und nase trug sie ebenfalls gold, jedoch in form von feinen, ziselierten ringen. Sie war eine ausnehmend schöne person.

Irenäa, beider tochter und einziges kind, schien mir im ersten augenblick ein zu lang geratener backfisch. Lange beine sind schön, denn beine sollen lang sein.. aber so lang? Einiges später fand ich jedoch, daß Irenäa gerade die passende figur zu ihrem kleid trug. Ehrlich gesagt, ich kann mich auf das kleid dieser schönen tochter nicht mehr erinnern, aber beide, Irenäa und ihr kleid, paßten in zauberhafter weise zusammen. Das liebe kind war aschblond, hatte augen wie Michele Morgan, irgendwie hatte sie auch die sonne zu stark erwischt und ihr gesicht hatte an diesem tage der großen oper, oder, wir wissen noch nicht, was man heute geben wird, die zarte farbe einer roten indianerin. Sie mußte in wahrheit einen fürchterlichen sonnenbrand am blonden leib haben, den sie aber sehr geschickt verbarg..

Rufus und ich verbrachten die viertelstunde bis zum beginn der vorstellung mit aperitiftrinken, bekanntgemachtwerden und wohlziselierten redensarten, die wir letztere wie künstliche blumen an natürliche ästchen banden, solchermaßen, damen und herren überreichend, uns durch das dämmerige fahrwasser dieser vorhalle schiffend.

Eine elektrische glocke blies die verkündigung des vorstellungsbeginns. Wir hatten unsere loge mit den gouverneursleuten zusammen. Es war die loge sieben. Nun ist in diesem schönen theater die loge sieben gerade gegenüber der loge eins. Diese beiden logen sind die vornehmsten und man sieht aus ihnen fast gar nichts. Sitzt man jedoch einen sessel hinter dem rampensessel, so sieht man einen großen tinnef. Das sind nicht meine eigenen worte, sondern die des herrn gouverneur Roßnagel-Lidmanský. An der rampe saßen also mutter und tochter und verloren eins ums andremal ihre programmhefte. Die selben segelten wie mauersegler in das parkett und wurden von einigen aufmerksamen herren mit küssen versehen, da sie dachten: Eine rose vom balcon ist der halbe liebeslohn.. Aber es war nur ein zufall, denn ich würde es nicht wagen, frau von Roßnagel-Lidmanský der koketterie zu verdächtigen, sie war, obgleich eine geborene klagenfurterin, ihrem manne sehr treu zugetan. Irenäa wieder plauderte so angeregt mit meinem stattlichen hauptmann Rufus, daß sie die kavaliere im parkett gar nicht sehen konnte. Ihre sich zart abhäutende nase glühte vor eifer, als ihr mein bär von den wellenreitern vor Cap St. Lukas in Nieder Californien erzählte, wo er selbst, unter dem namen Johann Carl, siebenter Jarl von Laibach, wahre triumphe gefeiert hätte. Das war natürlich alles sehr legendär, aber was hat man schon in so einer loge zu tun. Mythen schmieden ist immerhin eine edle beschäftigung und ein mythenschmied selbst, ist einem herzog der mit den baumbeständen seiner latifundien handel treibt vorzuziehen..

Der gouverneur, Rufus und ich saßen hinter den beiden damen. Was mich allein betrifft, so saß ich gerade hinter Irenäa und sah außer ihrem schöngebratenen rücken überhaupt nichts. Die luft um uns war schwer wie in einem seifenbergwerk und mir wurde angenehm schlafensmüde. Und noch bevor die oper in szene geraten war, schlief ich fest auf meinem bequemen fauteuil und träumte von dem zauberer Vuković..

Dieser weltmeister der ars nigra stand in meinem traum auf einer vanillefarbenen ausgeschlagenen varietébühne, trug jetzt an stelle des kellnerfracks ein schwarzes ruderleiberl und hob hanteln, die aber wie schwere totenbeine aussahen. Neben ihm stand ein tischchen aus verchromtem stahlrohr wie sie dem ausgelernten artisten so geläufig sind. Man kann sie auseinandernehmen, zusammenfalten und in die brusttasche stecken und sie daher ohne gepäcksschein umsonst in der eisenbahn transportieren.

Auf diesem tischchen lagen die abgeschnittenen beine Irenäas. Der arme Rufus aber saß in der ersten reihe des tingeltangels und weinte herzzerreißend. Ich wollte mit meinem henrystutzen auf den verdammten Vuković anlegen, kam aber nicht mehr dazu den trigger zu pullen, da ich wieder munter wurde und merkte, das meine hand verträumt wie der schnee der ersten rauhnächte, wenn er sich anschickt, die schutzlosen veilchenwurzeln warm zu behüten, am rechten hüftknochen Irenäas lag..

Daß frau von Roßnagel-Lidmanský leise vor sich hinschluchzte, ließ in mir die befürchtung aufkommen, meine verschlafene hand hätte dieses weinen erschaffen, allein, bald merkte ich, wie die vorgänge auf der bühne, man hatte inzwischen schon mit dem ersten akt begonnen, übers gehobelte holz, über das teure linoleum, über die falschen komödienteppiche liefen!

Ich erhob mich auf die zehenspitzen und sah über den scheitel des blonden lindenbäumchens, das treuherzig und verstohlen Rufussens tatze festhielt. Im licht einer altmodischen gaslaterne rang der erste liebhaber die hände. Vor ihm tänzelte eine hübsche colombine und schien sich nicht im klaren zu sein ob sie davonlaufen oder davongehen sollte. Weg wollte sie, das sah ich über Irenäas blondem scheitel.

Das orchester begleitete den ablaufenden dialog geschickt mit den immergrünen noten von ›Komm in meine Liebeslaube‹ und der liebhaber, er spielte lt. theaterzettel einen gewissen Laertes von Holauböck, gebärdete sich so verzweifelt, daß es gar kein wunder war, wenn man weinte, wie frau von Roßnagel es tat,

Laertes: Chrysanthemerl, mein herz zerbricht wie dünnes glas, wie eine vase, die vom stockerl fällt.. Die blumen sind verstreut, sie welken hin..

Chrysan: Ich habe dich geliebt, Laertes, wir waren glücklich, ja sogar sehr glücklich, ich gesteh dir das ja zu, aber das muß nun vorbei sein! Laertes, nun sei kein frosch nicht; ich kann dich nimmer lieben, wie oft soll ich dir das noch sagen. Würdest du mir auch den mond von Kairo bieten, nein, würde ich sagen und nochmals nein! Zwischen uns ist es jetzt aus. Mein weg ist ein anderer als deiner..

Laertes: Ach, Chrysanthemerl, ich weiß nur zu gut, daß du mich ja bloß nur quälen willst. Also quäl mich doch. Hattest du auch jemals schon was andres getan? Quäl mich, du engelein, aber bleib bei mir! Bleib bei mir, mein Chrysanthemerl, du bist das einzige, das mir neben meinem reichtum, meiner gesundheit und meiner jugend geblieben ist!

Chrysan: Laertes, ich hab dir schon ixmal gesagt, sei kein frosch nicht, ich kann nimmer bei dir bleiben. Wie oft soll ich dir das noch sagen? Würdest du mir auch den mond von Tahiti wie einen luftballon kaufen..

Laertes: Chrysanthema, soll ich das? Ich kauf dir den mond von Tahiti! Ich tu's! Ja, ich schreib gleich morgen hin darum.. Heute gehts nimmer. Die postämter haben alle zu..

Chrysan: Mond hin, mond her – ich bliebe nicht einmal bei dir, kauftest du mir sogar den mond von Soho an einem holzstaberl als dorlilutschker!
Und das sag ich dir noch: Wein eine andere an, ich bin kein grabstein nicht! Von mir aus kannst du dich aufhenken, ich geh jetzt. Dein ganzer reichtum, deine blühende gesundheit und deine einzigartige jugend stinkt schon zum himmel. Ich bin eine idealistin und verliebe mich jetzt in einen armen, hatscherten maler!

sie geht:

Laertes: Chrys, lauf nicht davon, ich laß mir sofort einen vollbart wachsen, ich werd ein tachist, ich pfeif auf den Schillerplatz! Ich stell beim Fuchs aus, in der Galerie Steffl auch! Chrysi!!!
Dahin..

Was bietet mir noch das schnöde leben, was wird mir schon überbleiben? Was bleibt mir schon, mir armem reichen, was bleibt mir schon, mir krankem gesunden, was bleibt mir schon, mir greisem jungen?

Samson, weiß gekleidet, besoffener widersacher in pulcinellencostüm, geht vorüber und stellt sich noch besoffener als es der fall ist:

Fuchzk müleaunan! Fuchzk müleaunan! Drat s eam d gas oo..
Dea, di, das gas; wasd a s, wia ma sogt??
A gasmüle how e ima drinkn miassn oes glana bua..
Es lüngal, es lüngal ...

er singt: Wea r amoe heazzgraung is, wiad nimma xuuuund..!

Samson schwankt wieder ab.

Laertes: O gaslatern!
Ist dies eine gaslatern, was ich hier sehe? O ja, dies ist eine gastliche gaslatern. Eine gaslatern zu abdrehen für die glücklichen, eine gaslaterne, zum aufdrehen für die enterbten der liebe.. Ja, ein solchener enterbter bin ich ja doch auch!
Laertes von Holauböck, einziger sohn guter und geachteter eltern, ende also dein junges, ungelebtes leben und dreh sie auf, die latern.. Dreh sie auf, die gas..

enttäuscht:

Sie ist ja schon aufgedreht! Alles schwindel!

Hier an dieser dramatischen stelle begann mir das genick zu schmerzen, denn ich stand schon die ganze zeit hindurch auf den zehen und reckte meine augen nach der bühne. Der beklagenswerte Laertes von Holauböck regte sich furchtbar auf und gebärdete sich sehr rabiat, dabei riß ihm der hosenträger.. Er fährt mit beiden händen nach der gefährdeten zone:

Laertes: Ha! Haltaus! Das ist ja entsetzlich peinlich, meine
              hosentrager..
Zum publico:

              Ja, sogar hosentrager hab ich ihretwillen getragen..
              Chrysanthemerl, hosentrager um deiner liebe willen,
              wo ich doch immer so für crocodilerne gürteln ge-
              schwärmt hab. Wann jetzt einer kommt und sieht mich
              so?! Ach sei s drum! Wozu noch die blöden hosentrager?

Er wirft sie weg:

              Wann das madl weg ist, mag der grausliche hosentrager
              auch beim teufl sein.. Oder? O erleuchtung! Da ist eine
              gaslatern, ja. Hier in meiner hand ein hosentrager, ja.
              Und dort, nicht unweit von hier, eine zuckerkiste.. ja!

Er hebt ihn wieder auf:

Er holt, ach holt die schreckensschwangere zuckerkiste in sinistrer
absicht, placiert sie unter der laterne – verhüll dein liebes licht, o
guter gaswerksmond und schließ die augen –, stellt sich selber drauf,
legt seine hosenträger um den hals und spricht mit traurger stimm:

              Schließet euch, o träger meiner hosen, um diesen makel-
              losen, heitren nachtigallenhals und endet dieserart das
              freie atmen meiner jungen, unangegriffnen lungen. Seid
              nun Laertestrager, ihr hosentrager, und tragt mich hin-
              über in die schwärzlichen gefilde des bittren tods..

Er sieht noch einmal die zuckerkiste, auf der er steht, an.

              Zuckerkiste. Freundlicher holzbehälter. Feingemasertes
              fauteuil der jausnenden arbeiter. Bescheidener neben-
              verdienst der armen greißler. Hell blickendes. My dear
              box!

Er stößt die zuckerkiste mit einem gewaltigen tritt von sich, fällt
dabei auf den hintern und sitzt nun im milden, grünen licht der
laterne, denkend, er sei schon tot:

Mit pathos:

> Chrysanthema, deine zuckersüße liebe brachte mich
> über ein zuckerkisterl in die portiersloge des gallenbitt-
> ren tods. Charon, erscheine! Tu deine pflicht! Laertes
> von Holauböck setzt über zu seinen ahnen!!

Ich setzte mich wieder hinter den schönen, duftenden rücken Irenäas
und hörte den trauermarsch, den nun das theaterorchester intonierte
während ein großer, rostroter plüschvorhang knarrend vor das
drama gezogen wurde.

1956

das suchen nach dem gestrigen tag
oder
schnee auf einem heißen brotwecken

(Auswahl)

20. SEPTEMBER.

Wieviel bin ich einem lebensretter schuldig?
Viel! Aber wieviel?

Alles hat seine grenzen – man nimmt ihn einmal in den zirkus mit.
Ein gegen meinen kopf gerichteter turmuhrschlag rikoschettiert zuerst an meinem aufgespannten regenschirm, darauf, ein zweites mal,
an der plankenwand rechts – dann geht er irgendwie in die gegend
ab.
Ich bin noch einmal gut davongekommen.

Der abend. Die luft als solche. Lau.

Zwei möglichkeiten des getroffenwerdens: Entweder man weicht
behend dem regen aus und gerät in die traufe – oder man springt aus
der unverhofften traufe und schlägt mit dem schädel wider die vor-
springende façade.

17 uhr 15 minuten. Grönegatan. Malmö C.

Treffen: Man trifft sich mit freundinnen, kumpeln, schuldnern, lehrpersonen, gegebenheiten, eigenartigen situationen [abenteuern], dem
nachbarn von gegenüber, unleidlichen bekannten, verwelkten azaleen, lebensrettern, zirkussen, feldbetten, heimkehrenden arbeitern,
soldaten, kleinen hündchen, kleinen geistern, besuchern, windsbräu-
ten und hübschen aschenputteln.

Angesichts einer photographie des palmenhauses in Schönbrunn
[palazzo giallo del Imperatore]: Vier weißgestrichene stühle, der
erste schnee, keine erinnerungen an Tirol, eine weiße sitzbank mit
drei freien plätzen, viel wärme. Die fächerpalmen, lange röhren-

förmige grüne pflanzen, azaleen, orchideen und gutriechende papuanische blüten. Ältere und junge naturzeichnerinnen mit allerlei bleistiften am busen, wächter, einige leute.

Die wärme, die sich, wie die liebe, von zimmer zu zimmer verstärkt.

Ein schuß durch eine der bleigefaßten 25×25 cm glasscheiben.

Aufmerksamkeiten: Die aufmerksamkeit des wächters, der angestellten, der besucher, der überraschten zeichnerinnen, der schuljugend. Sie drehen erstaunt die köpfe um. Ja, dieser ganze tag ist durch einen oder mehrere schüsse gekennzeichnet.

Davon unbetroffenes:

Windsbräute, die zeitweise an den jugendstiltraversen klettern, pekineserhündchen, lila gekleidete aschenputtel, die sich schamhaft in das nicht-duften der orchideen verlieben, arbeiter, die vor dem nachhauseweg noch einen kleinen sprung ins palmenhaus machen, blomen un planten-gnome, die kugeln selbst.

Ich treffe mich mit liebenswürdigen freundinnen im palmenhaus und sehe lehrpersonen.

Eine windsbraut um die andre bekommt nasse knie. Auch das erdreich ist künstlich aufgeführt.

15. OKTOBER.

I was thinking it over and over ... you know, it gotta be somewhere beyond the hills ... [fragmentarisch]

Eine handvoll briefmarken gegen den wind geschleudert, sie kommen fast alle wieder zurück ...

JAMES FENIMORE COOPER sitzt in einem verhältnismäßig hohen baum, er zeichnet die seltsamen geräusche einer seeinsel auf, er entdeckt neue arten von riedgras, kieseln und sternen.

Der mittagsrauch steigt aus der einsamen hütte des Canadiers – eine taubengraue schlange im winterhimmel ...

DR. SHACKBURG ißt seinen hut und nennt das ›Die verspeisung einer französischen torte‹. Er ist stets lustig und singt ›John Browns body is a-mouldring in the grave‹.

Findet man unter den vögeln Delawares welche, die fehlerfrei sätze nachsingen können, wie etwa: êtes-vous de la famille qui tua les lapins de clapier? ...

Mit BRET HARTE die wendeltreppe hoch [er ist rasch wie ein sommerliches streichholz], er hat es eilig [der angefangene kaffee bleibt stehen] und blickt durch das dachbodenfenster nach dem herannahenden staub transportierter nuggets.

Dieser staub ist in bereitschaft, er bereitet sich auf höhere dinge vor ...

EDGAR ALLAN POE verfaßt zwischen zwei gläsern absinthe einen spanischen vierzeiler, bindet ihn einer streunenden katze an den schwanz [Toque de peste manera / Hace de casta mayor / Preste lo quiera mayor / Todo los parques de cera ...], die das papierfetzchen einem alten organisten bringt.

Hallelujah! die seelen kühlen sich an brunnen und schattigen orten ...

Was aber sagt WASHINGTON IRVING aus seiner nachgebauten maurenburg?

Er überlegt immer reiflich, bevor er dinge ausspricht. Er hört den kleinen zaunkönigen der taxushecken zu.

Ein gelbes L auf blauem grund war ihr zeichen, damit gingen sie durch den erwachenden laubwald ...

H. W. LONGFELLOW zimmert einen sessel aus nußholz und setzt sich darauf, als wäre es ein vom schreiner gekaufter. Er denkt über das wort *Manitou* nach.

Bei Nogales, fast an der grenze schon, von rancheros gestoppt werden. ¿A donde vaís, amigos?

HARRIET BEECHER-STOWE sucht ihre feder. Jemimah findet sie hinter dem teekessel und bringt sie ihrer herrin. Danke, Jemimah, das war nett von dir, mir meine verlorengeglaubte feder wiederzubringen!

Nein, nein, ich will mit den 5 Evangelisten gehen, laß mich, mutter, ich bitte dich, laß mich ...

WILLIAM PRESCOTT kommt in einem schnellen dog-cart an. Er scheut keine mühe. Seine vollbeschriebenen reisediarien häufen sich an den wänden seines freundlichen studierzimmers. Im garten draußen klettert das immergrün und die nützliche cacaopflanze.

Das innere jener kleinen kirche ist im sommer kühl wie ein angenehmer traum; selbst Jesus Christus verweilt dort einige augenblicke...

MARK TWAIN, soeben vom friseur kommend [er ist tadellos geschnitten:] Eine klapperschlange, die einen alten schuh frißt – ich habe grad eine solche beobachtet. Werd es dem redaktör des ›Cashville Star & Monitor‹ berichten, das könnt ihr mir glauben.

Einen tag, an dem es sekundenzeiger regnet, zum geburtstag haben, bereits Januar in frühen August heißen, mit 24 berühmt sein und nie zu sterben gedenken...

AMBROSE BIERCE stellt sein hochrad in den schuppen und trinkt tee in der küche. Er steht eine weile in gedanken, dreht den tropfenden wasserhahn fest und nimmt schließlich ein fläschchen mit gummi arabicum aus der tischlade.

Nicht alle briefmarken kamen im wind zurück. Wieviele wurden nicht vom lagerfeuer versengt, wieviele blieben nicht in den cacteen? [End of the news from Parnassus].

20. OKTOBER

Nach langem wieder in Lund gewesen, den ganzen tag in der Universitätsbibliothek gesessen, draußen sehr schönes wetter, hin und wieder vor das portal eine zigarette rauchen gegangen. Kirchers SPHINX MYSTAGOGA durchgesehen, drei bände, ill. Amstelodami 1676. Die Alchimia Hieroglyphica würde ich gerne übersetzen und neuherausgeben. Goldmachen ist neuerdings wieder wichtig.

Alchimia qvam Ägyptii *sof Hermis* i. e. sapientiam hermeticam Gräci *chrysonoiéian*, hoc est artem aurificem, Arabes *al hikme al kulliyye*, scientiam universalem, alii aliis nominibus appellant.

Abhráin Grádh von Douglas Hyde wieder gelesen, jedoch weniger gefallen daran gefunden als seinerzeit in Cork. Irisch ist unmöglich ins deutsche zu übertragen, besonders wenn es sich um verse handelt wie diese. Ein plan davongeschwommen... Slán leat!

Die gedichte von Antoine Rafterí sind hier nicht vorhanden. Schade.

LOS ANALES DE XAHIL: Der würdige alte Indio schreibt in seinen aufzeichnungen auf seite 177: Im verlaufe dieses jahres, der lizentiat Pedro Ramírez war noch hier, traf präsident Cerrado ein. Sogleich nach seiner ankunft bestrafte er die Spanier [los hombres castilan], befreite die sklaven, die gefangenen der Spanier, minderte den tribut um die hälfte, machte den frondiensten ein ende, hielt die spanier an für die kleinen arbeiten, für die großen arbeiten zu bezahlen &c.

Das freut mich überaus, denn hierin sehe ich wieder einen herrlichen beweis für Don Quixote [vd. D. Qu. capitulo XXII].

Commynes gelesen, Joinville, Villehardouin, Jehan le Bel; endlich auch Froissarts Voyage en Béarn.

The knight pictured as an individualist engaged in a life of adventure.

Am weg zum bahnhof, gegen ende der Kleinen Fischergasse, beim park schon, habe ich ein sehr schönes jugendstilhaus entdeckt. Das portal ist in der maurisierenden form eines schlüssellochs, feine ornamente, nebenan ist ein altes bier-café. Möchte wissen, wie das eingerichtet ist.

Nihil aliud est qvam ars conficiendi aurum: de cuius origine varii variè disceptant. Sunt qvi ab Alchimo primo eiusdem inventore, vel à chéin ta métalla, à fundendis metallis alchimiam sic dictam velint. Alii Hermetem Trismegistum eius inventore faciunt, uti Ägyptii, eorumque asseclä Arabes. Certè antiqvissimam artem esse, unanimis omnium philosophorum concesus testatur. Unde tamen originem suam primordialem habuerint, nobis demonstrandum incumbit.

Heute nacht ist der himmel ein schönes gemisch von wolken und sternen.

22. OKTOBER.

Heroischer versuch, der vacuumverpackten *grande merde* mit anstand zu entfliehn:

DIE GELUNGENE LUFTREISE oder ASCENSION DES CHASSEURS oder DER NEUE WELTRAUMFAHRERORDEN: Canevas zu einem aeronautischen sketch.

Motto: A balloon is a large bag or envelope filled with gas that is lighter than air.

50 meter höhe: Ackermann de Kindswyler schwenkt seinen jägerhut und ruft ›les vautours se lèvent!‹ Wasserklarer ostwind, 20 grad im ballonschatten, wolkenloser mittagshimmel. Farbe: palastocker.

100 meter höhe: Ackermann de Kindswyler wirft einen sack mit almosenierszechinen über bord, um eine höhe von 150 metern zu erreichen. Ostostsüd, leicht rosé, 18 grad im ballonschatten, wolkenloser mittagshimmel. Farbe: barockocker.

150 meter höhe: Artmann de Rutherfurt schwenkt eine mausgraue fahne mit dem czarenadler [in khaki] und ruft: ›suivez-nous, vos hanswoursts, si vous l'osez!‹ Steifer ostwind, 16 grad im ballonschatten, wolkenloser mittagshimmel. Farbe: mattes parasolocker.

200 meter höhe: Ackermann de Kindswyler gibt der kosakeneskadron wimpelsignale, auf daß sie dem wachsenden enthusiasmus der zuschauer etwas einhalt tun. Der hetman und seine wackeren burschen nehmen sich aus 200 meter höhe nicht größer als pfeffermühlen aus. Windstill, 19 Grad im ballonschatten, wolkenloser mittagshimmel. Farbe: Helles bantamhuhnocker.

250 meter höhe: Die kosakeneskadron nimmt sich aus 250 meter höhe nur mehr wie ein zigarrenkistchen aus. Der czar Siméon Sylvestre I. erscheint persönlich auf der Piazza San Marco und läßt sich, um unser folgendes divertimento zu vernehmen, ein messingenes hörrohr reichen. Windstill, 23 grad im ballonschatten, eine kleine wolke über den Alpen aufsteigend. Farbe: Plötzliches polentaocker.

300 meter höhe: Artmann de Rutherfurt und Ackermann de Kindswyler blasen auf hifthörnern die czarenhymne: Gott schütze den czaren, gib stärke ihm, auf daß er herrsche uns zum ruhme &c. &c. Aufkommende brise aus südost, 21 grad im ballonschatten, wolken über den Alpen. Farbe: Scharfes bleiocker.

350 meter höhe: Artmann de Rutherfurt ruft durch einen schalltrichter aus gewöhnlichem zinnblech: ›à bas tous les czars!‹ Ackermann de Kindswyler observiert durch sein perspektiv, wie der czar beifällig in die hände klatscht und einen neuen weltraumfahrerorden stiftet.

Brise aus südost abflauend, 30 grad im ballonschatten, über den Alpen ein gewaltiges wolkenmeer, neptunisch getürmt, hostil. Farbe: Redliches blusenocker mit einem beiton von zimt.

Ende der aufzeichnungen.

Czar Augustin I. zeugete den czaren Primislav I., czar Primislav I. zeugete den czaren Primislav II., czar Primislav II. zeugete den czaren Alfredo Tullio I., czar Alfredo Tullio I. zeugete den czaren Wenzel I., czar Wenzel I. zeugete den czaren Augustin II., czar Augustin II. zeugete den czaren Torquil I., czar Torquil I. zeugete den czaren Adam I., czar Adam I. zeugete den czaren Primislav III., czar Primislav III. zeugete den czaren Sindbad I., czar Sindbad I. zeugete den czaren Alfredo Tullio II., czar Alfredo Tullio II. zeugete den czaren Leopoldo Augustin I., graf Trachtenhjelm zeugete den czaren Leopoldo Augustin II., czar Leopoldo Augustin II. zeugete den czaren Bengt mit der nase, czar Bengt mit der nase zeugete den czaren Amos Unverfrorn, czar Amos Unverfrorn [1703–1750] zeugete die czarin Primislava I., czarin Primislava I. genas des czaren Almanzor Wacker, czar Almanzor Wacker zeugete den czaren Primislav IV. [sieger von Zwölfkirchen], czar Primislav IV. zeugete den czaren Torquil II., czar Torquill II. zeugete den czaren Elias Amos den Hervorragenden, baron Aloysenthal zeugete den czaren Elias Amos den Feschen, czar Elias Amos der Fesche zeugete den czaren Huldreich I., welcher den czaren Simeon Sylvestre zeugete, der den neuen weltraumfahrerorden stiftet.

26. OKTOBER.

In Buttericks zauberladen gewesen, da ich eine falsche nase zur verkleidung brauche.

Hier gibt es wirklich magische dinge zu sehen. Schade, daß ich nicht so viel geld habe, um das alles mitzunehmen:

Katzenschwanz: Ein richtiger katzenschwanz mit ton. Der schwanz kann aus dem rock hervorschauen, die tondose wird in die achselhöhle geklemmt. Dann quietscht die katze unterm rock. – kr 5:75

Knechtruprechtsmaske aus gummi: Eine maske mit weißem schnurr-

und vollbart und einem gutmütigen, besonders gelungenen aussehen. – kr 9:50

Zigarrenschachtel: Man erwartet sich eine herrliche zigarre, ehe man den deckel hochhebt. Statt dieser kriecht aber eine große, grausige spinne heraus. – kr 4:25

Sitzkissen aus gummi: Aufblasbar. Wenn man sich daraufsetzt, gibt es einen schrecklichen ton von sich. – kr 3:00

Teufelsseife: Sieht aus wie eine gewöhnliche seife, hat jedoch die entgegengesetzte wirkung. Je mehr man wäscht, desto schwärzer wird man. – kr 1:30

Erbsensuppe: Eine grausig realistische kotze in plastik. Ein unerhörter effekt selbst bei leuten, die wenig interesse an sauberkeit haben. – kr 5:00

W. C. als aschenbecher: Eine wohlgelungene klosettkopie in porzellan. – Bloß kr 4:25

W. C. buberl: Hübsche figur in plastik, schwarz oder weiß, die man an die bewußte türe klebt. Das W.C. buberl weist den weg – gäste brauchen nicht zu fragen. – kr 1:75

Schlangenhut: Zünden sie den kleinen, 1 cm hohen hut an und eine daumendicke schlange wird herausrollen. Sie wächst nur so dahin, bis sie etwa 4 meter lang ist. Unheimlich, aber reizend. Schachtel mit drei hüten kr 2:00

Pfui, Wauwau ist wieder mal unanständig gewesen! Katastrophe auf dem schönen teppich... – kr 2:25 Obs.! Verlangen sie einfach nr. 190

Rêve de Paris: Man glaubt, daß der elegante, goldbedruckte karton ein herrliches parfum enthält, aber statt dessen hüpft eine 25 cm lange, dicke, ekelhafte ratte heraus. Passende weihnachtsgabe für schwesterchen oder braut. – kr 5:25

Das ist jedoch nur ein bruchteil von Buttericks artikeln. Es gibt hunderte davon. Einer phantastischer als der andere.

Ich wünschte, ich hätte Buttericks fundus und Bazon Brocks waffenhülfe: Der neuen kunst stünde nichts mehr im wege!

Allerheiligentag. Ich habe heute einen mann aus marzipan in Anna Jönssons Hofkonditorei gekauft, er sieht aus, als wäre er aus ungebackenem teig oder wenigstens nackt, hat zwei blaue punkte als augen, einen großen blauen punkt für die nase, welcher zugleich auch für den mund gilt, zwei geheimnisvolle striche am bauch und, etwas tiefer sitzend, einen kleinen blauen punktnabel. An armen und beinen hat er je einen schöngezogenen roten strich, was das alles zu bedeuten hat, entzieht sich freilich meiner kenntnis. Jedenfalls ist es ein feiner, lustiger mann und ich bin froh, daß er nicht gebacken ist; wer möchte sich auch einen feinen, netten herrn im backofen vorstellen? Der kleine mann hat keinen namen, ich habe ihm noch keinen gegeben, aber es kann sein, daß ich ihn *mawr* nennen werde, was kymrisch ist und groß bedeutet.

Hier in Skane gibt es allerhand so komische männchen und männer. Es gibt unter anderen sogenannte kattamän und viruler. Die ersteren sah ich auf bauerngobelins, die anderen laufen durch einsame landgegenden, besonders in Österlen. Ein kattaman oder katzenmann ist ein mensch mit löwenkopf [en face], seine aufträge sind mir nicht bekannt, ich glaube aber, daß er ziemlich harmlos ist und niemandem was tut. Der virul hingegen ist ein wirklicher werwolf, ein loupgarou, ein mondsüchtiger licantropo. Ich habe schon seine spuren gesehen, sie liefen von einer alten scheune bis an das ufer eines baches. Durch diesen bach muß er sein ... Ich suchte jedoch nicht an der anderen seite, das wasser war mir schon zu kalt. In der scheune selbst lagen eine blaue zeughose, ein norwegerpullover und eine tweedjacke mit eingesetzten lederellenbögen. Hut oder mütze lag nicht dabei. Ich wollte nicht die taschen durchsuchen, bin aber überzeugt, daß das die sachen des viruls waren.

Vor einem monat, zur zeit der frankfurter buchmesse, waren wir, Bodil, Alexander und ich mit dem wagen in der bremer gegend und kamen eines morgens zu einem mechaniker. Der mann war etwa fünfzig, sehr wendig in den bewegungen und hatte die eigentümlichsten augen, die ich jemals sah.

Über windmühlen: In Deutschland haben sie alle noch ihre flügel und treiben im wind, in Skåne hat man sie ihnen schon lange abgenommen, so sehen sie also aus wie ehrliche riesen, die mit abgeschossenen armen aus dem krieg heimgekommen sind. Die mühle bei Arlöv und die im Königspark in Malmö haben noch ihre flügel, aber wozu bloß? Sie sind gelähmt, kein wind vermag mehr in sie zu gehen und sie treiben...

Einmal werde ich mit guten freunden eine windmühle in Niedersachsen mieten, um in der nächtlichen mahlkammer zwischen korn und maus eine lesung zu veranstalten. Ich möchte die geschichte von diesem herrn Negenkopp vorlesen, wie er so aus dem wald herauskommt und neun köpfe auf den schultern sitzen hat.

Jedem, der ungerechtfertigt einen anderen erschlägt, sollte dafür ein neuer kopf neben den alten zuwachsen. Teufel, da könnte man allerhand tausendköpfler herumrennen sehn, ganz gleich welcher nation...

Ob in diesen geschichten der teufel selbst auch einmal dem Negenkopp begegnet? Wer fürchtet sich dann vor wem? Tu mir nichts, ich tu dir auch nichts! Ich fürchte mich nicht, ich kann gut rennen! Da ist er gerennt wie ein gereizter! Renn oder ich mach dir füß! Sakrament, gestern seind mir grennt, sonst hättens uns den beutel weckergstemmt [alte handwerksburschen anekdote]!

Was tat der wandernde perlmutterdrechslergeselle als er den herrn Neunschädel aus dem wald kommen sah?

Er ist grennt wie ein schinder...

Herr Negenkopp bleibt immer lord des terrains, außer seinen neun köpfen ist ihm keiner gewachsen. Letzthin sah ich ihn aus der métrostation Blanche herauskommen; ein höchst wunderbarer herr...

Allerlei herren: Herr Hitler, herr Stalin, herr Himmler, herr Korbes, herr Cromwell, herr Buonaparte, herr Iskarioth, herr Zingerle, herr Scipius Africanus, herr Lollonnois, herr Samuel, herr Sternickel, herr Harmann, herr Judas von Tyrol, herr Korbes-Korbes, die herren Denke und Filke, die herren Hare und Blake, herr Nebukadnezar, herr Tamerlan, herr Krampus, herr Wauwau, herr Kinsey, herr

Ulbricht, herr Eichmann, herr Kater Carlo, herr Kara Mustaphah, herr Dietrichstein, herr Hammerstein, die herren Messer und Schleifstein, herr Ede Wolf, herr Ganelon, herr Torquemada, herr Korbes jun., herr Polizei, herr Obrigkeit, herr Regierung, herr Mitläufer, die herren Unterläufel und Folgsam, die herren Tugut sen. und jun., herr Kusch, herr Schweijk, herr Sonntag, herr Montag, herr Dienstag, herr Mittwoch, herr Donnerstag, herr Freitag, herr Samstag von Sonnabend, sowie der gute, liebe herr Korbes-Korbes enkel.

Alle herren sind herren, ausgenommen die herren, die keine herren sind, weil sie herren sind.

Jeder sein eigner herr, herr Korbes!

Ich habe nicht hinzugefügt, bloß weggelassen.

4. NOVEMBER.

Ich habe mich heute morgen nicht mehr an meinen in der nacht gehabten traum erinnern können. Später wird er mir gewiß wieder einfallen. Ich kenne alle meine träume, ich sammle sie, versorge sie in der zettelkartei meines gehirnes, woraus ich sie je nach gebrauch wieder hervorhole.

Mein ältester traum: Ich bin sieben jahre alt, mein haus ist eine schneehütte, die etwa wie eine weißgefrorene kaffeemühlenkuppel aussieht, das blut pocht sanft in meinen schläfen. Ich habe mich eben erbrechen müssen, aber das hat gar nicht weh getan, nicht einmal unangenehm, wenn man von der bescherung vorne an der brust absehen will. Ich habe ein eigenartiges warmes gefühl in der mundhöhle, auch das erbrochene an meiner brust ist warm, milchig und dünn. Später im leben werde ich diese eigenartige wärme in augenblicken, in denen es aufpassen heißt, in kritischen augenblicken, wo es not tut, den kopf einzuziehen, verspüren. Das muß die angst sein, die angst, die man nicht haben will, die man sich absolut ausredet, die aber dennoch durch eine hintertüre in den mund steigt, sich darinnen breitmacht, langsam, wie das licht eines sonnenaufgangs in einer morgendlichen talmulde, die angst, die man vor dem tod oder vor dem erbrechen reichlich genossenen alkohols hat. Das blut meiner linken schläfe pocht stärker als das der rechten, als kind liege ich stets auf der herzseite, die linke schläfe im kissen. Tok tok tok … in sekundenlangen regelmäßigen abständen, wie die melodie eines fallenden schnees. In der schneekuppel muß eine frau sein, sie zeigt sich aber vorerst noch nicht, ich sehe sie überhaupt nie hier am Nordpol, erst später, wohl aber im selben traum.

In der wohnung, in der ich zur welt kam, erster stock, Kienmayergasse 43, tür nummer 8, ist die türe zum gang durch eine vorhängekette abzuschließen. Draußen am gang zeigen sich hin und wieder musikanten, feuerfresser, bettler, nachbarinnen mit hochgesteckten zöpfen, sogenannten gretlfrisuren, gefährliche wassermänner, geheimspitzel, soldaten und alte hexen…

Wo der Nordpol liegt [oder was der Nordpol ist], weiß ich mit sieben jahren, oder bin ich erst fünf oder drei?, ganz gut, ich würde wahrscheinlich sonst gar nicht von ihm träumen. Der herr Franz kennt ihn kaum, er sagt bloß: dort ist es kalt – eine sibirische kälten! Aber er ist ein kriegsinvalid und hat eine falsche hand aus braunem, genietetem leder.

In diesem traum bewegt sich unsre gangtüre plötzlich, die klinke senkt sich langsam, meine linke schläfe pocht stärker als die rechte, ich bin nicht mehr vor der weißen schneekuppel am Nordpol, sondern am küchenfenster, wo mein vater sein schusterbankerl stehen hat, die gangtüre geht auf, aber nur eine spannbreit – die türkette ist ja vorgehängt… Da sehe ich sie, die alte hex, die menschenfresserin, die trud aus dem schneehaus, die nicht herein kann!

4. November 1925, 1928 oder sonst irgend ein datum.

5. NOVEMBER.

Die alten Australier ritten känguruhs, warfen ihre bizarren bumerangs und konnten an den fingern bis zehn zählen. Sie haben auch seinerzeit die stadt Jericho zerstört. Sie bliesen in muschelhörner, und da fielen die mauern zusammen, die wohnhäuser und öffentlichen gebäude suchten wie spielkarten den boden, aus rauch, staub und grausen trümmern erhob sich der große fisch, der in der see lebt, der wal, und da er gleich einem fesselballon über dem zerstörten Jericho schwebte, raubte und schändete man zehen tage und zehen nächte in seinem schatten, bis endlich Gott die augen aufschlug und die siegreichen Australier nach dem hintersten ende der landkarte warf. Darauf wuchs die rose von Jericho aus der noch warmen asche und wurde später von einem herrn de Rastagnac in verlaufe des ersten kreuzzuges gepflückt, welcher sie sorgsam in seinem sturmgepäck aufbewahrte und nach beendigung des krieges in seine südfranzösische heimat brachte.

Die ersten europäischen jerichorosen stammen aus Albi und kamen um 1500 in den handel.

Czar Ivan der Fürchterliche besaß einige hunderte in einem glashaus des Kremls.

Der churfürst Achilles Casimir von Brandenburg gab unsummen für seltene abarten dieser schönen pflanze aus.

Philipp II. von Spanien jedoch haßte sie so sehr, daß er ihnen regelrechte autos da fé veranstalten ließ.

Nicht so aber Sir Walter Raleigh. Dieser tauschte sie in Virginien gegen tabake ein, und somit gelangt die rose von Jericho in die Neue Welt.

Sitting Bull trug stets ein hübsches exemplar dieses gewächses in der satteltasche mit. Bisweilen roch er daran, was ihm mut und ausdauer zu verleihen schien.

Der ehrliche Abe Lincoln liebte sie [wie alle dinge] herzlich. Wildtöter verwendete sie auf hundert meter entfernung als zielscheibe.

Ambrose Bierce beschrieb sie unter falschem namen.

Edison soll sie in seiner jugend wie salat gegessen haben.

Theodore Dreiser zog jedesmal, wenn er an einer vorbeiging, den hut.

Oscar Wilde steckte sie während seines aufenthaltes in den Staaten gewollt achtlos ins knopfloch.

Zachary Scott schrieb ein sonett über sie.

Donald Duck versuchte sie auf San Antonio-rose umzutaufen, drang damit aber nicht durch.

Humphrey Bogart soll noch einige tage vor seinem tode eine haben kaufen lassen.

Fats Waller hatte bei seinen konzerten ständig eine jerichorose, in einem bierglas schwimmend, vor sich auf dem klavier stehen.

Fidelito Castro aber [während seines nordamerikanischen exils], hatte sie zur blume des cubanischen freiheitskampfes erklärt.

Was Südamerika betrifft, so schenkte sie Perón gelegentlich seinen girl-friends und endlich sagte Pablo Neruda von ihr: Buitre entre plantas, azufre entre aves... Geier unter pflanzen, schwefel unter vögeln. Ein schöner, wahrer vergleich!

Ich hab heute drei stück per nachnahme bestellt. Ihr lateinischer name ist selaginella lepidophylla, und ich werde eine, wie Giacomo Puccini, am jagdhut tragen.

6. NOVEMBER.

Heute morgen wäre ich beinahe gestolpert und der ganzen länge nach hingefallen. Vor mir lag die ganze welt; ich kann von glück reden, daß ich nicht wie ein ungeschickter lümmel in sie hineinstürzte.

Ich muß mich in vielen dingen sehr in acht nehmen.

7. NOVEMBER.

Kater Carlo ist ein alberner gangster, er lacht stets *harr harr* und trägt einen stoppelbart, doppelt unsinnig für einen kater. Er ist gangster, pirat, verwandter der panzerknackerbande, ein als fischer verkleideter bösmann, ein installateur, der günstige gelegenheiten ausbaldowert. Eine seiner dümmsten rollen war die einer meeresnymphe; da schwamm er rund um die Falklandinseln herum und schluckte gehörig wasser, wurde schlußendlich aber doch von Donald Duck hinter schwedische gardinen gebracht. Nota bene: das transvestitentum ist nicht immer rentabel, rentiert sich nicht, zahlt sich nicht aus, ist bisweilen keinen staub puder wert, es sei denn im *Barcelona* in St. Pauli, wo ich nächstes Jahr mit Qualtinger und Erni Mangold *Canadian Club* trinken werde, aber so weit ist es noch nicht, noch haben wir den siebten November 63 und die Stadt Malmö steckt in einer engsitzenden jägerwäsche von der firma Niflheim, Grendl & Cie.

Was aber zieht kater Carlo an? Eine handgestrickte wollmütze aus Kopenhagen, ein rotes halstuch [unamerican activities], ein rotweißgestreiftes athletenleibchen [*vd.* Herzog Leopold der Glorreiche vor der veste Akkon], jeans [Levi, Strauss & Co. San Francisco, Cal. ORIGINAL RIVETED, QUALITY CLOTHING, Trade Mark, Patented May 20 1873 Made in USA 290 B] und bloße, dreckige hinterpfoten.

8. NOVEMBER.

Spiele mit mädchen. Mädchen haben alle ein leicht geschwollen aussehendes ding zwischen den beinen und grinsen, wenn man ihnen daraufschaut. Sicher können sie gar nicht lulu machen, wie sollten sie auch, wo sie ja gar nichts dazu haben.

Zu Fronleichnam beim umgang haben sie alle weiße kleider an und aufgebrannte haare, sie tragen kleine polster mit dornenkronen, nägeln, zangen, hämmern, ruten, wir buben aber zwergenbutten aus grünem glanzpapier mit mohnrosen und kornblumen darin. Die mädchen gehen extra und die buben gehen extra, dazwischen rennen die kerzlweiber mit ihren dunkelblauen strohhüten und passen gut auf, daß sich kein bub zu den mädchen verirrt und kein mädchen zu den buben. Die musik spielt das Fischerlied, die freiwillige feuerwehr mit ihren dragonerhelmen und den säbeln marschiert auch auf, beim herrn pfarrer unterm himmel klingelt es ununterbrochen, die frantschischkerln und der weihrauch riechen ganz stark, die aufgestellten birken am trottoir auch, aber bei der Draskovichgasse vorn, vis à vis vom Hubenyschuster ist der erste altar aufgebaut. Davor wird gehalten. Der herr pfarrer steht dort vor den vielen blumen und heiligenbildern und tut umeinander. Die leute müssen sich alle niederknien, sonst ist es eine gotteslästerung. Dann schießen die soldaten in die luft. Da fürchten sich alle mädchen, die buben aber nicht oder wenigstens nur wenig.

Wenn es aber regnet, werden die kinder ganz naß. Sie dürfen aber trotzdem nicht aus der reihe heraus, denn das wäre eine sünde, und die gebrannten haare der mädchen fangen an herabzuhängen. Wie die badten mäus schaun s aus, die armen patscherln... sagen die sozialdemokraten und freidenker. Und nicht einmal, wenn einer schon ganz notwendig muß, darf er heraus. Aber wenn es regnet, dann sieht man eh nichts, wenn es herunterrinnt an den waden, aber es brennt. Und vom regen färben die schönen grünen butten ab und ruinieren die grünen schäfergwänder... Und die freidenker und sozialdemokraten sagen: Die kinder werden sich schön verkühlen. Eine knackwurst wär ihnen sicher lieber gewest als der blöde umgang da...

Wenn kein umgang ist, so spielen die mädchen tempelhupfen, diabolo, kreisel, abschießen, zur-suppe-geht, versteckerln, fodsche, vatermutter-kind, matros und haifisch oder gar dokter [das soll man aber nicht]. Kugelscheiben können sie nicht, rauwaschante trauen sie sich nicht, gegen andere gassen eine bersche machen schon gar nicht, denn sie sind alle feig. Im Kendlerpark spielen sie schwarze köchin und laßt die räuber durchmarschieren. Da spielen manchmal sogar buben mit, aber nur solche die Kurti, Egon oder Gerd heißen.

Ein friseur aus der nähe, habe ich die leute sagen gehört, hätte auch mit mädchen gespielt, darauf haben sie ihn eingesperrt. Sicher hat er sie nackt ausgezogen und auf das geschwollene gegriffen. Vielleicht war das der friseur, der der mama den zopf abgeschnitten hat.

Der katechet hat in der schule gesagt, mit mädchen soll man lieber nicht spielen, für buben ist es viel besser, wenn sie räubergendarm spielen. Mit mädchen spielen muß also eine sünde sein. Ich glaube aber, schlagen darf man sie schon, denn dann ist es ja kein spiel mehr. In der Kuefsteingassen unten wohnt ein großes mädchen. Sie hat rote haare. Einmal habe ich ihr nachgerufen: Roda roda ginggingging, feia brend in Otakring, feia brend in Wahring, bist a gsöchda haring! Da ist sie mir nach wie eine hex und hat mit mir gerauft, daß die fetzen geflogen sind. Aber das war feig, denn sie war ja viel größer und stärker. Und dann hat sie mich um die erde gehaut und ist auf mich gefallen. Dabei habe ich an meiner wange gespürt, daß sie vorn an der brust zwei dinger hat. Das aber war kein kampf und kein spiel. Vis à vis von unserem fenster wohnen in einer parterrewohnung drei mädchen. Sie haben einen ganz starken bruder und einen kleinen bruder, der erst zum gehen anfängt. Das älteste mädchen ist schon ganz groß, fast ein fräulein. Sie trägt ein langes glockenkleid und geht ins breitenseer kasino shimmy tanzen. Die mittlere heißt Agnes, die ist aber lungenkrank und man hört sie in der nacht bis zu uns herüber husten. Sie wird bald sterben müssen, sagen die leute. Die jüngste heißt Helka und will mich immer hauen, manchmal aber kriegt sie s selber von ihrer mutter. Das geschieht ihr dann recht. Öfters schreit die mutter: *Helko, ty kurva, ty potvora* ... Das soll man nicht sagen, sagt mein papa, und er versteht das, denn er hat böhmisch gelernt bei seinem lehrmeister.

Die meisten mädchen können böhmisch und da reden sie ganz laut, weil sie glauben, ich versteh sie nicht. Ich verstehe sie aber schon, nur red ich nicht, denn ich bin ein Deutscher und außerdem ist es gut, wenn man ein geheimnis hat.

Die Stehlik Edith hat mich einmal auf dem schulweg gefragt, was *ja chce mrdat* heißt. Ich habe das letzte wort nicht verstanden. Aber meinen papa habe ich darum auch nicht gefragt, wie sonst. Mir ist dabei etwas nicht geheuer vorgekommen.

Die zwei tapfersten buben außer mir sind zwei böhmische buben. Der Fladimir und der Bilek Wickerl. Dem Bilek sein großer bruder ist im Gelben Meer von chinesischen piraten gefangengenommen worden. Das sind abenteuer. Das ist sogar in der zeitung gestanden.

Mit dem Fladimir bin ich einmal beim Österreicher oben, in dem alten haus, durch einen gefährlichen geheimgang gegangen. Ein loch ist dort, das geht hundert meter in die erde hinunter und wasser ist auch drin. Der letzte rest vom breiten see, sagt mein papa. Ein mädchen hätte sich sowas nie getraut.

Die böhmischen mädchen gehen meistens nach Ottakring hinüber in die schule, die unsrigen aber in die Kienmayergasse.

Ein mädchen kenne ich, die gefällt mir schon. Ihr vater ist ein kriegsinvalid und heißt Gatterbauer. Er hat einen falschen fuß aus leder. Im wirtshausgarten von der Alten Schmieden hat er einmal aus spaß die hose aufgekrempelt und mit dem spazierstock den generalmarsch draufgetrommelt. Ganz hohl hat das geklungen. Seit dieser zeit gefällt mir das mädchen nicht mehr so gut. Wie mich einmal mein papa gefragt hat, ob ich die kleine Gatterbauer heiraten möchte, habe ich mich so geschämt, daß ich mit dem fuß aufgestampft und laut geschrien habe. Da haben alle leute auf mich geschimpft...

Das grauslichste mädchen in der gegend heißt Ehard Mitzi. Sie kann nur: ›eins‹ sagen. Man muß sie aber vorher fragen: Mitzi, wie spät ist's? Sie liegt den ganzen tag am fenster und ist teppert, sie sieht wie eine kuh aus und von der nase rinnt ihr in einer tour der rotz herunter. Ihr bruder ist einer von den stärksten, aber ein falscher hund. Das einzige, was die mädchen wirklich gut können, ist diabolospielen. Die Stojkovic Helly aus unserem haus bringt ihr diabolo bis in den dritten stock hinauf und fängt es jedes mal wieder mit der schnur. Das ist eine kunst. Sie hat aber auch ein gummidiabolo und das meine ist nur aus holz vom Krausdrechsler vorn.

Das schönste mädchen in unserer gegend ist vorne beim markt beim gefrorenenmann. Das ist aber auch eine Italienerin. Das einzige dumme an ihr ist, daß sie nicht ›danke schön‹ sagen kann. Sie sagt immer *danke sön*. Sonst aber hat sie ganz schwarze haare, ein milchweißes gesicht und rote wangen.

Mein papa kann gut italienisch, denn er war ein ganzes jahr in der italienischen kriegsgefangenschaft. Die katzelmacher haben ihn aber erst erwischt, wie der krieg schon aus war. Das war typisch feig. Aber die Italienerin gefällt mir trotzdem und mein papa hat gesagt, die Italiener sind gute leute und haben den krieg genau so wenig wollen wie wir. Ich will aber schon in den krieg gehen...

Einmal waren wir ganz weit hinter der Donau im einundzwanzigsten, da waren zwei ungarische mädchen. Wir waren schon eine ganze weile bei den leuten im garten, da sind die zwei vom baden gekommen. Es war ein ganz heißer tag, der staub auf der straße hat wie gummi gerochen und die brennesseln im straßengraben waren auch ganz verstaubt. Bei der Donau unten ist es immer so heiß. Die zwei mädchen haben nur schwarze cloth-hosen angehabt. Zuhause aber hat jede eine blaue schürze umbinden müssen, weil ihre mutter gesagt hat: zieht s euch was an, ihr könnt s doch nicht vor dem Hansi so nackt herumlaufen.

Ember heißt mensch, kutya heißt hund, lo heißt pferd, vörös heißt rot, fekete heißt schwarz, fekete bina aber darf man nicht sagen. Das alles habe ich von den zwei ungarischen mädchen gelernt. Das italienische mädchen aber sieht viel feiner aus. Wenn man einmal schon heiraten muß, dann eine Italienerin, aber keine Böhmin oder Ungarin. Die schreien immer so laut, daß man sie bis auf die gasse hören kann. Die Italiener sind unsre feinde, aber ich mag sie trotzdem am liebsten...

12. NOVEMBER.

Ich bin ein rechtes kamel. Unser Herrgott hat einen großen tiergarten und ich bin darin das dumme kamel! Anstatt daß ich mein gutes saures geld im wohlfeilen Süden verbrauche, schiebe ich es dem schamlos teuren Norden in den arsch. Was hält mich eigentlich hier in diesem antiseptischen eisschrank?

Freilich: Ein schloß hier in der umgegend zu besitzen, nach gut durchschlafener nacht feine, rauhreifüberzogene jagdflinten durch den nebel dieser jahreszeit tragen, abendgesellschaften veranstalten, dem ballett ein lieber gönner sein, pferde, hunde und katzen verwöhnen oder maskeraden entwerfen und ausführen lassen ... Man könnte solcherart sogar in Schweden das leben ertragen. Aber wer tut das hier schon? Geld wäre genug da ...

Alles idioten, puritaner, materialisten, impotenzler, rübezahle, duckmäuser, grübler, eigenbrötler und todlangweilige schlappschwänze! Es wird mit jedem tag kühler. Man sollte wenigstens einen ordentlichen astrachan und eine wertvolle pelzmütze besitzen ...

13. NOVEMBER.

Ein unglückstag? Man muß neu-schöpfen verlangt vor gut vierzig jahren Vincente Huidobro. Der mensch, so sagt er, habe die rinde der erscheinungen durchbrochen und das darunterliegende überrascht... Guten tag, darunterliegendes, wie schlief es sich im warmen ei?

Das wetter wieder einmal ganz beschissen. Es regnet nicht, sieht aber genau so aus als ob. An der wand neben den fenstern tropft eine tabakfarbene soße, die papierrollgardinen weichen auf, es ist alles feucht und rheumatisch. Streiften hier kätzchen an die wände, sie bekämen ein nasses fell.

Hunde im tau, rhinozerosse im tau besonnter wildbäche, tibetische yaks im sprühregen der feuchten aussprache eines komödianten, schimpansen in den körperlich fühlbaren morgennebeln Orplids, hirschhornkäfer in wolkenbrüchen, ozelotl von plantschenden kleinkindern bespritzt, schwarze panther unter der aufgedrehten brause, eisbären und walrosse während der schneeschmelze, ziegenböcke und anmutige geißen in einer blauen lagune und der böse wolf in der badewanne...

Ich muß alle morgen meine schuhe ausschöpfen, so sehr tropft es nachtüber von der zimmerdecke. Ich schöpfe jeden tag aufs neue.

14. NOVEMBER.

Meine zigaretten sind feucht, meine streichhölzer sind feucht, der docht meines petroleumöfchens ist feucht, meine schallplatten sind feucht, die internationalen stimmen im radio sind feucht, die zukunft riecht bereits leicht angemodert.

Eine noch druckfeuchte, schon zimmerfeuchte tageszeitung [Sydsvenska Dagbladet Snällposten]:

DER BRANDSTIFTER VON GÄVLE AN DER NORWEGISCHEN GRENZE GESTELLT, TEENAGER IN ALKOHOLORGIEN VERWICKELT, UNHOLD IN PARKS GESICHTET, MINDERJÄHRIGE ANGETASTET, TAGE ERLANDER ERKÄLTET, UNTADELIGE BEWACHUNG WENNERSTRÖMS, NACKTE GYMNASIASTIN VERWEIGERT ALKOHOLTEST, KÖRPERBEHINDERTE KINDER VON ELTERN VERHÖHNT, DONALD DUCK EIN RASSIST? MORDVERSUCH AN HELSINGBORGERIN, DR. JOCKEL & MR. HYDE KOMMT! PARLAMENTSMITGLIED TRANK SÜDAFRIKANISCHEN WEIN! SÄNGERKRIEG VON STREIK BEDROHT, DÄNISCHER KOMMUNISTENBOSS KAUFT KATE IN SMALAND ...

Mein bauch ist feucht, meine waden sind feucht, meine rechte schläfe ist feucht, mein brustkorb ist feucht, meine knie sind feucht, meine nieren sind feucht, mein herz ist feucht, meine nasenlöcher sind feucht, mein arsch ist feucht, mein schlüsselbein ist bereits unter einer geruchhaube von angemodertsein.

16. NOVEMBER.

Ich kann dänische nachrichten nimmer ausstehen. Ich schalte auf Prag um, anständiges böhmisch und so... das böhmische geht mir auch auf die nerven. Ich drehe auf Monte Carlo... Richard Anthony ist ein idiot. Ich schalte auf Hilversum... die holländischen st. paulischnulzen sind noch gemütvoller als die deutschen. Ich drehe auf Wien... mir vergeht das heimweh vollends. Ich erwische den Deutschlandsender und stürze kopfheister in eine protestkundgebung gegen die verhaftung deutschdemokratischrepublikanischer zeitungsleute irgendwo im Rheinland. London... ich höre ein unterhausmitglied über sexprobleme schwafeln... Ich greife endlich nach meinem schäferischen spazierstock und prügle das dumme radio windelweich!

Man müßte alle schlagertextdichter und dichterinnen mit mittleren brunnröhren schänden...

Ich möchte auf der stelle zu den indiens Delawares, howgh, zu den indiens Caddos, howgh, zu den indiens Osage, howgh! Auf der stelle, sage ich!

17. NOVEMBER.

Ein blick auf den abreißkalender: Heute ist samstag, der 17. november und, meiner treu, hieße ich Napoleon, ich hätte tatsächlich namenstag.

18. NOVEMBER.

Vielen raben begegnet, sie schwärmten um die halbfertigen häuser hinterm Stadion. Heute endlich ein prächtiger tag, wie es ihn nur hier heroben geben kann.

Um 8 uhr morgens trifft man in den parks nur vereinzelte herren mit ihren hunden. Angenehm.

Die sonne fällt über die ganze westseite des wohnturms am Kronprinzenplatz, reines, helles gold, eine pracht...

Ich gehe eine stunde lang auf die sonne zu und komme schließlich in eine völlig unbekannte gegend, Mittelheide oder so ähnlich...

Am rückweg, zwischen dem stadion und den weidenteichen sehe ich dann die raben ...

Erlebnisse und brief encounters mit raben:

A. In Olmütz gibt es eine lange straße, die, obgleich im zentrum liegend, eher ländlich wirkt. Sie führt aus der stadt und geht man sie weiter, kommt man auf den Svetá Horá zur wallfahrtskirche. Im spätherbst 1941 habe ich zum ersten mal die lust, etwas zu schreiben. Ich schreibe im spazierengehen notizen in ein schulheft. Die geschichte soll ›Herr Nenadal auf seinem nachhauseweg‹ heißen. Daraus ist niemals was geworden. Ich sehe in meiner uniform aus, als wäre ich ein grauadjustierter krückstock, mein rechtes bein ist seit geraumer zeit um einige cm. kürzer, was ich jedoch durch eine gewichtsverlagerung auszugleichen suche.

Eine winkelbuchhandlung mit golemartig unglaublichen stellagen und kisten. Ich weiß noch genau, was ich damals gekauft habe: eine schauerliche deutsche übertragung der *rimas* von Bequer, Poes Arthur Gordon Pym in Tauchnitz und eine tschechische ausgabe von H. H. Ewers *Grauen*. Ich nehme meine bücher und gehe wieder auf die straße. Auf der anderen seite treibt sich ein dicker, jovialer rabe herum. Er hat etwas hellschimmerndes im schnabel. Was wird er schon haben? Ich glaube an kein silber mehr ... Stanniol wird er fressen, der dumme kerl ... Er blickt mit ruhigen augen zu mir herüber, grad als wollte er ins gespräch kommen, das silberne zeug blinzt in der kalten sonne, die luft riecht wie eine essenz aus wildem wein und ungefallenem schnee, der schwarzgefederte fettwanst kommt langsam auf mich zu, ich gehe ihm einige schritte entgegen – und da legt er mir [ehrenwort] ein nagelneues infantriesturmabzeichen genau vor die schuhspitze hin.

B. Manche raben hacken augen aus, sie sind singvögel und ebenso edel wie adler. Raben scheinen beim ersten anblick trauergäste zu sein [einer von ihnen hat während einer grablegung seine goldene taschenuhr verloren und die anderen helfen ihm beim suchen. Bisweilen bückt sich dieser oder jener, als sei er auf die angebaute uhr gestoßen. Das sehr hölzern aussieht, sehr steif und würdig, sehr dem ernst des tages angemessen. Durch die zivile uniformierung der raben ist es schwer möglich, den verlierer der taschenuhr von seinen mitsuchern zu unterscheiden]. Es war damals im winter. Bald darauf zog ein starker flockenfall seinen chirurgischen vorhang vor dieses bild. Die uhr blieb unter den schneemassen begraben.

C. In Stockholm passierte es, daß mir wieder ein rabe begegnet. Es ist anfangs jänner, tiefer schnee, die sonne verschwindet um diese zeit schon gegen 3 uhr. Ich bin auf Skansen und schaue mir die wirklichen luchse und vielfraße an. Weil um diese jahreszeit die Bellmannspforte geschlossen ist, muß ich wieder umdrehen, um, an vielfraßen und luchsen ein zweites mal vorbei, einen anderen ausgang zu suchen. Ich gehe einen steilen, hartgefrorenen weg hoch und erreiche bald die schöne aussicht, von der man über das wasser zum Valdemarsudde schauen kann. Plötzlich höre ich etwas durch die dämmrige schneeluft sausen, ein rabe kommt geradewegs auf mich zu und landet einige schritte vor mir. Er blickt mich freundlich an, ich spreche zu ihm, duze ihn aber nicht. Er hört mir zu, springt dann geschickt an meine linke seite und spaziert, da ich meinen weg fortsetze, eine weile mit mir. Er benimmt sich äußerst korrekt und höflich, ein schwedischer herr, er redet über die kalte witterung, fragt mich um meine meinung über die abschaffung des nullpunktes, und friert wahrscheinlich genau so wie ich in den beinen. Endlich läuft er einige schleunige schritte voraus und wendet sich mir abermals zu. In dieser stellung wechseln wir noch ein paar worte der höflichkeit, sagen uns auf wiedersehen und versprechen einander, uns im auge behalten zu wollen. Er entfernt sich, das linke bein ein wenig nachziehend, mit sonderbaren sprüngen, hebt sich hoch und fliegt ruhig in richtung Italienisches Kulturinstitut über den Mälaren.

D. Bei Shepetovka in der Ukraine sind mir auch ein paar solche herren begegnet, aber das waren feindliche agenten. Ein paar stunden darauf hat es mich erwischt, daß ich meinte, mich holt der teufel!

Fazit: Es gibt gute und böse raben, wie es eben auch gute und böse neger gibt. Auch weiße raben soll es geben. Ich habe aber noch nie einen solchen gesehen. Höflich sind sie insgemein, solange man am leben ist, wie sie nachher sind, weiß ich allerdings nicht ...

Spruch: Rab, rab, gib mir auch einen knochen ab!

Gestern war Napoleon. Ich möchte einmal Napoleon Zrcadlo hei
ßen, wie der rabe aus Olmütz oder Napoleon Spegel, wie der in
Stockholm. Das wär gar nicht übel …

IL 20MO DEL NOVEMBRE.
Progetto di una pantomima nel Prato dei Gesuiti a Vienna. Dedicato
a Messer Corrado Bayer, poeta:
Der schauplatz bietet dem publikum die vollständige illusion eines
idealen wasserschlosses. Man befindet sich auf dem gartenplan, der
zwischen schloß und pförtnerhause liegt.
Die masken [in der folge ihrer auftritte]:
LISETTE, zofe
ARLECCHINO, bedienter des herrn Leander
LEANDER, ein reisender gentleman
HERR RUTHERFURT, ein empoisonneur und hirschgärtner
SUSANNA, eine dame
LOUISON, eine junge haustochter, 13 jahre
OROONOKO I.
OROONOKO II. mohren
OROONOKO III.
MILADI MACBETH
STUTZPERÜCKE
PIERROT
WAPPENLÖWE mit gepuderter mähne
Ouverture: Entrata e ballo aus Monteverdis BALLO DELLE INGRATE
1. Lisette unterhält sich schamlos mit Arlecchino, herrn Leanders
verworfenem bedienten. Selbiger Leander öffnet einen vorhang und
muß erblicken, wie Arlecchino seine freche hand unter Lisettens
rock führt.
2. Herr Rutherfurt führt Susanna durch sein hirschgehege. Sie wählt
sich einige der schönsten und stärksten hirsche aus und schläft mit
ihnen der reihe nach.
Der mond [künstlich, aus pergament] geht an einer langen stange
hoch und täuscht einen abend vor. Nachdem die hirsche wieder ihrer

wege gegangen sind, verlangt herr Rutherfurt von Susanna einen gegendienst, welchen sie ihm auch gewährt.

3. Das publikum wird von Lisette gebeten, sich rund um einen kleinen eichenhain zu verteilen, in dem die sehr geängstigte Louison von drei Mohren gejagt wird. Sie klettert in die kronen der bäume, fliegt wie ein eichkätzchen von ast zu ast, durchkriecht dachsbaue und fuchshöhlen, schlüpft durch waldrosenbüsche und schreit auf, wenn sie an kleine tümpel oder teiche kommt. Es gelingt ihr immer wieder zu entfliehen, bis sie endlich über eine dicke wurzel stolpert [so will es die pantomime] und lang hin fällt. Die drei wilden werfen ein netz über sie und nehmen sie mit gewalt.

Der künstliche mond hat sich während dieser schrecklichen szenen wieder so weit an der stange gesenkt, daß ihn mittelgroße zuschauer mit ausgestreckter hand betasten können. Er ist noch warm, das licht in ihm jedoch schon verloschen. Das publikum hat die alten plätze wieder eingenommen.

4. Die szene zeigt ein boudoir in schwarz und lila gestreiften tapeten. Die drei mohren, noch schnaubend, führen die verhaftete Lady Macbeth herein. Sie trägt den etwas zu großen dressing-gown ihres mannes. Während der eine mohr mit dem zeremonienstab in den boden stößt, befestigen die beiden anderen Lady Macbeth mit riemen auf ein sofa. Ein herr mit stutzperücke schiebt ihr den dressing-gown preziös bis an die taille hoch und verurteilt die so entblößte zur tätowierung. Der erste mohr stampft abermals mit dem zeremonienstab auf.

Herr Rutherfurt tritt hierauf in verkleidung eines tätowiermeisters ein. Auch er trägt stutzperücke, ist jedoch in brokatweste und hat die hemdärmel aufgestreckt. Er tätowiert der liegenden lady Macbeth strafweise obszöne distichen an schenkel und waden.

Ritornello aus Monteverdis BALLO DELLE INGRATE. Das publikum sieht jetzt zum abendhimmel auf. Ein helikopter verharrt reglos in der stillen luft. Arlecchino sitzt am steuerknüppel.

5. Herr Leander befindet sich im bett der Sphinx von Theben, hat ihre hübsche spitzenhaube aufgesetzt und posiert vor dem handspiegel. Die prächtige Sphinx ist noch im badezimmer, man hört das

laue plätschern des wassers. Herr Leander wird etwas unruhig, er ruft nach der zofe. Lisette erscheint und singt eine aria. Herr Leander stößt die bettdecke mit den beinen von sich. Er ist nackt. Die badezimmertüre öffnet sich sehr langsam ...

6. Pierrot ist trauriger stimmung, er bereut sichtlich seine pariser schlechtigkeiten. Oder ist es die furcht vor einer rache? Er zerpflückt goldene papierblumen und streut sie in den aufkommenden abendwind ... Plötzlich, aus einiger entfernung, lautes gebrüll. Der boden beginnt zu beben, das brüllen verstärkt sich, es donnert, das donnern kommt näher und näher – ein herrlicher wappenlöwe mit goldüberpuderter mähne tritt aus einer seitenlaube. Pierrot, den rest seiner papierblumen hinwerfend, versucht entsetzt zu fliehn, bleibt jedoch, als er über eine barriere hinwegsetzen will, an dieser wie ein halbaufgeklapptes federmesser hängen, seine hose platzt mit unanständigem geknall an hundert stellen auf – der wappenlöwe, welcher ironisch lächelnd zugewartet hat, legt zierlich seine handschuhe ab und schändet den hilflos baumelnden Pierrot auf das entsetzlichste ...

Das publikum staunt über diese kühnheit.

Ritornello aus Monteverdis BALLO DELLE INGRATE. Lisette erscheint. Sie trägt jeans und hornbrillen und verteilt manifeste an das publikum. Nachdem jeder zuschauer sein exemplar hat, holt sie die damen und herren der pantomime in die szene. Man verbeugt sich einzeln und tritt ab.

Der künstliche mond steigt wiederum an der stange hoch, beginnt sich zu erwärmen und beleuchtet, nachdem er oben angelangt ist, die inzwischen nun wirklich angebrochene nacht mit einem ungeheuren rot.

Sinfonia aus Monteverdis BALLO DELLE INGRATE.

21. NOVEMBER.
Die diarienschreiber der vorzeit [alphabetisch dargestellt]:
Assurbanipal mit einer zedernknospe, Belsazar in der ysopwurzel, Cymbeline von Xanthen, Dimnah im walfisch, Esau im unken-

schatten, Fierabras im tintenhorn, Golias mit dem säbel, Habakuk
der riecher, Ismahel auf der quendelblüte, Jekyll und Pepys, King
Kong im oleanderblatt, Lear mit der nachtigall, Magog Magog,
Nimrod mit der lerche, L'ogre im korn, Pepys und Jekyll, Quazor
im ingwer, Rustam der hüpfer, Sindbad mit der gabel, Tigranes am
fallschirm, Urias in der ente, Wenzel delphinenmeister, Xir der
cymbler, Yggdrasil aus der baumrinde, Zoroaster der asternlord.

Und es litten A an Abigail und B an Bathseba und C an Cleopatra
und D an Dalilah und E an Esther und F an Firouzkah und G an
Gwynever und H an Hermione und I an Ischtar und J & P an Jenu-
fa und K an Kypris und L an Lilith und M an Morgant und N an
Nophret und O an Otis und P & J an der großen Pavlovna und Q
an Quetzalcoatalina und R an Rowena und S an Sarita Montiel und
T an Talullah Bankhead und U an Ulalume und W an Wanda Osiris
und X an einer gewissen Xaviera und Y an Yolanthe und Z an
Zenobia, der grausamen königin der Amazonen. Und alle ergossen
sie ihr rotes herz und das helle wasser ihrer augen auf weißes, steifes
papier, und die bäume und gräser und tiere bewegten sich um sie, und
frühling, sommer, herbst und winter säuselten, brannten, welkten
und eisten, während seite auf seite zum buch wurde und einer um
den andren darüber verstarb.

22. NOVEMBER.

Cäcilia, tag der himmlischen musik. Ein gespräch über opern gehabt.

Wo man singt, da laß dich ruhig nieder. Des sängers fluch. Sangbare
libretti sind selten. Sing, kerl, oder ich sing dir was! A sing-song
voice. Sing-Sing oder der Sängerkrieg auf der Wartburg. Komm,
sing mit mir! Sang und klang. Der singende tor. Singer & Pollak,
textilien en gros. Die singende, klingende. Ja, wenn Gigli sang! Dies
hat dir wohl ein vöglein gesungen! Singot, Jeppe, dat dig de dyvel
haal!

Wer wagt es, hier zu singen? Ruhe!

Ich singe wie der vogel singt, der auf den wipfeln hauset,

ein schandlied aus der kehle dringt, davor es jedem grauset...
[Unser Uhland]
Der Tristan dauerte vier stunden [Pißpausen eingerechnet]; eine herrliche oper! Ja, jeder gebildete mensch möchte von zeit zu zeit eine gute oper hören. Opa. Eine oper schaut man nicht an, man hört sie an! Opapa. Oder, wie Verdi sagte, man genießt sie im stehen.

Was gibt mir die vokabel ›oper‹? Einen opernball, eine kurzoper, einen opernobersten, oper-fans, den Wiener opernmord, das phantom der volksoper, opernlust – opernleid, opernskandale, opalene ohrgehänge...

Opern sie mir nicht in die schuhe, mein herr, ich bin kitzlig! Wirf mir den ball der oper zu, oh sänger!

Opernsamstag, Opernsonntag, ein volles haus, ausverkauft, schluß, basta, ausgeschlossen.

Er operte vor bangigkeit in die hosen.

Man frug mich: Weshalb lieben sie die oper? Ich entgegnete: Je nun, welcher gemütvolle mensch liebte eine schöne stimme und gute musik nicht?

Und welche opern ich gehört hätte? Ja, meinte ich, nicht all zu viele, obgleich eine ganz schöne menge der besseren.

Und das wären?

LA BOHEME im Stadttheater Olmütz, DIE VERKAUFTE BRAUT in der Wiener volksoper, SKALD OG ZIMMERMANN in Det Kongelige in Kopenhagen, DICHTER UND BAUER im Stadttheater St. Pölten, SIZILIANISCHE BAUERNEHRE im Volksbildungsheim Ludo Hartmannplatz, Wien 16, DIE FRAU OHNE SCHATTEN in der Mailänder Scala, SALOMO GOLDFISH, DER ROSINENKÖNIG VON LODZ im Jewish Peoples Theatre in der Commercial Rd. London E., Pater Kreuders MARINA in der Wiener Staatsoper, ANNIE GET YOUR GUN bei den Salzburger Festspielen, HÄNSEL UND GRETEL in der Veroneser Arena, AIDA in Graz, MEIN LEBEN FÜR DEN CZAREN im Soldatenheim Brjansk [ein unvergeßlicher abend!], sowie Straußens IL PIPISTRELLO im Teatro Fenice.

Mein lieber, das ist ja gar nicht so wenig! – Nun, es könnten mehr sein; ich habe ein langes leben hinter mir...

Tja, leben und opern hören, das ist schon was wünschenswertes. Aber die Africanerin – die Africanerin ... haben sie die nicht gehört? – Sie lieben sie wohl sehr? – Ob ich sie sehr liebe? Ich vergöttere sie! – Wirklich? Ach es ist doch wunderbar, so lieben zu können ...

Und dann wurde eines schönen tages die Oper von englischen fliegerbomben getroffen und Don Pasquale operte zum zweiten male in die hosen. Die kulissen der wolfsschluchtszene brannten lichterloh, ja, es waberlodertte förmlich. Die plüschenen brüstungen lösten sich in rauch auf, die vernickelten notenständer explodierten wie bauchwinde, der Evangelimann rang im café Heinrichshof die hände, engel und arien ergossen sich von ruß und funken besudelt auf die trottoirs des vornehmen Opernrings, feuerwehrmänner nahmen stumm ihre weichen filzhüte ab, die Africanerin quietschte um riechsalz und der mannhafte Fra Diavolo fühlte sich wie vor einem feurigen elterngrab ...

Das war 1945. Heute aber ist die alte Oper in neuem glanz wiedererstanden, sie erblüht jede saison wie ein kirschenbaum und zeugt liebenswürdigere, reinere engel und arien denn je zuvor. Und das alles verdanken wir der initiative der Stadt Wien und, nicht zuletzt, den hochherzigen spenden der kunstsinnigen bevölkerungskreise.

23. NOVEMBER.

Raymond Chandler schreibt, sagt Alex, Mickey Spillane sei ein comics-writer. Wie Chandler das meint, weiß ich selbst nicht [ich habe das buch nicht gelesen], aber er wird damit schon recht haben.

Der elegante Mandrake ist aus andrem holz geschnitzt. Er hat nicht die ekelhafte präpotenz Mike Hammers, er hat einen schurkischen schnurrbart und ist ein kavalier aus dem alten Monte Carlo [tatsächlich begann Mandrake seine karriere als croupier].

Beamter: Ich finde nicht einen einzigen, der so wie Dean aussieht ... *Mandrake:* Sie müssen ihn freilassen ... *Polizeichef:* Die ganze stadt rast wegen des falschgeldes. Ich muß irgendeinen verurteilt haben, sonst werde ich abgesetzt! Wie kann ich ihn freilassen und ... wie sollen wir diesen Dean finden … *Mandrake:* Wir müssen eben die schurken veranlassen, zu uns zu kommen… *Polizeichef:* Zu uns? Und wie denken sie sich das? …

Mandrake hat seinen plan bereits im auge.

Nun ziehn manche Philipp Marlowe Mike Hammer vor. Mike Hammer ist gut, sagten sie, aber Philipp Marlowes ethos ist andersgeartet als der Mike Hammers. Marlowe denkt mehr [Hammer verläßt sich eher auf seine 45er] und nimmt nur in den seltensten fällen eine pistole mit.

Ich selbst ziehe den Kapitän Ferragut vor, denn dieser sagte: Der kompaß, männer, weist nach Norden! Oder auch Sir Ralph Clifford, denn er drang [unsichtbar durch einen schlangenring] in die Peter-Pauls-festung ein und befreite einen darin gefangenen gentleman.

Einmal las ich auch ein buch in dem ein Kapitän Hatteras vorkam. Aber was der gesagt hat und welcher art wagnisse er aufgeführt hat, weiß ich nicht mehr.

Auch die Nachgelassenen Geheimacten des Weltdetektivs sind für junge menschen sehr lehrreich.

Was ich von den großen detektiven und abenteurern halte, möchte ich hier kurz zu papier bringen:

Poirot ist dumm, Maigret ein netter spießer, Lemuel Caution hat einen uneingestandenen hodenbruch, The Saint ist ein kompletter trottel, Holmes ein elender geiger, sonst jedoch geistreich, Lord Peter Whimsey ist albern, Nat Pinkerton verstand sein metier, Cardby log bisweilen das blaue vom himmel herunter, The Phantom leidet an furunkeln, Percy Stuart führte stehend aus, was er sich liegend vornahm [er gehört zu den wirklich großen], Eddie ist ein mann von talent, Frisco Kid ist schneidig, Rip Corby's brillen sind aus fensterglas [eine list!], Lord Lister wäre als detektiv ebenso gut gewesen, wie er als gentlemandieb war, Frank Allan war ein ausgezeichneter spürhund, über James Bond möchte ich jedoch nur sagen, daß er falsche beweise liefert.

Die besten abenteuer Tom Sharks, des königs der detektive, waren Die Opiumschmuggler von Montmartre und Me Wang der Chinese.

Ab nummer 100 werden alle abenteuer schlecht.

Alex berichtet, daß er stets Nick Cardby las, es bei nummer 100 aber aufgab.

Im jahre 1929 bekam man in der Papierhandlung ecke Huttengasse und Thaliastraße folgende abenteuer: Nat Pinkertons, Buffalo Bills, Wildtöters, Sherlock Holmes', Lord Listers, Percy Stuarts, Harry Piels, Frank Allans [des rächers der enterbten], und Sir Ralph Cliffords.

Die Harald Harst gab es 1935 bei einem fliegenden händler am seiteneingang des Arbeitslosenamtes Wien 16.

Da Adolphus Hitler an die macht gelangte, war es sein erstes, die guten abenteuer zu verbieten und durch lächerlich schlechte zu ersetzen. Surrogate, herr Hitler! Wie weit er damit gekommen ist, hat uns die geschichte gelehrt. Und, hätte W. I. Lenin mehr in herrn Holmes' Geheimacten als in Marxens ›Capital‹ gelesen, ich könnte heut noch ungehindert nach Omsk, Tomsk und Novosibirsk reisen.

25. NOVEMBER.

Im oktober 1959 war ich einige zeit in London. Erich Fried wohnte damals noch in seinem herrlichen haus in der Fleet Road und schrieb hinter der auslagenscheibe seines arbeitszimmers gedichte. Eben um diese zeit war er mit einem gedicht fertig geworden, das wohl noch kaum veröffentlicht ist, was mir aber leid tut, denn ich halte es für eines seiner stärksten. Darin kommt ein mensch vor, der anfängt einen baum samt den dazugehörigen wurzeln zu kacken und wird damit nicht vor seinem tode fertig.

Vis à vis von Frieds villa ist eine mauer und hinter dieser mauer ein krankenhaus. Fährt nun eine ambulanz aus, so bimmelt eine schöne victorianische glocke ganz elegisch in den blauen herbst, aber daran gewöhnt man sich bald, und außerdem gibt es in der nähe die feinsten pubs und buchtrödler und ein griechisches café und die station Belsize Park, die jules-vernisch-tief in die eingeweide der erde dringt. Wir müssen einmal ins Jewish People's Theatre in die Commercial Road gehen, sagte Erich Fried.

Wir sahen uns an SALOMO GOLDFISH, DER ROSINENKÖNIG VON LONDON.

Salomo Goldfish hat heute morgen einen brief aus Amerika bekommen. Jossele, sein jüngerer bruder, bittet darin um geld. Es geht ihm nicht besonders. Man kann kaum behaupten, daß dieser tag gut beginnt. Auftritt der haushälterin Jente. Salomo Goldfish ist witwer. Ab heute wird gespart, sagt Salomo Goldfish, die zeiten sind schlecht. Jente soll fisch kaufen gehen.

Salomo Goldfish tobt. Rahel, seine einzige tochter und uneingestandener augenstern, will einen gewissen Leibele Karpf, einen medizinstudenten, heiraten. Dieser mensch muß andere fragen, wie spät es ist, ruft Salomo Goldfish, er besitzt nicht einmal eine eigene taschenuhr!

Salomo Goldfish verschluckt sich beim mittagessen an einer gräte. Er läuft rot an und droht zu ersticken. Sterbt nicht, papa, ruft Rahel verzweifelt, macht mich nicht zu einer elenden waise …

Die haushälterin schlägt Salomo Goldfish resolut in den rücken, die gräte kommt hoch.

Salomo Goldfish bleibt hart. Er will von Leibele Karpf nichts wissen. Leibele Karpf tritt auf. Er hält um Rahels hand an. Salomo Goldfish wirft ihn hinaus. Da ist die treppe – und brechen sie sich nichts … Leibele Karpf kommt zurück und extemporiert ein eben verfaßtes couplet. Salomo Goldfish und die haushälterin tanzen dazu.

Pause: Ein dickes mädchen geht umher und verkauft aus einem bauchladen ice-cream. Höchste zeit, sagt Erich Fried, und begibt sich auf die toilette. Man diskutiert allenthalben das stück.

Zweiter aufzug: Das orchester musiziert bereits aufs lebhafteste, der vorhang geht hoch.

Rahel und Leibele allein. Leibele hat einen brief fingiert, in dem er zum reichen erben bestimmt wird. *Rahel:* Leib, das kannst du nicht tun, das wäre betrug … *Leibele:* Na und? Und unser junges glück? Verstimmung zwischen den liebenden. Schicksalsmusik. Leibele geht dramatisch ab.

Salomo Goldfish muß nach Wilna reisen. Erich Fried kommt von draußen zurück und schiebt sich an den sitzenden vorbei. Pardon, pardon, pardon... So, do samma wida! Salomo Goldfish sucht wütend seinen zweiten manschettenknopf, wobei er einen koffer reisefertig in der rechten hält. Großes durcheinander. Man verdächtigt Leibele, Rahel ist indigniert.

Salomo Goldfish reist ohne den zweiten manschettenknopf nach Wilna.

Leibele tritt auf. Er will sich wieder mit Rahel versöhnen. So geht es ja nicht weiter. *Rahel:* Leib? *Leibele:* Ja, mein gold? *Rahel:* Leibele, sage mir, hast du papas manschettenknopf genommen? *Leibele:* Was soll ich nebbich mit einem einzigen manschettenknopf anfangen? Große versöhnung mit musik und tanz.

Onkel Jossele aus New York erscheint: Hi, folks! Wo ist Sal, my beloved brother?

Jossele Goldfish ist reich geworden und mit dem flugzeug nach London geflogen. Der bittbrief war nur ein scherz.

Jetzt weiß man; der wird helfen...

Ja, das waren noch zeiten. Und etwa an die 80 pfunde hatte ich auch noch zum ausgeben in der tasche...

Heute ist der 25. November und im Stadttheater Malmö gibt man in dieser saison stücke, bei denen es einem die schuhe auszieht. Ich habe gute lust, nach Warschau zu fahren, um einen richtigen rosinenkönig anzuschauen!

26. NOVEMBER.
Einige stunden mit dem wagen durchs land. Fast ein tiefer winter, kein schnee aber...
Sehr weit ab von der straße, um einen unwirklich hohen baum, sah ich spielende kinder laufen.

27. NOVEMBER.
Durch ein geräusch an der türe munter geworden. Ich dachte, es wäre der briefträger, aber es war bloß ein kalter luftzug und die dämmerung.

Der gouverneur der insel kleidete sich für den abend um, die gouverneurin der insel kleidete sich für den abend um und beider tochter kleidete sich für den abend um.

Vermittelt durch die dämmerung reiste der abend nach St. Helena ein. Buonaparte schwieg, nein brütete … die bäume der insel bewegten sich im alten wind, der mond, längst schon erwartet, tauchte im südwesten auf. Man trug das gästebuch in den garten, verteilte licht und gab diverse anweisungen.

In einigen gebälken der insel knisterte es.

Das erdbeben war freilich nur leicht zu verspüren gewesen [man hatte ihm blumen geschenkt], sein zentrum lag weiter südlich in der see. Ein seebeben, ein erbeben des herzens, ein landbeben, ein erbeben der hand, ein luftbeben, ein erbeben der stimme.

Gouverneur, gouverneurin und deren tochter begrüßten die gäste: einen kapitän aus Kamtschatka, einen bauchredner, einen militärarzt, eine primadonna aus London, einen studenten, eine blonde jüdin, einen sachwalter aus Lima, einen deutschen botaniker, eine schöne laborantin, einen stoiker, drei belgische dominikanernonnen mit stahlgitarren, einen landbernischen journalisten, einen komsomoltsen, eine dunkle jüdin, einen steirischen hutmacher, eine Annabel Lee, den Poldi Pötzlberger, eine meernixe mit blaugefärbtem haar, einen radioansager, marineattachés aus Frankreich, den fall des hauses Usher, das mädchen Rosemarie, Henry Miller mit kariertem frühjahrsmantel, eine australische autostopperin, admiral Byrd, einen unbekannten aus der Themse, einen ebensolchen aus der Düna, zwei blitzdichter und Jack Ruby in einer passenden Buffalo Bill-verkleidung.

Es ist 4 uhr nachmittag und dennoch gelingt es mir nicht recht, munter zu werden. Alex hat sich für sieben angesagt, der maler Bengt Rooke auch. Aber das ist nicht so schlimm, die beiden kommen sowieso später, um so mehr, als sie wissen, daß ich kaum außer haus gehe. Wohin auch sollte ich schon gehen?

Jack Ruby hat mich um erlaubnis gebeten, sich im klosett umziehen zu dürfen. Er besitzt einen reisekoffer voller déguisements.

Die fische um St. Helena nehmen gewisse farbtönungen an, jedoch eher diffuse. Sie sind außerdem über und über mit buonaparteköpfen tätowiert.

In den gebälken knistern die oiseaux d'antan. Es ist im zimmer so kühl geworden, daß ich einen lodenjanker über den pullover anziehe.

Jack Ruby hat sich wieder umgekleidet. Er trägt jetzt einen langen rauschebart und sieht aus wie Peter Ustinov in Charles-Dickens-maske. Er begibt sich in die stille gartengesellschaft, die sich unter vogelzwitschern in dunst auflöst. Die insel ist plötzlich buonapartisch einsam und menschenleer. Bloß Poldi Pötzlberger, Annabel Lee und die blauhaarige nixe bewegen sich langsam unter einer leicht umnebelten tamariske. Ich winke ihnen zu – da verschwinden auch sie.

Es ist noch immer 4 uhr.

28. NOVEMBER.

In Lund soll heute morgen etwas schnee gefallen sein. Ich glaub es – es ist dort immer um einige grade kälter als in Malmö.

Sollte es heuer sehr stark frieren, so möchte ich mich mit dem schlitten übers eis nach Kopenhagen wagen.

Mein vater war seinerzeit einer der wagemutigsten tobboganfahrer von der welt. Er hatte zwei söhne, Hans Carl und Erwin Carl. Ich bin zu meiner zeit, der wagemutigste schuldenmacher von ganz Deutschland und habe zwei töchter und einen natürlichen sohn, nämlich Patricia Maria Andrea, Marie Edmée und Patricio, welcher zugleich auch mein bester freund ist. Sollte ich aber noch einen sohn erzielen, so lasse ich ihn Carl Johan taufen. Carl nach mir und Johan nach meinem vater.

In Wien soll es, lt. Sydsvenska Dagbladet Snällposten nur mehr 1 grad plus haben.

Mein sohn Patricio schreibt mir aus Wien: Lieber Hansi, es ist schon sehr kalt bei uns. Ich stehe in der frühe gar nicht mehr gern auf. Wenn ich auf die gasse komm, da rennt mir gleich der eisbär nach. Da lauf ich aber ...

In der Agnesgasse sitzt über einem alten gartenportal ein steinerner löwe, er friert sehr, er friert seit vielen jahren jedes jahr, knurrt aber nie. Parkteiche sind um diese jahreszeit am frühen morgen immer leicht eingefroren, hauchzart von einer eiskruste überzogen, die sich später in hellen dunst auflöst und eine kurze weile über dem wasser schwebt. Die teiche und wassergräben im Königspark, die reifüberzogenen parkbrücken, vergleiche mit japanischen holzschnittbrücken, die schöne rote sonne und das weiße neonlicht um acht uhr morgens, die kunst des brückenkonstrukteurs im herbst, im winter, das betrachten von herbstlichem wasser und von einer brücke aus.

Die einhörner der landschaft frieren. Auch sie werden vom eisbären verfolgt.

Im sternbild des eisbären stehen, eis sagen und knirschen.

Löwe sein, nicht knurren.

29. NOVEMBER.

Un matin de Grand Guignol. Canevas dedié à Monsieur Ackermann de Kindswyler:

Jean und Pierre, zwei sergeanten, müssen vor hunden in den wald des Ogre fliehen.

Ein düsterer turm, der turm des Ogre, er ist gänzlich von unterholz umwuchert, wächst höher und höher in das unangenehme regenwetter.

Lise, die tochter des Ogre, schält eben eine zwiebel. Plötzlich sieht sie auf dem glänzenden fruchtfleisch die bilder der zwei soldaten. Sie schneidet sich vor überraschung in den finger. Der turm dieses Ogre hat zwei eingänge: einen sichtbaren und einen geheimen.

Der Ogre stapft durch den wald, daß die blätter stieben. Es rauscht schrecklich unter seinen stiefeletten. Dieser Ogre ist kurzsichtig, er hält die patronengurte der soldaten für rotkehlchen.

Jean und Pierre ziehen ihre uniformröcke aus und verbergen sie im fallaub. Etwas später stößt der Ogre auf die weggelegten monturen. Ich habe ein wachtelnest gefunden, sagt er.

Jean und Pierre essen bei Lise eine zwiebelsuppe.

Der Ogre setzt fröhlich seinen weg fort.

Der rittmeister begibt sich auf suche nach seinen deserteuren.

Die hunde haben versagt – er reitet mit gezogenem säbel.

Der Ogre kommt durch den geheimen eingang in seinen turm. Er steckt die uniformröcke an den spieß und brät sie.

Jean und Pierre vergewaltigen Lise zum dank für die zwiebelsuppe je siebenmal und zünden ihr hernach das bett an.

Der Ogre verspeist die gebratenen uniformröcke. Er spuckt, in der meinung, das seien die wachtelknochen, knöpfe und haken aus. Der rittmeister erblickt am horizont eine brennende bettstatt. Er galoppiert darauf zu, rettet Lise daraus und vergewaltigt sie ebenfalls. Der Ogre erblickt den liebenden rittmeister und hält ihn für einen sperber. Er hält alles für vögel. Er schlägt ihn mit einem stecken tot und ißt auch ihn auf.

Die zwei sergeanten haben nun den wald durchquert, sie sehen die gute stadt Paris, die sich vor ihren augen in einem lieblichen tale ausbreitet.

Der satte Ogre platzt an den patronen des rittmeisters, da er diese auszuspucken vergessen hat, in tausend stücke. Der düstere turm versinkt langsam in der erde.

Endlich, nach tagen, zeigt sich die liebe sonne. Und nun wollen wir versuchen, zivilkleider zu erlangen, sagt Pierre zu Jean.

Lise hat sich vorgenommen, Jean und Pierre zu suchen und packt ihre sachen in einen koffer.

Es wird langsam vormittag...

2. DEZEMBER.

Punch ist in den laden hinein, um ein federmesser zu kaufen, er will für Judy einen apfel schälen. Judy wartet vor dem laden lange, aber Punch kommt nicht mehr heraus. Nach einer weile erscheint der teufel und versucht Judy. Judy geht dem teufel nicht auf den leim. Punch erscheint noch immer nicht. Der teufel ersinnt sich eine list. Er erscheint Judy als meistersergeant mit riesigem schnauzbart. Judy hält ihm einen spiegel vor, wodurch der verkleidete teufel niesen muß und seinen falschen bart verliert. Die heilsarmee zieht mit klingendem spiel vorüber und Judy macht mit ihr die runde um den häuserblock. Punch ist noch immer im laden drin und der teufel wartet als junger lord verkleidet auf Judy. Judy kommt zurück und der verlordete teufel bittet sie, von ihrem apfel abbeißen zu dürfen. Die bitte wird ihm gewährt. Aber als er in den apfel beißt, verliert er das ungewohnte monokel, es zerschellt am boden und sein klirren erinnert Judy an die fenster der hölle. Der teufel zieht mißmutig ab. Er beschließt jedoch bei einem bier eine neue verkleidung. Punch ist noch immer nicht zurück und der teufel als seekapitän spricht zu Judy: Mein schönes kind, ihr sollt es gut haben in meiner kajüte, denn ich bin ein seekapitän aus Trinidad und heiße Alonzo Morgan... Judy beschließt, mit dem falschen kapitän mitzureisen, da erscheint jedoch endlich Punch mit seinem neuen federmesser. Wütend über dessen langes ausbleiben, schlägt sie ihm mit ihrem sonnenschirm einige male auf die lange nase. Punch fällt wie tot um. Der teufel ersieht in dieser wendung eine günstige gelegenheit, sich für die beiden abfuhren zu rächen, und verkleidet sich im handumdrehen in einen richter mit perücke. Luder, sagt er zu Judy, du wolltest diesen jungen mann wohl gar erstechen. Hier sehe ich blut – und da liegt ein nagelneues messer! Zwei behelmte polizisten erscheinen eiligst, pfeifen laut in ihre trillerpfeifen und nehmen Judy fest. Marsch, bringt sie vor gericht, constablers! sagt der teufel...

Judy steht zwischen den beiden constablers vor dem richter, der in wahrheit der teufel ist. Die zeugen mögen ihre aussage machen, sagt er. Er teilt sich und tritt als junger lord vor die schranken. Haben eure lordschaft den bedauerlichen vorfall mit dem jungen frauenzimmer gesehen? Ja, euer ehren, sagt der teufel zu sich selber. Danke. Er tritt darauf als meistersergeant auf. Nun, meistersergeant, habt ihr den bedauerlichen vorfall mit dem jungen frauenzimmer gesehen? Ja, euer ehren, sagt der teufel zu sich selber. Danke... Nun endlich erscheint er als seekapitän. Das junge frauenzimmer beabsichtigte ihren geliebten mit einem federmesser umzubringen. Habt ihr den vorfall gesehen? Ich kam gerade zur rechten Zeit, euer ehren, sagt der teufel zu sich selber. Danke...

Judy wird zu fünfundzwanzig rutenstreichen mit nachfolgender verschickung nach Australien verurteilt.

Fragen: In welcher straße Londons, Manchesters, Birminghams oder Liverpools liegt der laden des federmesserhändlers? Weshalb blieb Punch über eine halbe stunde in jenem federmesserladen? Wer befehligte das vorbeiziehende detachement der Heilsarmee – ein leutnant oder ein oberleutnant? Lispelte der teufel als junger lord oder sprach er frei von der leber weg? Trug er als seekapitän zivil oder seine schöne blaue uniform? War er als meistersergeant nüchtern oder betrunken? Hießen die beiden constablers, die Judy abführten, Nick Nack oder Chokemeat? Was tat Punch als er aus seiner ohnmacht erwachte? War der federmesserhändler vielleicht eine hübsche frau von dreißig? Wer vollzog an Judy die rutenstrafe? Schrie sie schon beim ersten streich oder erst beim fünften oder beim zehnten? Ist der teufel nun mit seiner versuchung zufrieden oder wird er Judy nach Sidney nachfolgen?

19. Juni 1856, warmes, sommerliches wetter, London, Manchester, Birmingham oder Liverpool, etwas nach 5 p. m.

Punch fragt seinen freund, den nichtstuer Philipp: Sag mir, Philipp, hast du nicht meine Judy gesehen? Sie hat mich mit ihrem sonnenschirm eins zwei drei vier fünf mal vor die nase geschlagen und als ich wieder zu mir kam, da war sie fort.

Punch und Philipp fahren mit einem gig durch alle passierbaren straßen der stadt London, Manchester, Birmingham oder Liverpool, um Judy zu suchen. Sie finden sie nicht mehr. Es wird langsam nacht.

In Australien steigt das morgengrauen taufeucht aus den billabongbäumen, auf allen flüssen erwachen die enten...

17. DEZEMBER.

Das wasserschloß Torup war vor etwa sechs wochen noch von den farben eines stillen, kühlbesonnten herbstwaldes umgeben. Das schloß liegt in einer mäßig tiefen, gepflegten mulde, die wassergräben vergangener jahrhunderte sind teils zugeschüttet, teil noch vorhanden und von wilden schwänen beschwommen. Durch das tor eines in der erinnerung turmhaften gebäudes gelangt man in die anlagen, welche dem publikum freigegeben sind; ein bescheidener, aber schöner spaziergang. Der eigentliche schloßpark ist durch täfelchen mit der aufschrift »privat« geschützt, eine warnung, die man auf schritt und tritt antrifft. Gitter gibt es keine. Am ende der promenade erhebt sich ein gußeiserner gedenkstein [oder ist's ein steinernes gußeisen?], auf dem eine legende besagt, daß er in der Neujahrsnacht 1900 von freunden des Nordischen Altertums enthüllt worden sei. Entsinne ich mich recht? *Enthüllungen:* Zylinder, weiße tücher, schwarze steife hüte, galoschen, rote nasen, akademischer harndrang, herzenswärme, Tegnérgedichte, vogelschwärme, unbeachtete worte, fallengelassene seufzer, herrenwäsche, geheim gezogene chronometer, militärs und kranzkuchen.

Die hauptsache: Hehre bänder, knappe lackschuhe und die festumrissene vorstellung von der göttin Idun.

Im festgefrornen schnee knirscht die herrliche vorzeit, die altvorderen spannen hosenträger, sockenhalter, bartbinden, leibriemen, ordensbänder, uhrketten, schuhriemen, cummerbunds, herzfasern, stiefelschlaufen, nervenstränge, krampfadern und die wartenden steigbügel. Im festgetretenen schnee knirscht die herrliche zukunft und der weiche schnee der luft rieselt in dichten flocken in die mattglänzende gegenwart.

Erinnerungen an schneeflocken: Unser eislaufplatz 1934 bei Jac Guldan auf der Schanzstraße, grenze zwischen Ottakring und Breitensee, tennisplatz während der sommermonate, windgeschützt hinter dem Circus-Varieté-Colosseum.

Die mama bringt uns um acht uhr abends immer heißen zitronentee in einer feldflasche. Das trinken am drahtgitter, die straße mit den winterlich kahlen robinienbäumen, der geruch nach mandarinen und dezembersternen, wollmützen, eiskristallen und altmodischen schallplatten. Weißt du, Liebling, was schön wär? Keine angst, ich sag es nicht... Der verschwommene applaus für eine Gyemesrevue aus dem hundert meter entfernten holzcolosseum, seine resonanz an den baumelnden straßenlampen und zwischen den flockendurchrieselten robinienästen...

O Mr. Brown, der Liebling der Fraun ...

Die schneeflocken schmecken leicht salzig, wenn man den zitronentee noch frisch am gaumen hat. Mein Bruder Erwin brach sich einmal beim eislaufen das bein. Er sagte zuhause aber kein wort davon, zerbiß mit den zähnen die schneeflocken als er die dreihundert meter bis heim in die Kienmayergasse humpelte. Zehn jahre später zerbiß er die schneeflocken am Ladogasee; das war noch halbwegs gut. Im drauffolgenden september war es nicht mehr gut, aber da gab es auch keine schneeflocken.

Worauf fallen schneeflocken: Auf entlaubte kirschengärten, ins dunkle wasser eines brunnenlochs, auf die herunterklappbaren pelzmützen finnischer sterngucker, ins gesicht einer schönen puppe, die ein kleines mädchen schnell über die straße trägt, auf faulende buchenblätter, vor eine weihnachtliche Buchhandlung in Saksköbing, ganz schnell zerfließend auf noch heiße brotwecken, auf die stadt Warschau, auf die metallenen teile eines karabiners, in die nähe einer rosa katzenzunge, vor die augen der wachtposten, auf eine nase, zwischen die fetzen einer entfernten musik.

18. DEZEMBER.

Ich habe heute ein manifest auf das machen von hampelmännern verfaßt [La grande autorisation du noble Pantin].

Das machen von hampelmännern ist eine sehr alte, sehr vergessene kunst. Ihre anfertigung ist leicht wie Irma la Douce, sie ist unschuldig lasziv und leichter als eine feder, sie ist ein kind, das mit den nackten armen und beinen seiner zelluloidpuppe spielt, eine süße, traumschwere vorstellung von etwas noch unbekanntem, wie etwa beim ausreißen der puppenarme und beine, welche man dann unter dem kopfkissen versteckt.

Das verfertigen von wirklichen hampelmännern ist ein nur wenigen bekanntes geheimnis. Hampelmänner sind aus allem zu machen, kein material ist zu kostbar oder zu minderwertig, selbst aus nichts andrem als straußenfedern kann man einen bauen.

Hampelmänner sind zweigeschlechtlich, sie sind eine einzige paarung in sich selbst. Hat man einen hampelmann gebaut oder verfertigt, so trägt man ihn zum nächstbesten fotomaton, wo man ihn fotografieren läßt. Ein erschwingliches verfahren, denn für vier, meist sehr scharfe, bilder, bezahlt man 5 österreichische schillinge oder eine DM oder einen NF. Schweden ist mit 2:00 kronen relativ teuer.

En rêvant des pantins: Träume, in denen hampelmänner vorkommen, sind angenehm, man trägt sie vorne an der brust wie die auszeichnungen sowjetischer militärs, einer bedeckt zur guten hälfte seinen nächsten. Sieben sind eine passende zahl. Man träumt, man mache mit ihnen in menschenüberfüllten parks vorstellungen, man betrachtet die unterschiedlichen reaktionen des zufallspublikums, ganz kleine Kinder läßt man die lustigsten betasten, die ätherischen trägt man lieber an langen runden stäbchen, polizisten bekommen einzelne fotos als bestechung. Vor den vögeln und schmetterlingen des parks aber heißt es auf der hut zu sein, denn die führen silberdrähte im sinn. Besonders schöngelungene hampelmänner sind meistens aus transparentem kunststoff verfertigt. Solche beklebt man mit negativkopien, die gewächse und pflanzen zeigen. Sie sind in den grundsätzen ihres wesens melancholisch und eignen sich sonderlich als unterbau für moderne argentinische tangos. *El tiempo viejo que xoro e que nunca volvera...*

Die große autorisation des Hampelmannes steht uns also [wie ein fuchs, der sich zum einbrechen in den nachtigallenstall anschickt] bevor.

$1/212$ nachts. Wenn man durch das fenster blickt, sternklarer himmel.

20. DEZEMBER.

Stiefmütterchen hat nattern geschlachtet, o weh, herr Landruquist, wie wehe...

Herr Landruquist ist stets bewaffnet mit psalmbüchern, kuchenstücken, füllfedern, hampelmännern, pelzfäustlingen, psalmbüchern, radiobestandteilen, rosenmessern, präservativgummis, eisschuhen, psalmbüchern, jägermützen, schlittenkufen, aspirintabletten, mähmaschinen, psalmbüchern, gartenscheren, polarsternen, spazierstökken, falschen nasen à la de Gaulle, psalmbüchern, fleckigen hunden, levkojensamen, studentenpässen, fliegenpilzen, psalmbüchern, falschen bärten à la Castro, lappenzelten, juckpulvern, geigerzählern, psalmbüchern, augentrost, riesenwürsten, wörterbüchern aller sprachen, fahrkarten, psalmbüchern, dampfschiffen, petroleumlampen, schneeschaufeln, skrupeln, psalmbüchern, schulheften, tannenbäumchen, lachsen, volvos und saabs, psalmbüchern, gottsuchen und teufelfinden, pfefferkuchen, kernsprüchen, katzen, psalmbüchern, tiefen grotten, bergwerken, erleuchtungen, grundlosen seen, psalmbüchern, einsamkeiten, ablehnungen, zustimmungen, schlechten witzen, giftphiolen, kavalleriesäbeln, reuekollapsen, muttis feenhaften fleischklößchen, psalmbüchern, atomkrebsen, suppenkaspern, tankwarten, schwachbieren, psalmbüchern, sprachkursen, verhinderungen, fleißaufgaben, kornschnäpsen, psalmbüchern, freibriefen, stecknadeln, wurfspießen, drohbriefen und einem helm auf dem entweder Stockholm oder Göteborg oder Lulea oder Malmö oder Linköping oder Eskilstuna oder Gävle oder Jokkmokk oder Tranemo oder Hönö oder sonstwas steht.

Weihnachtliches landleben des herr Landruquist: Großvaters drachenschmaus, o graus, schlimm geht das fest aus, die maus wird zur bösen fee, die den lindwurm in den bäuchen der esser wiedererweckt. Er dreht sich einmal um: O weh, herr Landruquist, wie wehe! Er dreht sich zweimal um: Hilfe, einen magenbitter! Er dreht sich ein drittes mal um: Die leichenbitter gehen von haus zu haus. Der schnee rieselt über Göteborg, in den umliegenden bergen stockt der autoverkehr, auch herr Landruquist muß aussteigen und zur schippe greifen.

Winterzeit, schön verschneit, weiß der welten weihnachtskleid...

21. DEZEMBER.

Ein Freitag und, nach dem schwedischen kalender, auf Oscar lautend. Ein schöner name, sehr ossianisch, sehr romantisch, an Ossi Wiener erinnernd.

Hier heißen viele so: König Oscar I., König Oscar II., der ort Oscarström in Halland, die stadt Oscarshamn in Smaland, Oscar Andersson, Oscar Bengtsson, Oscar Carlsson, Oscar Danielsson, Oscar Erixon, Oscar Frantzon, Oscar Gustafsson, Oscar Hansson, Oscar Ingmarsson, Oscar Johansson, Oscar Knutsson, Oscar Lennartzon, Oscar Mansson, Oscar Nilsson, Oscar Oscarsson, Oscar Pahlsson, Oscar Qvarnströmer, Oscar Ragnarsson, Oscar Sunesson, Oscar Truedsson, Oscar Ulfsson, Oscar Valdemarsson, Oscar Willemsson, Oscar [S]ixtensson, Oscar Yngwesson, Oscar Zakrisson.

In dem ort Tomelilla, das liegt zwischen Malmö und Ystad, soll ein pensionierter stationsvorsteher namens Oscar Qvorstensson leben, was ich aber für nicht sehr wahrscheinlich halte, da mein gewährsmann Alexander Himpel ein spaßvogel ist. Deshalb auch der hiatus Qvarnströmer in meinem obigen gedicht.

Die unter mir wohnenden menschen heißen nicht Oscarsson, sondern schlicht und einfach Karlsson mit K. Ich wohne im zweiten stock, die toilette befindet sich im dritten, neben der dachbodentüre, eine lage, die bei damen, welche mich hin und wieder besuchen, schrecksekunden auslöst. Im dachboden selbst haust, wie es sich für einen anständigen seeport gehört, ein richtiger, wenn auch retirierter Klabautermann. Er ist von geburt Jütländer oder Ostfriese, sein langer bart ist weiß bis käsefarben, der von der dunkelheit langer seereisen katzenhaft gewordene blick durchdringend und scharf, fast möchte man sagen karfunkelnd, sein gang wackelnd, aber fest, seine hand stramm im griff. Er trägt eine verschossene blaue seglermütze und, wenn er sich toilettierenden damen zeigt, seine medaillen aus sieben seeschlachten:

Tsushima, Skagerrak, Emdenunfall, Lord Kitcheners Eismeerunfall, Graf Spees La Plata Unfall, Roosevelts Pearl Harbor Zufall, KaLeu Priens U-boot Ausfall.

Fließendes wasser habe ich in der küche, allerdings nur kalt, um diese zeit [21. Dezember] auch an den fensterscheiben [gefroren] und an der inneren wohnungstüre [nicht gefroren].

Meine gasse heißt Grönegatan, meine hausnummer ist 42, ich wohne auf der stiege C, stockwerk habe ich bereits erwähnt. Ich habe keine etagennachbarn, aber eine herrenlose katze. Sie heißt Kisse, Misse,

Missemans uam. Sonst hat sie keine namen. Jeden morgen miaut sie vor der türe. Da geb ich ihr halt immer eine handvoll schweinegrieben und eine schale milch. Die schale hat ein blaues zwiebelmuster, ihr griff ist abgebrochen. Eine richtige katzenschale. Die herrenlose katze ist scheu, sie pfaucht und weicht zurück. Sie kennt mich nun schon an die fünf monate und dennoch pfaucht sie und weicht zurück, wenn ich mit den grieben und der milch komme. Alexander mag sie lieber, aber der redet auch schwedisch mit ihr. Auch schon was! Soll ich mich etwa wegen einer herrenlosen katze als linguist betätigen? Aber ihre milch und die schweinegrieben kriegt sie.

Meine wohnung liegt zwischen zwei höfen. Geht man durch den zweiten hof, so kommt man in die Jerusalemsgatan, eine sehr fromme gasse, ganz abgesehen vom namen. Unser nebenhaus no 13 ist die Anna Margaretha Stiftung, no. 19 die Baptistenkirche Ebenezer, beide wunderschöne ziegelbauten, Anna Margaretha weiß getüncht, Ebenezer naturbelassen und mit einem ordentlichen vorgärtchen hinter einem gußeisernen zaun. In dem vorgärtchen wächst allerlei grün, petersilie ausgenommen. Jerusalemsgatan 11 ist jedoch der eingang zum hof, dem meine vier zimmerfenster zugewendet sind. Alles edler backstein. Aus drei großen dachluken ragen drei feste aufzugsgalgen mit phallischer gewalt. Weiß der teufel, was sie daran früher hochgewunden haben. Gebrauchte petroleumöfen, inrusobetten, heu, waschtischchen mit marmorbelag etwa?

Im sommer war es in unsrem zweiten hofe immer lustig. In seiner mitte befindet sich eine teppichklopfstange samt einer festgefügten plattform zum teppichhinlegen. Darauf saßen tag und nacht die saufbrüder der umgebung. Hier heißen solche leute alkisar. Alkisar sind leute, die lieber was trinken als nichts. Alle Schweden vom alten schlag trinken lieber was als nichts. Reifere herren mit feinen polarsternen, die sie auf die handrücken tätowiert haben, nautisches volk, leute mit viel zeit, leser der ›Arbeit‹, immer wankend, nimmer fallend. Lars, John, Olav, Algot mit der doppelglatze, der blatternarbige Ludvig, Einar mit der ewig eingebundenen hand, der feine Erik mit dem mittelscheitel à la Valentino, alles grundgewitzte branntweinliebhaber. Unsre deutschen Doornkaatisten würden ob dieser

quantitäten und stärkegrade augen machen. Der gewöhnliche Cott-
buser beim Pohlmann in der Droysenstraße ist dagegen das reinste
aperitifchen. Am ausgang zur Grönegatan wohnt der vizehauswirt,
ein noch junger mensch, ungekämmt und mit etwas verwirrten bewegungen. Einmal aber war er gekämmt, das war am Tag der schwedischen Fahne. Auch ein junger hausbesorger darf ein patriot sein,
das steht ihm zu, Schweden ist ein demokratisches land.

Kommt man in die Grönegatan, muß man über ein pflaster maus-
großer kopfsteine. Es sind tatsächlich fossilierte mausrücken, grau,
wie es sich gehört, mit feinen branntweinflaschenscherblein bedeckt,
leicht grasbärtig, ebenfalls grau. An einer werkstattmauer, hellroter
backstein, ist mit weißer kreide ein ebenmäßiges fußballtor gezeichnet. Davor kicken an hellen, freundlichen sommertagen únsre hof-
leute zur entspannung das leder.

Wir gehören allesamt zur pfarre St. Petri...

Lord Listers Briefe am Nachmittag

»– Votre lettre . . .
– Ma lettre? . . .
– Oui, celle qu'un commissaire m'a
  apportée de votre part à l'hotel.
– De ma part? Vous etes fou?
– Je vous jure.
– Ou est cette lettre?«
(Maurice Leblanc)

1.

Jetzt komme ich, ich bin noch lange nicht gestorben, mich ergreift
kein schwindel, ich gehe über die dachfirste, ich trage einen burberry
und mein steifer hut glänzt herrlich im mond, ein sammler blauer
briefmarken bin ich, ich habe haie erlegt, mein blonder schnurrbart
gibt mir gesträubt balance, zwei meiner ahnen waren bereits mond-
süchtig, ich spreche portugiesisch akzentfrei und bestürze ganz Lissabon, ich berühre die auftauchenden schornsteine mit meinen feinen
handschuhen, die schwere meiner rocktaschen rührt von abmontier-
ten klaviertasten her, die ich meinem gleichgewicht entsprechend verteilt trage, sie sind ohne ausnahme in den innentaschen meines rockes,
zwei meiner ahninnen stammten aus Philadelphia, sie liebten männer mit seglermützen, ihre augen waren blau wie meine wertvollsten
briefmarken, ich spreche französisch akzentfrei, ich bestürze ganz
Paris wie ein donnerschlag im april 1911, ich besteige die dachrinnen
und befestige diebshaken an den unterliegenden fensterkreuzen, ich
besitze eine verdammt starke stablampe für meine dachlichen expe-
ditionen, meine schuhe sind weder zu eng noch zu weit, denn ich
komme direkt aus Parma, stadt der öffentlichen veilchen, wo ich
einige zeit gelebt habe, ich war als buchhalter einer blumenfirma verkleidet gewesen, mein ganzes sinnen und trachten ist auf viel geld
gerichtet, ich habe eine anzahl schwertfische in der karibischen see
erlegt, ich bin kühl, ich kenne sämtliche Azoren, meine liebesbriefe

beschwere ich mit kleinen ankermodellen aus platin, einige zeit war ich auf besuch in Wien, ich beherrsche die listen und literaturen der Araber, mein algerisch ist blumig und fehlerfrei, ich schulde keinem die miete, ein einglas trage ich an einer schwarzen schnur, verberge eis und eine fotografie des rauchenden Hekla im portemonnaie, ich habe eine sehr junge schwester, machs gut, sage ich, und verlasse sie auf den bahnhöfen des westlichen Europa, ich wechsle meine namen, verkaufe mich nie, kaufe aber taschentücher und krawatten auf dem Marcusplatz, stehle wertvolle stiche, kenne eine frau Collins (sie ist keine Engländerin!), bin aber mit ihr nicht sonderlich befreundet, wenige telephonnummern habe ich im kopf, zwei meiner besten freunde fielen im Weltkrieg II, einmal kam ich aus Manila, jetzt gehe ich in burberry und melone über die dachfirste Lissabons, der mond hat sich in meinem schnurrbart vergarnt, ich ziehe ihn deshalb hinter mir her, er ist folgsam wie ein spitzhund, er bellt nicht, er knurrt nicht, er verrät mich nicht, es sind auch keine spiegel um eine expedition aufgestellt, ich bin stets ohne pistole, ich bin kein ober-leutnant, mein paß nennt keinen besonderen beruf, ich höre zu, was die leute reden, ich versorge jeglichen tratsch in nett gebundenen alben, er erinnert mich an briefmarken, nur weniger blau, haben sie acht, mein herr, ein falscher grotesktritt und es kann tödlich werden, man ist den löwenanteil seines lebens ungebeichtet, zwei pfauen in perlschnüren kreuzen meinen nächtlichen spaziergang, sie sind keine engel, sie stehen für gerissenen fotografen modell, sie erscheinen häu-fig im Playboy, meine stablampe beleuchtet einen auftauchenden schornstein, der mich an eine nacht in Parma erinnert, das hätte mein tod sein können, wie hieß es doch? das wurfinstrument hätte den mixer in den rechten arm getroffen, auch dort waren keine spiegel in der nähe, ich führe meinen spitzhund vorsichtig um den schorn-stein, er ignoriert die katzen der dächer, er ignoriert die katzen der straßen und die der geheimen häuser, vielleicht, daß er zu viel milch säuft und veilchen beschnuppert, aber sonst ist er ein gutes tier, er besitzt die seele einer wirklichen taube, ich werfe einige telephon-nummern an die ersten fenster unter mir, einige leute bewegen sich unruhig im schlaf, sie erschrecken an den zeilen der zeitungen ihrer träume, messer raus, licht aus, licht aus, messer raus! frau Collins, sagte der alte major Andrade, ist eine mistige giftmischerin und wird noch ein schlechtes Ende nehmen, frau Collins, sagt José, der mixer, hat ne ganze wucht von feinden, einmal erwischt es sie ja doch, frau Collins, sagt Ahmed, ist süchtig wie eine sau und außerdem eine schäbig alte hure...

Gestern las ich in der zeitung, man hat in einem nachtclub mit einem messer auf frau Collins geworfen, das wurfinstrument traf jedoch den mixer José und zwar in den rechten arm, es waren keine spiegel in der nähe, frau Collins muß eine außerordentlich böse person sein... Ich frage mich: wieviele trachten frau Collins nach dem leben?

5.

Hier heißt es unter den bauersleuten, der Heiland wäre an den jacarandabäumen vorübergegangen, die briefe seiner apostel aber, die er in der brusttasche seines rockes mittrug, hätten sich vom regen aufgelöst, die tinte wäre zerflossen, sie hätte sich mit der feuchten luft vermischt und wäre hernach in die vorher weißen blüten der jacarandabäume gekommen.

Wie ist das zu verstehen, frage ich mich, oder welcher abend oder morgen hat diese fabel ausgelöst?

Ich schreibe dir diese zeilen aus dem schatten einer jacaranda. Mir gegenüber steht ein haus unter vielen häusern, doch fällt es unter diesen auf. Es ist um eine etage höher als alle anderen, hat einen besseren anstrich und zwischen den eisenstäben seines balkons (sie sind wie äsculapnattern gewunden) stecken noch zwei palmwedel, gekreuzt, verdorrt, farnbraun geworden, eine vergessene ostererinnerung.

An den blauen blüten schwärmen bienen. Ihre königin ist, das ist noch nicht lange her, getötet worden, glatter mord. Ich habe es in der zeitung gelesen. Man schreibt in diesen tagen über vieles. Zum beispiel über Dalibor Ruiz Pereira, den verwegenen bankräuber. 300.000 escudos in tausendernoten sollen ihm vorvorgestern in die hände gefallen sein, ein vorzüglich ausgedachter überfall (im alleingang), auf dessen einzelheiten ich nicht näher eingehen will. Ruiz Pereiras palmzweige leuchten zur zeit in frischestem grün, er hat die grenze nach Spanien überschritten, wird sich mehrere bienenköniginnen leisten, einen chicken ort an der see aufsuchen und sein leben als playboy fortsetzen.

Ob ich Ruiz Pereira kenne? Ich bin ihm einige male in nachtclubs begegnet, er trägt stets einen englischen regenmantel und seine herzseite weist eine kaum wahrnehmbare buchtung auf: die gehalfterte pistole, die er wie eine neue geliebte tagtäglich einölt, mit zarten worten bespricht, mit der rechten handfläche, indem er sie in der linken wiegt, verträumt liebkost, ein verwöhnter gegenstand, dem er die eine hälfte seines kissens zuteilt.

In der blauen jacaranda sitzen die bienen und ein männlicher vogel, den ich nicht sehe, dessen stimme ich aber hören kann. Er kam in dem augenblick hierher, als Ruiz Pereira mit seinem gefälschten paß bei Bragança über die grenze fuhr. Ein männlicher vogel hat mit Ruiz Pereira die staatsangehörigkeit getauscht.

Ruiz Pereira verließ Portugal im nachtzug, er benützte den schlafwagen, seine palmzweige grünen.

Was soll ich dir sagen? Das haus mir gegenüber besitzt zwei etagen und ist kein Gotteshaus, o nein, es hat läufer und messingstangen, anglikanische toiletten, seine orgel ist eine amerikanische musikbox marke Seeburg, sein tabernakel ein büro mit fotoalben und karteien, im patio befindet sich ein springbrunnen und eine hollywoodschaukel, der papagei ist nach 103 Jahren lebens gestorben, sein grab ist unter pelargonien im vestibül, die eigentümerin heißt frau Collins. Wer ist frau Collins? Eine dame von etwa 31 jahren (jedoch keine Engländerin, Griechin vielleicht, möglicherweise Libanesin), die früher dunkles haar hatte, doch lernte ich sie bereits in dem blond kennen, das hier so selten ist, um echt zu sein...

Die jacaranda ist ein baum mit blauen blüten, die azalee hat rote. Der zweck heiligt die mittel: der bienenschwarm über mir arbeitet in doppelter schicht, um eine summe von 300 000 escudos aufzubringen. Soviel kostet der Vogel, der unter ihnen und über mir weilt.

Was sie von ihm wollen, fragst du mich? Er soll ihnen die nachfolgerin der getöteten königin auftreiben. Er kann es, ist aber, wie du selbst siehst, in seinen forderungen durchaus nicht der bescheidenste.

Vor vierzehn tagen etwa schrieben die tageszeitungen, man hätte in einem nachtclub versucht, frau Collins mittels eines geschleuderten messers aus dem wege zu räumen. Kein mensch sah den täter, wollte ihn vielleicht auch gar nicht sehen. Das wurfinstrument fehlte frau Collins um einiges und traf den rechten arm des mixers, der eben nach einer flasche Bacardi griff. Es waren keine spiegel in der nähe. Frau Collins ist die eigentümerin eines taubenschlages. Wer trachtete ihr nach dem leben?

Wie ich erfahren habe (der major Andrade zog mich in sein großes vertrauen), soll die rechte straßenseite bis zur nummer 25 der frau Collins gehören, alles ziemlich hohe mieten für hiesige begriffe. So läßt es sich auch leben! Abgesehen davon, was frau Collins taubenschlag einträgt, rechnet major Andrade mit etwa 300.000 escudos jährlich. Eine schöne summe!

Wer trachtete frau Collins nach dem leben?

Eben steigt ein junges mädchen mit chiffontuch und einem blaugeschlagenem auge in das erste taxi des standplatzes links unten an der ecke. Der fahrer scheint sie zu kennen, er wechselt einige scherzhafte worte mit ihr, die ich aber auf diese entfernung nicht ausnehmen kann. Azaleen haben rote blüten. Gestern trieb mir der wind eine solche durch das fenster in mein hotelzimmer. Ich wohne zu ebener erde, mein fenster liegt dem garten zu. Die blüte war schon längst angewelkt, ich habe sie sofort mit einem klebestreifen an der zimmertür befestigt, welkes rot auf cremeweiß. Seit einiger zeit schon klebe ich eine menge dinger auf (oder verwende bunte stecknadeln), besonders kinokarten, selbstgebrauchte wie zugewehte, gefundene. Das gefällt mir, ich schaffe mir mit ihnen eine zufällige umwelt. Du wirst es nicht glauben: gestern habe ich sogar eine kinokarte aus der handtasche meiner eben abwesenden begleiterin gestohlen. Es war aufregend! Sie ist hellblau und (da sowas meist in der dunkelheit mit hilfe schlechter stablämpchen geschieht) schlampig abgerissen. Die hälfte des kontrollkupons ist noch daran, aber das wort CINEMA links oben lautet bloß mehr EMA. Es ist sieben uhr nachmittags, die mittäglichkeit des bienenschwarms hat sich durchaus noch nicht vermindert, der unsichtbare vogel raschelt hier und dort durchs laub, hin und wieder fällt eine der blauen blüten, trifft manchmal die parkbank, manchmal das staubige trottoir. Drei häuser von dem der frau Collins weiter nach links, an der ecke, ist ein taxistand, drei vier freie taxis, ihre fahrer lehnen an der weißen hauswand, sie rauchen zigaretten.

Eben stieg ein mädchen mit chiffontuch und einem blaugeschlagenen auge in das erste taxi und fuhr weg. Ich habe um halb acht eine verabredung in der Stadt und werde deshalb ein taxi nehmen. Demnach folge ich einem mädchen mit chiffontuch und blaugeschlagenem auge. Wer aber wird mir, einem liebhaber blauer kinokarten und ebensolcher jacarandablüten folgen?

Wir haben heute den 19. april. Wenn du am 21. diesen brief vorfindest, werde ich mehr von diesem heutigen abend wissen.

6.

Dieser herr sollte eigentlich hinken, sein rechtes bein ist durch irgendeinen vorfall um einige (sagen wir drei) zentimeter kürzer geworden, er verbirgt diesen mangel jedoch geschickt, er trägt keinen spazierstock, hat eine blume, nelke oder rose, am rockaufschlag stecken und scheint vergnügt wie einer, der in den nächsten augenblicken die frau auftauchen sehen wird, von der er weiß, daß er sie bald liebt.

Es ist vier uhr nachmittags, ein strahlend blauer apriltag, vom atlantischen meer weht eine angenehme brise her, die blätter der platanen bewegen sich leicht und harmonisch, vor der schlachterei gegenüber (ich sitze hier auf der veranda einer bar) steht der schlachter, ein brünetter mann mit weißer schlachterschürze, sein langes streichmesser baumelt vor dem rechten knie und spiegelt sich in der schönen bläue dieses nachmittags.

Der herr mit dem kürzeren fuß hält einige meter von mir an, er nimmt eine zigarette aus einem etui und entzündet sie gemächlich, er betrachtet dabei einen hund, der sich um den stamm einer platane spreizt, lächelt und denkt kaum an eine frau, die in den nächsten augenblicken auftauchen könnte, sondern eher an sehr, sehr viel geld.

Der schlachter sieht blinzelnd einem milchauto nach, es ist ebenso cremeweiß wie die schürze des schlachters, er nimmt seinen rechnungsblock, den er vorne an der brust stecken hat, gähnt und notiert die nummer des milchautos.

Die sonne fällt funkelnd durch das frische laub der platanen und flimmert auf dem eisstückchen meines campari, der herr wirft das abgebrannte streichholz weg, er pafft einige rauchwolken nach dem grünen himmel der platanen ehe er seinen weg fortsetzt. Ja, mein lieber, wer würde *nicht* unentwegt an sehr, sehr viel geld denken? Ich tue es. Blöd werde ich sein und anderes im sinne haben! Auch der schlachter denkt an nichts anderes als geld. Wozu hat er denn diesen fettigen rechnungsblock vor der brust? Das ist kein gebetbüchlein, mein bester. Die kälber, lämmer und schweine sind ihm vollkommen wurst, ihr tod oder ihr leben schert ihn keinen furz, sie sind ihm bloß ein mittel zum zweck – und der zweck heiligt die mittel, das kannst du nicht bestreiten. Sei doch ehrlich, du denkst doch genau so wie ich oder dieser herr mit dem kürzeren fuß oder der joviale schlachter mit seiner weißen blutschürze und dem eisblanken streicher!

Die luft über meinem campari ist salzig und frisch, tausende bunte colibris ritzen ihre kristalle, das diminutive knistern ihrer kleinen schnäbel dringt auf mich ein wie echos einer ans ohr gehaltenen seemuschel. Ich nippe an meinem campari und pervertiere seinen sakralen septembergeschmack mit diesem lieblichen atem des april, der mich umschmeichelt.

Milchauto und herr mit kürzerem fuß sind verschwunden, sie hinterließen eine nummer am rechnungsblock des schlachters und ein verkrümmt abgebranntes streichholz. Der hund ist nun am zeitungskiosk und schnuppert unterhalb einer angenagelten Claudia Cardinale, er spreizt sich und scharrt mit den schmutzigen hinterbeinen, der schlachter geht in seinen laden zurück, er schiebt sich seitlich durch die ladentür, er ist ein ziemlich breiter mann, nicht besonders groß, aber (wie man sagt) wuchtig. Das porträt eines rechtschaffenen schlachters.

Frau Collins, die ich gestern abend (nach drei tagen) wieder im SOBRETUDO sah, schlachtet, wie mir der alte major Andrade berichtet, zu ihrem vergnügen enten und gänse, sie nimmt ihrer köchin diese umständliche arbeit gerne ab. Das soll so gehen: eines ihrer mädchen hält das geflügel zwischen den zusammengepreßten schenkeln, frau Collins, ebenfalls nackt, bindet eine plastikschürze um und rrritsch – ein vogelkopf schwirrt durch den lila salon. Das messer, welches sie dazu verwendet, soll stets das selbe sein. Es ist übrigens 30 cm lang, 5 cm breit und verjüngt sich erst ab dem 23. cm in eine scharfe spitze, eine art dolch und von der selben marke dessen, das man vor einigen nächten im SOBRETUDO aus dem hinterhalt nach ihr warf.

Einmal (laut major Andrade), als man im haus der frau Collins einen ganzen schwung aristokraten aus der provinz als abendgäste erwartete, soll die Olga Monteiro für frau Collins ungefähr zwanzig gänse gehalten haben. Ihre Beine schwammen in einem gehörigen blutbad, versicherte mir vergnüglich schaudernd der major Andrade. Olga Monteiro soll die rechte hand der frau Collins sein, ich würde sie aber eher als deren zwillingsschenkel bezeichnen. Jedenfalls sind die beiden (wie man hört) dicke freundinnen, ich habe sie häufig zusammen im SOBRETUDO gesehen.

A propos SOBRETUDO. Der mixer José ist wegen seiner verletzung seit dem vorfall in krankenurlaub. Seine stelle vertritt jetzt ein engländer namens Tom, ein etwas mickriger, ledergesichtiger mensch, der wie ein fußballreferee aussieht und aus Liverpool stammt. Er kennt noch keinen seiner gäste und muß jedermann um seine besonderen wünsche fragen. Bei José war alles viel weniger umständlich, der wußte seine liste schön auswendig…

Ich muß hier an dieser stelle meinen brief unterbrechen. Etwas schreckliches ist passiert, mein dunkler anzug über und über mit staub und kalkteilchen überrieselt, mein campariglas zerschellt am gehsteig, das eisstückchen schwimmt, nein liegt, in einer hellroten lache, die sonne flimmert nicht länger darin, es ist zu diesig – der laden des schlachters, von dem ich dir eben schrieb, der laden des mannes mit der milchweißen unschuldsschürze und den gewichtigen schultern ist vor einigen augenblicken mit all seinen schweinen, lämmern und kälbern explodiert.

Soeben beginnt die polizei die betroffene stelle abzusperren, eine ambulanz ist zu erwarten, schon fährt sie vor, die sanitäter springen aus dem auto, die bahre rutscht auf kugellagern aus den sich öffnenden türflügeln, hinein in das rauchende loch einer ehemaligen fleischerei… Die sanitäter kommen mit der bahre wieder heraus, sie ist gummi-weiß bedeckt, kein kopf, bloß ein schwarzer schuh vorne, etwas komisch verdreht, wahrscheinlich der schlachter oder das, was von ihm über sein mag, kunden waren im moment der explosion keine im laden. Das ganze verschwindet auf kugellagern …

Eine bombe? Ich frage mich: wer trachtet an einem tag wie diesem einem schlachter nach dem leben? Gings um das leben der frau Collins – schön und gut … aber wer haßt einen gewöhnlichen schlachter, der nichts anderes im sinn hat als durch sein metier geld zu verdienen?

Das ladenschild mit den glitzerbuchstaben ist seitlich heruntergerutscht (die ambulanz fährt durch die sich widerwillig teilenden neugierigen), die inschrift TALHO fällt wie eine kleine kaskade senkrecht ab, das radio im lokal hämmert unbewegt ESO BESO, ein hund hat sich durch die polizeisperre gemacht und schnuppert zwischen den trümmern, die bis in die straßenmitte reichen, herum, er hebt eines seiner schmutzigen hinterbeine, er pißt.

Ich werde einen neuen campari bestellen, es riecht stark nach staub und schweflig, die sonne flimmert jetzt durch myriaden staubteilchen und funkelt auf meinem neuen camparieisstückchen, wenn ich die rote flüssigkeit im glas leicht schüttle …

Der laden des herrn Vaz explodierte präzis vier uhr zehn westeuropäischer zeit. Es ist jetzt vier uhr zweiunddreißig, 21. april 1964 und dank einer frischen atlantischen brise das herrlichste wetter von der welt.

Ich wünsche dir, daß du nicht schlechter atmest als ich, bleib mir gewogen &c. &c.

7.

Ich gehe mit meiner *strecicapolamaioia*, das ist streichholzschachtel auf *atlanticoplurra* oder *atlandrefb* (beides atlantisch), über die dächer der rua das Indias. Ihre eingetragene warenmarke (ein gelber untergrund mit oranger und knallblauer aufschrift) besagt nicht viel, sie heißt etwa ZISCH & FLAMM oder RAUCH & PUFF oder X-RRIPURRUI XARC (auf atlantidisch), ich habe sie in der seitentasche meines nächtlichen burberry, kein mond, kein mord, kein stern, die abgelegten ketten und perlen der damen in den sea-resorts ruhen weich auf sammetepithalamien und werden zum hundertsten male durch ihren eigenen glanz defloriert (*guanch rrfix xauna artzo* auf atlantisch) seufzen sanft bis platinen etuis, vergehen vor sehnsucht nach gliedmaßen, neue schornsteine tauchen auf und verstellen meinen weg (man umgeht sie aus gewohnheit; andre würden sie übersteigen und möglicherweise durch senkrecht und ruß rasen), kommt hier und dort an televisionsantennen vorbei, schlafende sperling darauf (kleine, von pianistinnen träumende sperlingsmännchen). Meine lust flackert wie die frische kerze einer eben nackt aus dem schlaf erwachten, die mit durstigen augen ihre pochende scham besieht, schwarz, es ist neumond, ich erblicke von weitem schon das fotografenatelier der frau Patilull, es ist ein altmodischer gartenpavillon, der auf dem dach eines dreistöckigen hauses thront, grünverwachsenes bretterschlößchen, China der dunkelkammern und freundlichen negative, eine eiserne treppe mit geländer führt aus dem dachboden der frau Patilulls sentimentalen gartenkulissen, vor die schwarzen tücher und silberlösungen. Noch umgibt mich dieses nachtblaue technicolor der open air, tropennacht aus schmetterlingen und asbestgeruch auf komischen laufstegen, ich kontrolliere meine strecicapolamaioia, sie ist angefüllt wie der bauch eines quadratischen hais (schön ruhig, zisch! schön ruhig, flamm! zisch! flusch! flirsch!), die luft ist bereitwillig trocken, kein stäubchen von wind, ich steige über die verschlossene dachluke des hauses rua das Indias 56, die warme nacht umschwärmt mich wie einen star, die prächtigen sterne (ahh!), das schweißband meines hutes ist kühl und trocken wie das herz eines Engländers um 1890 ... Aufgepaßt: hier die leiter, hier der zugang – breite eiserne tritte, jeden tag von frau Welda Patilull, 27, erstiegen, brustbild gut entwickelt, haar dunkel, lippen etwas streng, leise ahnung des schnurrbartes, ach, ein flaum bloß, ein fläumchen. Meine streichholzschachtel dreht sich satt in der tasche (was führt sie atmendes im schilde?), der zeitungsleser weiß: wie war es in Marseille? wie in Barcelona? wie in Málaga? – Meine stablampe trifft das diebssichere schloß, der sesam springt finster auf, da bin ich! Xaclabec azrourf nicpil ti ci guancurri antzo!

Im atelier der frau Patilull riecht es nach patchouli und entwicklern, in einem großen korbsessel sitzt eine puppe mit schönen starren schielaugen, sie hat ein neues weißes princesskleid modell 1919 an, an ihrer maulbeerfarbenen wange, genau eine fingerbreite unterhalb des linken jochbogens, klebt ein muoch, sie reicht mir stehend bis an die schultern, Zabra, das lieblingsmodell der frau Patilull.

Verdammt, daß ich meinen diebssack vergessen habe! Aber wer denkt auch an sowas, wenn er ein fotoatelier anzünden will? Ich überlege blitzschnell, wie Zabra aus dieser gefahrenzone schaffen. Sie hier in einem flammenmeer sitzen lassen kommt überhaupt nicht in frage, zu oft nur habe ich sie im Playboy bewundert, nackt, fast nackt, halbnackt, bekleidet, ... Wonderful Zabra! Die einzige möglichkeit ist, ich nehme sie wie ein gorilla unter den arm und zurück mit ihr, an schornsteinen vorbei, an televisionsantennen vorbei, durch die dachböden, über die blitzableiter, durch die gärten, in mein hotel- zimmer (in dem ich seit gestern ein piano stehen habe). Beloved Zabra, je te jure, I'll never forsake you or leave you in destress!

Gegen drei uhr morgens läutet es bei frau Patilull. Telefon. Ist es Carmen von Bizet? Nein, es ist die feuerwache, os bombeiros..

– Frau Patilull?

– Ja, was ist? Warum wecken sie mich mitten in der nacht?

– Hier ist die feuerwache ...

– Ja, und? ...

– Es tut mir leid, daß ich sie geweckt habe, aber ihr fotoatelier brennt ...

– Wie, mein atelier?

– Ihr atelier auf dem dach das hauses 56 der rua das Indias ...

– Mein Gott, Zabra, sie müssen Zabra retten!!

– Wer ist Zabra? ...

Zabras mouch unterhalb des linken jochbogens hat sich gelöst und ist in irgendeinem garten zwischen palmen und agaven verschwunden *(arrastafurri tiphrour filfil du ...)*. Ich nehme eines von denen, die Rita bei mir vergessen hatte als es draußen regnete und klebe Zabra ein frisches an *(xauri phel)*, ich öffne die flügelfenster, lasse die nachtluft ins zimmer, die gardinen treiben wie brautkleider durch die korridore eines gesunkenen luxuskreuzers, jasmin riecht stark, tau tropft – süße Zabra! Ich habe sie auf meinen virginischen sprossensessel gesetzt, ihre schönen schielaugen glitzern im elektrischen licht des kristallüsters, ihre vollen lippen locken ...

Unergründliche Zabra, jetzt bist du gerettet! Hier ist jasmin, hier steht ein piano, hier kriecht nicht mehr das süßliche patchouli der verhurten frau Patilull an deinen hellen schenkeln hoch, hier schläfst du in *meinem* bett, hier fotografiere *ich* dich, hier entwickle *ich* dich, jetzt bin ich es, der die immens dicken honorare vom Playboy ins haus geschickt bekommt, und wirst du mir untreu, ich warne dich, warn you – so knall ich dir die sechs kugeln aus der pistole, die mir der major Andrade jederzeit borgt, knall durchs mieder zwischen deine schönen maulbeerfarbenen brüste! ...

Es ist vier uhr morgens, mein erster brief, den ich *nicht* nachmittags schrieb, er geht noch heute früh an dich ab, ja, Zabra, ich schicke dir diesen brief mit den kühlsten, blauesten briefmarken Portugals, denn *ich* bin es, der dich aus dem verheerenden brand bei frau Patilull gerettet hat.

Lissabon, den 28. april 1964, with love, kiss, kiss, kiss!

15.

Gott sei dank, daß du mich in diesem augenblick meines neugewonnenen status nicht sehen kannst, ich würde dich abstoßen, oder schlimmer noch, du würdest mich bemitleiden oder verlachen. (Die jacaranda übrigens, damit ichs nicht wieder vergesse, du fragtest mich unlängst wegen ihr, blüht nicht mehr, hat zwar ihr schönes grünes dach, doch ist alles blau aus ihr gegangen.) Wie ich aussehe, fragst du mich: Bitte, ich kann dir ja schildern, was wirklich an mir geschehen ist. Meine augen, um mit dem licht der welt zu beginnen, sind nicht mehr um vieles größer als die eines kaninchens, mein gesicht hat mir eine zweite nase geboren, sie sitzt zwischen den erbleichten augenbrauen, mein mund, oder das, welches man früher als mund hätte bezeichnen können, ist unter einwirkung des mondes und einer riesenzitrone geschrumpft, meine stimme ist dadurch piepsend geworden, ein violetter gorillapelz bedeckt die fluren meiner wangen, ein blauer wolfshauer dringt aus meiner älteren nase, durch diesen umstand ist mein linkes nasenloch ständig verlegt, meine rasse ist weder weiß noch gelb noch braun mehr, mit indianern habe ich nichts gemeinsam, wohl aber mit der bauchhaut eines hundertjährigen papua, meine ohren gleichen großen blättern, denen der tropenwurz ähnlich, das kinn ist mir schwer und blutunterlaufen ohne jedoch schmerz zu verursachen, meine zunge ist noch normal, schickt sich aber an, in ein gewisses lila überzugehen, mein haar, schütterer als sonst, steht mir, obgleich ich keinerlei furcht in mir trage, hoch zu berge, mein ganzer kopf riecht nach einem süßlichen gemisch von veilchen, autobenzin und kampfer.

Du kannst dir denken, daß ich nur mehr mit einer maske (Ladislao Pinter fertigte sie an) auf die strasse trete. Schon zu anfang meiner verwandlung sagte mir der oberst Andrade: »Lister, mit ihnen kann man sich bald nimmer sehen lassen. Wenn das so weitergeht ...«

Nun, ich habe dennoch vor, es in den nächsten tagen bei meiner neuen wahren (oder wahren neuen) natur zu belassen, ein wirklich kühner wie unmenschlicher entschluß, denn wie mag es mir ergehen und wie wird es denen ergehen, die mich in meiner wunderbaren pracht erblicken? Ist auch gleichgültig. Wer verbietet mir, daß ich jedermann, der mir mit abscheu oder schrecken begegnet, ein nasales *tat tvam asi* vorwerfe. Außerdem ist bei dieser warmen witterung Pinters maske, wie dünn sie auch sein mag, nach einigen stunden des spazierens eine qual. Oft genug trete ich in die kühle wenig frequentierter hausfluren der altstadt (ich kenne deren quartiere bereits sehr gut), um diese feste gazelarve für einige augenblicke abzunehmen, um mir den schweiß von der rotgolden gewordenen stirn zu wischen.

Hin und wieder hole ich in der intimität der toiletten das alte photo hervor, welches mich als sechzehnjährigen jungen vor einem pflaumenbaum in Wiltshire sitzend zeigt, und ich sehe es lange und sinnend an.

Das ist alles, was ich dir für heute zu schreiben habe. Es ist sechs uhr nachmittags, es hat 97 grad fahrenheit im schatten (zu denken um diese tageszeit!), ich habe meine atemberaubende maske abgelegt (Pinter hat sich dieses mal wahrhaftig übertroffen, sie *ist* großartig!). Hier auf meinem zimmer habe ich sie ja doch nicht nötig. Oder vielleicht doch? Möglich ist es, daß Zabra sich doch noch nicht auf meinen neuen, königlichen ausdruck umstellen kann. Scheu und leiser als sonst steht sie eben am fenster und blickt in den schattigen garten hinaus, in dem der unsichtbare russe Jakymov mit seinem raumfahrerhelm durch den garten geistert. Ich habe Zabra neuerdings in verdacht, unsichtbare sehen zu können, oder doch deren negative wenigstens. Zwecklos, sie auszuforschen, man bringt nichts gescheites aus ihr heraus ...

Das thermometer ist plötzlich auf 76 gefallen, ich weiß nicht wodurch sich soetwas bewirkt, ich finde die temperatur gleich schwül. Zabra fragt mich, ob sie nicht ihr kleid wechseln soll. Warum nicht, soll sie doch, hat ja genug im schrank.

Was würdest du jetzt denken, wenn es mir durch den kopf schießen sollte, dir galant die hand zu küssen? Keine angst, kind, du weißt: die entfernung und so. Ich wünsche dir indessen einige frische teerosen, gelbe, hellrote, und einen schmucken Hermes mit stetson, welcher dir an meiner statt diesen blauen brief überreicht.

Lissabon, im juni 1964, sehr heißer tag, ein viertel nach sechs uhr nachmittag und allein in einem hotelzimmer mit einer splitternackten, porzellangesichtigen puppe.

H. C. Artmannsens Märchen

Samson der treue maat von der Sancta Habana:

Samson hatte es durch fleiß und seltene treue bis zum maat gebracht.
Nun war es aber auf dem weiten Atlantik und das Sargassomeer in
sicht. Samson, sprach der admiral der Scta Habana, wir werden gar
bald keinen wind mehr in den segeln haben, also was tun?
Nichts leichter als das, herr admiral. Bei meiner kenntnis der mecha-
nik solls mir ein leichtes sein, einen ordentlichen motor zu bauen!
Drauf der admiral: und was brauchst du dazu?
Drauf Samson: Materialien, herr admiral! primo holz, secundo nägel, tertio leim, quarto festen blumendraht, quinto altes zeitungs-
papier, sexto ein stücklein elfenbein, septímo feuerzeugbenzin, octa-
vo olala, nono ship ahoi, decimo guten mut zur arbeit.
Ja, sagte später der admiral, mit solch tüchtigen leuten kommt man
spielend von Liverpull bis Cabo Horne!

Tom Zungenlos der brigant von Northampton:

Tom Zungenlos kam in der gegend von Northampton in England zur
welt. Mutter hatte er keine, wohl aber einen vater, den alten herrn
Zungenlos. Schon in frühester jugend war er ein brigant und bestahl
seine nachbarn oder reisende, die nachts des weges kamen. So wurde
sein name schließlich gefürchtet und auf ihn selbst ein preis ausgesetzt
»wanted tom zungenlos«. Nun fanden sich der angeber und verräter
viele, aber lange gelangs ihnen nicht, es war keiner imstande, Tom
dem sheriff zu überantworten. Am ende aber hatte doch einer glück
und Tom Zet wurde zum verlust seiner zunge verurteilt. Das war
ein hartes gesetz! Als es jedoch zum vollzug kam, steckte Tom Zet
die zunge eines geschlachteten ochsen ins maul und der scharfrichter,
herr Bumbley, schnitt sie mit dem messer ab. Das kostete Tom Zungenlos freilich nur einen versteckten lacher, und fortan ließ er sich
bei seinem treiben nicht mehr erwischen.

Robinson Crusoes materialien:

Robinson Crusoe besaß nach einem jahr angestrengter insel folgendes: Nägel, leim, spruchbänder, gummiringe, rasierklingen *(Wilkinson)*, die er jedoch nie verwendete *(er trug ja einen bart)*, sechs zeichenstifte, sehnsucht nach bier, ein spanisches luntenfeuerzeug, scharfe augen, etwas tabak *(er ging äußerst sparsam damit um,)* stanniolfolien, geschlechtliche überreiztheit, blauenllack, zwiback, windräder und ein zahmes lama *(guanaco domesdicatus)*.
Aus diesen materialien baute er sich ein haus, ein *festes* fort war ihm sein material, hatte er doch ein bißlein leben gegen etwaige wilde, Indianer oder Neger, zu verteidigen.

Kavallerist Pollock:

Es war im letzten sommer. Nein, nein, nein, rief ein mann, das war kein pferd, da war kein reiter drauf – das war ein kugelblitz!
Aber menschenskind! bester, vernünftigster herr Murphy! ein kugelblitz? Herrgot, sehen sie denn nicht, daß wir den herrlichsten junitag von ganz Amerika haben?
Und hätte man den herrn Murphy kurzerhand auf den berühmten sessel von Sing Sing gesetzt, er hätte nie zugegeben, daß eben pollock der kavallerist sei.

Ein schöner märztag:

Ein neger oder indianer streunte sorglos durch Florida, er hatte nichts mehr zu verlieren als sein junges leben, seinen leichten nachen hatten längst hinterlistige alligatoren gefressen, und da kam er an ein häuschen, aus dem eine uralte frau herausschaute. Er wünschte dem mütterchen einen guten tag und fragte es, wie es denn sei.
Oh, antwortete ihm die gräuliche hexe, feines märzwetter und kein cent im sparschweinchen …

Das war freilich ein harter schlag für den rechtschaffenen farbigen, denn er hatte ja vorgehabt, das mütterchen umzubringen, ihm die ersparnisse zu rauben, und fortzulaufen, per flugzeug, nach der stadt. Da schraubte er ganz traurig seine altgediente pistole auseinander und warf sie stück um stück in die stinkende lagune.

›Reformationstag‹

(aus dem Kochbuch für Feiertage)

So freuet euch dann und frohlocket ihr Hund und Katzen, Mäus und Ratzen: freuet euch und frohlocket ihr Läus und Flöh, Roßkäfer und Mistfinken. Freuet euch ihr Widhopfen, Guckguck, Gyfitzen, Hünerdieb, Rohrspatzen, Hummeln, Fledermäus, Nachteulen und Galgenvögel: Ihr Postklepper, Kühe, Kälber, Ochsen, Spanferkel, Böck und Geißen, Enten, Gänß, Hüner und Gockelhahnen seid lustig und guter Dieng; seid auch fröhlich ihr Herrn Büffel, Füchs, Wölf, Bären, Wildsäu, Murmelthierlein, Affen, Waldesel und Stockfisch. Freuet euch und frohlocket ihr Schweinigel, Meelwürm, Grünhosen, Frösch, Kröten, Schlangen und Blindschleicher, wegen der großen Herrlichkeit, so auf euch im Himmel paßt; freuet euch und frohlocket, denn eure Belohnung ist groß im Neuevangelischen Himmel: die Ehre werdet ihr haben mit dem theuren Manne Gottes Luthero und seines gleichen blauabgesotnen Heiligen zu spielen.
Weißlinger »Friß Vogel oder stirb«, 16. Jhdt.

Man nehme 1/2 Pfund frischer minzestengel, wässere sie über nacht ein, koche sie sodann in einem liter dünnbier bei schwacher flamme etwa 10 minuten, rühre eine ordentliche kartoffelmehlschwitze ein, lasse ganz kurz aufkochen und schmecke mit verchromten lorbeerblättern fein ab. Wird mit frischem knäckebrot aufgetragen.

Reformationstag

Ich, kirchenadjunkt Gustaf-Adolf Artmann, 43, sehe in hockender stellung hütetragende *snorks,* sehe ihre kunstseidenen psalmbücher, sie halten sie aufgespannt, rauchen willem II cigarren, gehen nach einem begräbnis, freuen sich über die tatsache, daß es nach tagen wieder zwischen naturgesch. eichenbeständen blaut, begegnen dem

kirchenadjunkten Gustav-Adolf Artmann, 43, winken ihm kollegial
grüßend zu, er winkt grüßend zurück, mit der spitze seines psalmbuches, auch er trägt eines, denkt dabei aber an kalbende gletscher,
grüßt eigentlich nachlässig; die *snorks* merken nichts davon ...
Ich, kirchenadjunkt Gustav-Adolf Artmann, 43, sehe etwas später
einen glosenden abendsonnenschein, faintly-fannyhilltly, aus schwester Linneas augen, ihre augen flimmern, schimmern, glimmern, ich
sage: schwester Linnea, mein radionwäschtweißergewaschenes see-
lenlinealchen, wo ist meine lesebrille? schenke ihr hernach briefmarken (missionsware) aus den partisanendörfern Algeriens aus den
trachomverheerten teilen Malabars, aus den hungergebieten Süd-
koreas, beklebe sie mit meinen papierenen winterkriegsmedaillen
(roten, gelben, mauven und harzgrünen), kläre sie auf, daß diese
keineswegs als kunstwerke zu betrachten sind, inzwischen sehe ich
auch probst Liljeqvalms fingerabdrücke (unter glas bereits & ebenfalls keine kunstwerke), sehe weiters moderne treibhäuser an der
peripherie von Tammerfors, sehe überdies die vom begräbnis heimkehrenden *snorks*, die nun ihre psalmbücher heiter jodelnd vor sich
hertragen und mich selbst, den kirchenadjunkten Gustav-Adolf Artmann, 43, unversehens und in der folge wechselweise in den enthaar-
ten achselhöhlen schwester Linneas (eine landschaft vor dem regen,
ein tapfer verschlucktes gähnen, ein geranienfaules licht um sonnen-
untergang).
Ich, der kirchenadjunkt Gustav-Adolf Artmann, 43, grüße die mir
kollegial zuwinkenden *snorks* eigentlich nachlässig (sie merken aber
nichts davon) mit der spitze meines psalmbuches durch die weit-
offenen maschen des gitters des fensters ..

Rixdorfer Bilderbogen No. 1

morgen kommt der schornsteinfeger und wird dir den arsch putzen
da nützt dir kein etcetera und kein mordioho der führt dich aufs klo
und bemächtigt sich deines höschens und genießt deines röschens denn
was son richtiger schornsteinfeger ist ist ein hans und kanns!

auch wenn du meinen mächtigen schnurrbart nicht schätzen tust beug
ich dich meiner momentanen lust ja glaubst du vielleicht ich werde
mir wegen deiner meine guten dreißigmarkschlipse ums kinn binden
und als könig abimelech vor deinem babybett erscheinen wenn ich dir
jetzt meine unflätige aufwartung unterbreite?

wenn carrasco der schänder aus dem tiefen finstren walde tritt dann
scheißen sie allesamt in die hosen und die damen spüren zarte zucker
im after und die herren glauben sie müssen speiben vor zorn denn
dem carrasco ist keiner gewachsen oder besser gesagt ein solcher gewachsen daß es seinesgleichen nimmer wird haben zwischen tampico
und santa fé!

damiane laß dieses faxen mir ist nur einer zwischen den haaren
gewachsen und meine zehen finger sind auch kein dreck nicht also
was willst du also willst du oder willst du nicht du sonderbares
geschöpf eines vaters und einer mutter?

(1965)

›Bald so, bald so, bald anders‹

(Einleitung)

Zingiber in principio erat, & er senkte die finger der sonne in die eingeweide des mondes, & es war ihm ein leichtes, er hatte die altkönigliche macht & herrlichkeit des pflanzlichen, eine feine, lebende säule Caledoniens, ein vögelumflogener & hüter der rechte der dichter, nennen wirs beim namen, & er übertraf Chevas Regal, & Haigs & Haigs, ja selbst Jack Daniels aus Lynchburgh, Tenn., & es zeigte sich: Aus der flur des walfisches erhob sich das schifferverkrustende salz, trat ans land, bot dem ingwer ein heil, legte ein grünes ei, ein weißes ei, & es ging ein brausen durchs feld, als wendete sich alles zum guten ..

(Juli 1965)

Grünverschlossene Botschaft

(Auswahl)

1. Im herzen einer grille das cello zu streichen ist ein häufiger traum und anlaß zur hoffnung geld zu erwerben, gesetzt daß die grille von einer wachtel verspeist wird, die wachtel aber von einem lamm, das lamm von einem wolf, und dieser wieder von einem hungernden admiral, den seine meuternde flotte an der küstenebene von Oregon ausgesetzt hat. Dann tönt das cello in den eingeweiden admiral Boyds, du erwachst und schreibst, deine eigene musik noch im ohr, die zahl *eins*.

30. Und träumte dir also es riefe das vaterland und es tauchten die lang schon vergessenen monturen aus urnen und gräbern, und heroische statuen der parks und alleen senkten sich an fallschirmen, ausgeschleudert von den sitzen der lodernden bomber, und brannten die arsenale der kunst und der liebe im feindlichen regen nuklearer geschosse, und schwankte der stiel der kornblume deines lebens in einem wind der künstlich aus öfen gepreßt wird, und ließe das licht vieler feuer dein aug nicht mehr schlafen, und heulte der wolf einer giftigen nachricht so stark, daß dein gehör dir zerspränge, und gäbe es weiß nicht noch schwarz mehr, bloß rot, daß vor brand du dein blut nicht mehr sähest – dann bewaffne dich mit der *dreißig* des mutes und geh durch die feuer und schieß dir den weg frei, versuch zu erwachen!

40. Dir träumt, du bist eine hyazinthe im garten deines geliebten und er nährt dich mit seinen tränen, schreibt briefe im kreis deines duftens, die ungeöffnet wieder zurückkommen, *man darf nicht vergessen, daß alle an dich gerichtet sind und du bist unauffindbar, keiner weiß um deine grüne gestalt,* und er begräbt sie alle rund um dich und läßt sie faulen in der schwarzen erde dieses gartens und die blauen, geschriebenen worte sammeln sich in deiner knolle und sprengen sie in die luft, und deine pflanzengestalt fliegt gen himmel, un-

erhört schnell, 15 cm groß, und sie schwebt vierzig tage und *vierzig nächte* über dem garten deines geliebten, der sich darin erhenken wird und du wirst es sehen und wirst ihm nicht helfen können.

57. Königliche traumgeschehnisse, konservative, vagantische: Träume von entscheidungen, großen flügen oder flugvorhaben, gewaltigen luftsprüngen, schiffskatastrophen – träume von liegengelassenen füllhaltern, unterschriften, zerbrochenem uhrglas – träume von flüssen und ungeheuren brücken, wirklichen regentonnen, seilbahnen und aufzügen, träume vom walfisch..
Auf jeden dieser träume, je nach eignung eine *siebenundfünfzig*.

58. Ein anderer traum von indios: Du schwebtest per fallschirm auf die hütte eines dorfes, durchstießest das dach dieser hütte, wäre aus laub und reisern, landetest auf dem lager der töchter des häuptlings! Geschrei, verwunderung, ein auflauf in fackeln und waffen. Fischspeere, blasrohre..
Was wirst du sagen? – Sprich dein gesamtes vokabular von *achtundfünfzig* arawakischen begriffen. Kannst du keine, erfinde welche! Yâ, yapú, yapurú, yapuruimá, yapuruímaká &c. &c. Das wäre ein wahrer jungbrunnen, vogellaute aus frischen tautropfen, wenn man so sagen darf.

59. Nicht-harfenisten spielen im traum häufig am piano, tragen (im traume) starke brillen, hüsteln leise-diskret und sehnen sich nach landluft und frischgeackerter scholle. Sollte dir unter einer reihe von träumen ein solcher zustoßen, so wirst du mit der nummer *neunundfünfzig* absolut nichts anfangen können.

70. *Siebzig* sollst du beachten, wenn du von der halbinsel Kola träumst. Dieser traum hat sich wie folgt abzuwickeln: Du bist ein kryptoschamane (schamanin), deine brust ist bärenhaft zottig (hermelinhaft glatt), dein gesicht breit und vom winter zerfurcht (breit und wie eine gelbe teerose), dein getränk reiner schnaps (oder warme milch von der wölfin), dein zauber weiß wie schnee (oder schwarz wie gewisse messergriffe)..

Nun wichtiges:

Der mond steht in irgendeiner, nicht näher zu bestimmenden, richtung des nordhimmels und die erdhütte, an der du mit der fußspitze klopfst, wird *noch nicht* geöffnet. Du wartest eine weile, dann beginnst du zu schamanisieren. Deine trommel wird sehr ferne gehört. Die polizei hört die trommel. Was denkt sie? Sie denkt übles. Sie läßt ab von tee und zigaretten, wirft sich in die schlitten und lädt die karabiner. Man nähert sich deiner trommel – werste, werste, werste – aber da öffnet sich nun die erdhütte und du steigst hinein, du siehst die geister, du unterhandelst mit ihnen, du hältst ein arktisches palaver. Sie wollen würste machen aus deinem fleisch. Herr wurst, frau wurst (je nachdem). Sie zerreißen dich und machen wurst aus dir. Die polizisten kommen und finden keine geister, sie finden wurst. Polizisten finden niemals geister, sie finden schwarzschlachterwurst. Sie essen die wurst und schwören einander, nichts davon zu verraten. Es sind ihrer elf und ein judas; der wird das seinige schon tun. Du aber erwachst in den magen der polizisten, fliehst durch ihren immer aufgerissenen mund, setzt dich wieder zusammen und liegst daheim in deinem bett.

77. Allerleirauh hockt in ihrem hohlen weidenbaum, du träumst es, und ihre augen funkeln in der nacht wie die einer katze. Du bist, im traum, ein jäger, hast zwei hunde, einen hirschfänger und die unerläßliche flinte. Dein taschenkalender hat das jahr 1877 im titel, deine hunde verbellen Allerleihrauh – sie ist noch nicht aufs jagdschloß des großfürsten gekommen. Der ganze traum hat in Rußland zu handeln, du hast getrunken, dein blut ist aufgeputscht (wenn man so sagen darf), eine hitze hat sich in dieser juninacht deiner bemächtigt, du kannst nichts dagegen unternehmen. Was tust du (im traum)? Du rufst deine beiden hunde, sie kuschen aufs wort, du sprichst, indem du dich näherst: Allerleirauh Semjonowa, ich sehe dich in dieser weide, komme gutwillig heraus und lege dich mit mir aufs grüne moos, es ist juni, mein blut pocht..

Und sie antwortet dir nicht. Und du sagst ihr: A&c. S&c., tue, was ich dich geheißen habe, sonst schicke ich dir die hunde! Und sie antwortet abermals nicht und du pfeifst auf den gerechten zorn des fürsten und läßt deine hunde gefährlich knurren. Da steigt sie aus dem baum und du nimmst ihr ihre kleidung aus hundert arten pelz und sie leuchtet wie ein gartenweg im mondlicht, den du ungesäumt betrittst. Und du schändest sie (im traum) und der großfürst hört ihr seufzen im traum und er erwacht (im traum) und tobt und zerschlägt gläser und wanduhren und seine mutter und großmutter werfen gebete gen himmel und fürchten um seinen verstand, aber du bist *siebenundsiebzig* werst davon entfernt, und diese zahl ist auch die nummer, die diesem traum einige bedeutung verleiht, obgleich das wie und wann von dir selbst zu errechnen ist.

78. Träumte dir, du erhieltest einen DIN A 4 luftpostbrief aus Holland und öffnetest ihn, worauf ein bunter hampelmann heraushüpfte und einen weitaus kleineren luftpostbrief in der rechten schwänge, sagend: *Dies ist das eigentliche schreiben, tuan, bitte öffnen sie es sofort!* – dann säume nicht viel, tu, was dir vom hampelmann geheißen und du wirst die glücksnummer dieses komischen traumes, nämlich eine *achtundsiebzig* (achtenzeventig) vorfinden.

Berlin, 1965

284

Verfehltes unterfangen sich einer geografie zu erinnern

Mein schuß hat die ausgestreckte hand der steinnymphe um einige zentimeter verfehlt, ich habe zu wenig geschlafen, tauge nichts, habe vorbeigeknallt. Eine schar erschrockener krähen scheucht auf, schwärmt über den riesigen pinien, die vor dem herrenhaus stehen, und fliegt endlich davon.
– John, sagt miss C. zu mir, – John, du hast kein recht, dich hier auf meinem grund und boden derart aufzuführen! – Sie steht vor meinem halbgesenkten revolver, sieht mich nicht an und stößt einen ihrer hohen absätze wütend in die weiche wiesenerde. Dann wendet sie sich mir zu und sagt mit ungewöhnlich scharfer stimme: – Warum kannst du dich nie wie ein normaler, gesitteter mensch aufführen? Du benimmst dich wie ein untier, wie ein monster! –
– Ich bin ein untier, ich bin ein monster .. entgegne ich ihr mit erzwungener ruhe. Ich stecke meinen revolver zurück; ich würde sie jetzt am liebsten erwürgen .. Fünfzig hellseherinnen, zweiundzwanzig giftmischer, drei hostienräuber, elf pferdediebe, zehn verräter und ein künstlicher mensch regen sich in der unterirdischen höhle über der ich eben stehe, du liebe zeit! es ist förmlich, als läge zwischen mir und *dem* da nichts als eine dicke daunendecke .. Ich laufe mit großen sprüngen an die chaussée, werfe mich in den kleinen Citroën und notiere, ehe ich den motor anlasse: C. county C. Ireland, sommer, enttäuschung, 5 uhr nachmittags.
Ich kannte diese stadt einmal sehr gut. Heute erinnere ich mich an ihre straßen und gassen nur hin und wieder im traum. Es ist immer sommer und ich friere nicht. Manchmal ist ein breiter fluß in der nähe, er liegt im nordosten, manchmal gibt es auch einen stadtwald, sehr ausgedehnt, sehr tief, aber von häusern umgeben; seltener gelange ich in ihm an eine lichtung, auf dieser steht immer ein altes karussell mit känguruhs und schwänen, für die man tramkarten löst ..
Ich fahre durch diese stadt niemals mit bus oder trambahn, manchmal jedoch mit einem VW, und ich verliere stets seine räder, sie springen gummig irre irgendwohin in die gegend, der motor streikt,

die steuerung wird frischer teig, ich muß halten und zu fuß weitergehen. Meistens gehe ich ja zu fuß, manchmal aber bewege ich mich
mittels riesenhafter, schwebender luftsprünge vorwärts, gleite gemächlich nieder, verspüre einige meter vor dem wiederberühren des
bodens eine art spannung – und lande frei und sicher. Es kommt auch
vor, daß ich die vorsprünge und fassaden von hohen häusern erklet-
tere; die steilen wände biegen sich von meiner last wie aufgestellte
matratzen.

Vor dem bahnhof stehen die taxis in langen dreierreihen, es ist alles
so einfach und jeder der fahrer hat den stadtplan fix und fertig im
kopf. Ich nehme kein taxi. Ein lift bringt mich auf das schwindel-
erregende plateau eines eiffelturms, von welchem ich beobachten
kann, wie verschwenderisch die architekten der dächer der stadt mit
der anbringung von laufstegen umgegangen sind: blauuniformierte
polizisten marschieren darauf, ihre maschinenpistolen sind entsichert,
sie schnüffeln sich über ihre schmalen lebensunterhälte, sie suchen
jemanden, mich wahrscheinlich.

In diesen straßen und gassen befinden sich häufig torturhotels, ver-
hörszentralen (da schlagen sie dir die zähne in den kragen) und gewöhnliche gefängnisse. Das wirklich große gefängnis aber steht, unter
vollkommen andersgearteten luftverhältnissen, außerhalb der stadt,
schon auf dem lande, eine art zitadelle oder falsche tudorburg. Ich
komme verstohlen oder mit mühsam gedämmter hast heraus, beginne zu laufen, laufe, laufe immer schneller, lasse die wachen weit
hinter mir zurück, und ihre abzeichen werden planeten eines eben
verlassenen sonnensystems..

Ich erreiche wieder die stadt, sie öffnet sich mit gedröhn wie ein ge-
fälschtes Mailand. Alle trambahnen sind dunkelblau, nicht eine oliv-
grün, wie ich es gerne hätte.. Ich muß mich zusammennehmen: am
liebsten würde ich sie mit meinem revolver durchlöchern.

Neue häuserblocks werden aufgeführt, alte abgetragen; in der nähe
einer lieben erinnerung hat man auf solch einem freigelegten grund-
stück eine schmiede aus der bronzezeit entdeckt: ich sehe mir die
fundstelle an, es sind eine menge dinge säuberlich am boden aus-
gebreitet. Ich denke abermals an meine ruhende waffe.

Oft meide ich die gegenden mit ausgrabungen und lasse sie, obgleich man vor ihnen nie sicher ist, links liegen, und schlage mich in andere stadtviertel, besonders in solche, die an breiten flüssen liegen, dort ist man am ungestörtesten. Zu den breiten flüssen kommt man meistens durch straßenunterführungen oder tunnels, man kommt an schlachthäusern vorbei, aus denen tiere brüllen, passiert vorstadtkinos mit stummfilmerinnerungen, und träumende bedürfnisanstalten, und vermoderte textilienhandlungen – bis man endlich die große brücke erreicht, die über den fluß führt. Hier ist immer die endstelle der trambahn, hier macht sie unter sommerlich versonnten bäumen, platanen, kastanien, was weiß ich, ihre schleife. Kirchen oder tempel sind keine da; möglicherweise eine verfallene alte moschee voller schlangen, grillen und storchen, aber viele wasserhydranten gibt es, die es vergessen haben, wie man den durst löscht..

Jenseits des flusses wohnen einige mädchen, die ich von früher her kenne, die ich einmal gekannt habe, deren häuser ich aber nie wieder zu finden vermag, alles suchen vergeblich, wohl aber tauchen aus schattigen alleen hin und wieder die mütter der mädchen auf, sehen mich verdächtig an, halten regenschirme, lauern drohend.. Ich muß flüchten.

Ich gelange auf dieser flucht stets in gebietskrankenkassen oder andere bürohäuser, riesenkomplexe mit viel zu raschen paternosteraufzügen, unmöglich wieder auszusteigen, sinnlos, sie rasen förmlich auf und ab, ich stemme mich mit aller gewalt gegen die liftwände, dehne sie, stoppe solcherart den lift. Steige ich aus, bin ich immer in der 24. etage und sehe durch die fenster nach einer grünfläche, die zu einem college gehört, base-ball-platz, und nach den schmalen minaretten der St. Omarsmoschee, deren grüne und veilchenfarbene smalten am schönsten im frührot sind, und abermals, auf den laufstegen der umliegenden dächer, die blauen polizisten, schnuppernd und schnüffelnd, mit abziehbereiten maschinenpistolen.

Und oft sehe ich mich selbst auf der leinwand eines immens großen kinos in vistavision: ich betrete einen dunklen raum, hotelzimmer oder ähnliches, drehe das licht an und sage: und da dachtest du, in dieser schönen stadt würden dir geschminkte Algerierinnen wie tauben ins bett flattern.. Immer, wenn ich enttäuscht bin, kommt mir die lust, gezielte schüsse abzugeben – und ich stehe mit Cléo am rechten ufer des Lee in C. und sehe das theatergebäude, halbzerstört, ausgebrannt, wahrscheinlich schon um 1921 zeitgebombt, der zuschauerraum, glücklicherweise leer, hob sich in zeitlupe himmelhoch und verteilte seine stukkatur, seine kalkblumen, gerecht wie aus einem füllhorn der Iustistia..

– Schau, sagte Cléo, – in diesen sprüngen hat sich der efeu festgesetzt.

– Ja, sagte ich, – und in den dachbalken nisten dieselben schwalben, die wir gestern im college durch den leseraum fliegen gesehen haben..

Cléo lehnt sich immer an meine linke brustseite, glücklich über den schönen julitag. Plötzlich fährt sie wie von einem skorpion gestochen zurück, springt einige schritte von mir weg und schreit vollkommen aus der fassung geratend: – John, du hattest mir versprochen, nie wieder diesen revolver anzurühren, und eben habe ich ihn gespürt, leugne es nicht, ich bin ja kein narr, man kann sogar die leichte ausbuchtung an deinem jackett sehen.. Oh, du untier, du monster! – Ja, sage ich, – hattest du anderes erwartet?

Ich laufe gehetzt durch den wald, erreiche die lichtung, springe auf die riesige, bereits fahrende drehscheibe des karussells, steige ins innere des flitterschwans, er hat einen apfelsinfarbenen schnabel und schwarze augen, seine vielen spiegel reflektieren eben so oft mein bizarres bild, ich bezahle, bekomme mein trambillett und merke, gegenüber in einem baum sitzend, ein mädchen, das aus einer großen tüte pralinen ißt, sie wirft mir welche zu, ich versuche zu fangen, mein karussell läßt mir dazu keine zeit. Ich beginne zu wassertreten und erhebe mich wie ein vogel aus dem nest, ich fliege mit gleichmäßigen beinbewegungen über die morgenfrische, glänzende stadt, ich lande auf einem nach teer und regen riechenden lagerplatz zwischen aluminiumhangars, man schießt sofort auf mich, ich schieße sofort zurück. Es ist ein jammer: meine projektile platzen bereits einige meter nach verlassen der mündung als lächerlich kleine graue staubpilze. Ich höre stimmen, die sich über meine unzulänglichkeit als schütze unterhalten: es sind nicht die stimmen von lagerwächtern oder polizisten, nicht die stimmen von mädchen oder eleganten passantinnen, es sind stimmen, die gar keine stimmen sind, überhaupt nichts besagen; ich ärgere mich gar nicht, ich weiß, ich kann besser schießen als tausend andere und versuche es: ich treffe ein zwischen zwei äste geklemmtes herz-as durch die mitte..

.. und sehe mich wieder vor dem einfamilienhaus in der viale San Gottardo, einer gegend voller brunnen und alphörnern. Ich gehe am garten vorbei, sehe aber nur die mutter und die jüngere schwester, *sie* aber sehe ich nicht. Ich beobachte eine weile mutter und jüngere schwester, sie beschäftigen sich mit farbigen wollknäueln, und mit einem male bin ich viele straßen weiter weg in einer gegend aus semaphoren, zeitungen und abschieden: telefonzellen gehen auf kleinen eisernen löwentatzen umher, sie machen dabei die typischen, knappen drehungen von polizisten, und speien beim mindesten druck auf einen ihrer vielen knöpfe beträchtliche summen münzen, meine taschen fassen diesen reichtum kaum.. Ich verliere alles wieder bis auf den letzten rappen, pfennig, groschen, öre, quäle mich mit unsinnigen gedanken aus reue und heimweh, eine septemberliche nostalgie nähert sich in einem flatternden kleid, klar taucht sie aus dieser irren geografie auf, ich sehe wieder das Annesley Voisey-haus in der dämmerung, es wendet mir wie stets die hinterfront zu, seine gänge und keller sind teils verschüttet, teils unversperrt, gefährlich zu betreten, die besitzerin ist immer ganz nah zur hand, sie hält ein lorgnon, sie darf mich nicht sehen, ich bin unerwünscht, aber ich bringe es dennoch fertig bis zu miss C. vorzudringen.. – Was suchst du hier in unserem haus, sagt sie, – ich hasse dich, lasse dich nicht mehr blicken! Da, schau hinaus auf die zerstörte balustrade .. du hast sie gesprengt! 1921, das theater, war es dir nicht genug? Du bist ein anarchist, ein untier, ein monster, mir graut vor dir, dein blut kommt aus der retorte eines Dr. Frankenstein, geh, ich ertrage es nicht länger, dich anzusehen..

Sie weint. Ich möchte sie in diesem augenblick am liebsten erwürgen.. Im immer dämmriger werdenden garten bewegt die steinnymphe fast unmerklich die hand, sie will mir eine sinnestäuschung einreden, ich weiß schon, ich kenne sie doch von vielen begegnungen her; sie kann mir nichts vormachen, ich weiß genau: sie bewegt sich wirklich, und sie weiß: ich werde keines dieser mädchen mehr finden, obgleich ich sie alle noch immer so nahe vermute – fast so, als wären sie mir wie mein eigener schatten an die schuhe geheftet.

Die Abenteuer der Robinsonia, ihre Reisen, Fluchten, Gründungen und Eroberungen

Erstes kapitel: Im vaterhause

Es ist nun schon eine reihe von monaten her, da lebte in Philadelphia ein elfenbeindrechsler namens Crusoe; er hatte drei töchter: Annamaria, Hermenegilda und Robinsonia. Leider entliefen ihm die beiden älteren in der blüte ihrer jahre, und so war denn nun die kleine, etwas bummelige Robinsonia das einzige kind seiner eltern. Auf es setzten sie ihre ganze hoffnung; es sollte in der schule etwas tüchtiges lernen, dann elfenbeindrechslerin werden, um später die hantierung des vaters zu übernehmen und dereinst der trost und die stütze ihrer alten eltern sein.

Die guten eltern überhäuften ihre kleine Robinsonia mit liebkosungen und zärtlichkeiten und behandelten sie wie ein besonders wertvolles stücklein elfenbein, weil es doch ihr einziges war. Sie ließen ihr in vielen stücken ihren eigenen willen, wo eine ordentliche tracht mit der rute besser am platze gewesen wäre. Anstatt in der schule den fleiß einer emse zu entwickeln, trieb sich Robinsonia lieber mit gleichaltrigen in hecken und gebüschen umher, schwelgte in einer kindhaften liederlichkeit und war durch kein zureden zu einem anständigen leben zu bewegen. Am häufigsten konnte man sie am hafen draußen sehen. Das leben und treiben des großen seeports zog sie gar mächtig an. Stundenlang konnte sie zusehen, wenn die matrosen der fernsten weltteile ankamen, in ihren seltsamen sprachen redeten oder lüderliche shanties sangen. Da regte sich in ihr eine kribbelnde sehnsucht, auch über das meer in die weite, weite welt hinauszufahren. Sie sah sich im geiste bereits als kaiserin von Rarotonga oder Neuseeland.

Es konnte nicht fehlen, daß Robinsonia, was sie so bewegte und beschäftigte, auch ihren eltern mitteilte. Aber mit einem zornigen blitz in den augen entgegnete ihr vater, Robinsonia, wie so ganz ohne vernunft redest du doch. Wer auf Rarotonga oder Neuseeland sein

glück versuchen will, muß zuhause erst ordentlich seine drechsel-
kunst erlernt haben. Du bist auch noch viel zu jung, um allein fort-
kommen zu können. Sei von jetzt ab emsiger, dann schicke ich dich
vielleicht in einigen jahren zu einem meiner geschäftsfreunde nach
Boston oder Providence. Aber als die mutter davon hörte, stürzten
ihr die bitteren tränen aus den augen. Robinsonia, bat sie, denke
nicht mehr daran, uns zu verlassen; siehe, du bist unser ein und aus,
und wenn wir dich auch noch verlieren, dann sind wir beide, dein
alter gebrechlicher vater und ich, ganz allein.

Robinsonia war zwar etwas leichtsinnig, aber von herzen gut, daher
auch ergriffen von den reden des vaters und der mutter. Sie nahm
sich fest vor, von nun an den eltern nur freude zu machen, tüchtig in
die schule zu gehen und emsig zu lernen.

So ging die zeit im fluge dahin, hurtig sprang monat um monat vorbei, Robinsonia wuchs heran und war mittlerweile zwölf jahre geworden. Sie sagte nie mehr was von Rarotonga oder Neuseeland,
aber vergessen hatte sie es nicht.

Täglich machte sie ihre streiftour durch den hafen von Philadelphia,
um das wasser und die geliebten matrosen zu sehen, mit denen sich
ihre phantasie tag und nacht beschäftigte.

So wandelte unsere Robinsonia auch eines schönen abends nach ihrer
gewohnheit die mole entlang, da begegnete ihr einer ihrer ehemaligen
gespielen, der sohn eines schiffskapitäns, und fragte, ob sie mitkom-
men wolle nach Halifax, das schiff seines vaters lichte in einigen
minuten den anker. Es sei eine schöne gelegenheit, fügte er lächelnd
hinzu, und Robinsonia könne auf dieser reise die delfine und tümm-
ler des ozeans beobachten, von denen sie doch gewiß schon gehört
habe. Und ob sie davon gehört habe! Sie fiel dem sohn des kapitäns
vor entzücken um den leib.

Edwardo, rief sie bewegt aus, ich reise mit! Aber, setzte sie etwas
leiser hinzu, wie sag ich's meinen eltern? Und ich habe ja auch keine
reisekleider.

Ei, komm bloß mit, redete der schifferssohn zu, bei uns bist du frei-
gehalten, und deinen eltern kannst du ja durch jenen einbeinigen
segelmacher, der dort an der mole hockt, sagen lassen, wo du geblie-

ben bist. In vierzehn tagen drei wochen können wir schon wieder zurück sein. Robinsonias heftige lust, wenigstens bis nach Halifax zu reisen, überwog jedwedes bedenken, vergessen waren alle guten vorsätze, ohne gruß, ohne adieu von vater und mutter, denen dieser schritt schweren gram, schweres herzeleid verursachte, ging die pflichtvergessene tochter, die leichtsinnige, junge, wenig erfahrene Robinsonia mit Edwardo, dem listigen sohne des schiffskapitäns an bord.

Viertes kapitel: Schiffbruch und wunderbare rettung

Unterwegs erzählte Robinsonia, daß sie eigentlich von zuhause fortgegangen wäre, um kaiserin von Rarotonga oder Neuseeland zu werden, aber sie habe mittlerweile schiffbruch erlitten, und ihr ganzes vermögen sei bloß ein halber dollar, damit ließe sich doch nichts rechtes anfangen. Ihr neuer freund, der immer mehr gefallen an Robinsonia fand, borgte ihr noch einen dollar und sagte ihr, das sei genug, um auf Guinea reich zu werden.
Du kaufst um den dollar fuffzig allerhand kram, wie blitzende schuhösen, glasmurmeln, haarnetze, nagellacke, nasenringe, tabaksbeutel und so weiter. An diesen dingen haben die schwarzen großes gefallen und kaufen sie dir ab gegen Mescalin, Haschisch, Morphium oder Kokain, alles dinge, die in unsrer heimat sehr wertvoll sind und dir viel geld einbringen.
Robinsonia ließ sich das nicht zweimal sagen; sie ging sogleich nach der stadt, um ihre einkäufe zu besorgen, und schon nach einer stunde befand sie sich mit ihrem neuerworbenen freunde an bord und steuerte mit vollen segeln dem neuen reiseziel zu.
Die fahrt ging prächtig vonstatten, ohne die mindesten widerwärtigkeiten erreichten sie die insel Barbuda und gingen hier vor anker. Der rechtschaffene schiffer wollte seinen müden leuten einige tage ruhe gönnen, auch das schiff ausbessern, desgleichen frischen branntewein und pökelfleisch einnehmen.
Was machte Robinsonia für augen als sie mit dem steuermann arm

in arm an land ging und hier die ausgedehnten rumplantagen erblickte! Und wie schmeckte ihr der duftende, glasklare weiße rum!

Aber als das schiff seinen aufenthalt von tag zu tag verlängerte,
fühlte Robinsonia in ihrem unruhigen geiste schon wieder langeweile.
Es kam ihr recht erwünscht, als sie hörte, ein portugiesisches schiff
liege im hafen, es lichte noch heute die anker, um nach Samoa und
Tubuai zu fahren.

Keiner war glücklicher als Robinsonia; sie hatte von den eigenartigen
pflanzenverhältnissen auf jenen inseln gehört und dachte nun, sie
könne jetzt mit einem male reich werden, sie brauche bloß eine sichel
in die hand zu nehmen und ihre botanisiertrommel mit den seltensten
kräutern und gräsern zu füllen, die auf Samoas und Tubuais grund
und boden nur so herauswüchsen.

Auf dem portugiesischen schiffe gefiel es Robinsonia über die maßen,
es war ein tüchtiger segler, man faulenzte sich fröhlich durch den
guten tag, sang schändliche lieder, trank madeira, und da ein schöner
wind wehte, ging's rasch vorwärts. Bald hatte man Kap Horn um-
schifft und war in den sternüberdachten Stillen Ozean hinausgelangt.
Aber ein plötzlich einsetzender heftiger sturmwind, der wochenlang
über das meer brauste, brachte das schiff vollends aus dem vorgehab-
ten kurs, so daß zu guter letzt kapitän und steuermann nicht mehr
wußten, wo sie sich befänden. Eines tages aber rief der ausguck im
mastkorbe mit heller, sich überschlagender stimme: Land, land!

Alles eilte auf deck, um sich mit eigenen augen zu überzeugen. Puff,
krach, poing, kräsch und nochmals poing! ging es da ganz unerwartet.
Das schiff war auf eine klippe geraten, saß fest und vermochte nicht
mehr loszukommen. Turmhohe sturzwellen schlugen über bord, das
wasser drang in die kojen, es war entsetzlich. Auf dem gebrochenen
steuerruder saß der klabautermann, zog sich die hose vom hintern,
wies denselben nackt vor, und höhnte auf solche art die jammernde,
schreiende mannschaft. Alles lief kopflos durcheinander, einige ver-
suchten zu beten; andere rangen verzweiflungsvoll arme und beine,
die meisten aber waren vor schreck wie gelähmt. Unter diesen letzte-
ren befand sich auch Robinsonia. Sie sah, wie sich unter heftigem
wogengeprall eine planke nach der anderen vom schiffe lockerte, bald

mußten die letzten trümmer in der aufgebrachten see versinken und sie und alle mit ihnen. Aber das leben, das wollte man denn doch noch retten. Die mannschaft brachte mit vieler mühe das große rettungsboot zu wasser, aber es wurde sogleich von den empörten wogen umgestülpt und hinweggespült.

Man versuchte es nun mit etwas mehr glück mit dem kleineren boot, aber kaum hatte dieses den spiegel des meeres erreicht, als auch schon die gesamte mannschaft hineinsprang und unter dem faunischen gelächter des klabautermannes versank.

Siebzehntes kapitel: Rettung zehn gefangener durch Robinsonia samt einem besuch der wilden

Es war ein glück für Robinsonia, daß sie ihre so übereilten vorsätze nicht stehenden fußes ausführen konnte. Eine törichte angst hatte sie ihr eingegeben, während sie sich ruhlos auf ihrem lager hin und herwälzte und sich ihr geist noch immer mit jenen gräßlichen bildern beschäftigte, die ihr heute so unvermutet in den weg traten. Als der tag hinter dem feuerspeienden berg anbrach, der helle morgen mit seinem papageien- und kolibrigezwitscher die dunkelheit der nacht vertrieb, da sah sie die lage der dinge von einer vollkommen anderen seite an. Sie steckte all die unsinnigen, albernen entschlüsse in das erdloch, darin sie sonst die lamabutter aufbewahrte, und beratschlagte mit verstand und einsehen, welche maßregeln der vorsicht sie ergreifen sollte, um sich am zweckmäßigsten vor den greulichen wilden zu schützen, deren anführer, wie sich nun herausgestellt hatte, Hinrich, der klabautermann war.

Sie war nun schon seit langen monaten auf der insel und hatte erst jetzt die ersten fußspuren von dem abenteuerlichen treiben der wilden entdeckt. Sie wußten sicherlich nichts von der anwesenheit Robinsonias auf dem eilande, sonst hätten sie ihr bestimmt schon eine visite abgestattet, sie geschlachtet und in palmblätter gewickelt aufgegessen. Wie muß ich an dieser stelle wieder mein sakrosanktes wesen als future kaiserin von Rarotonga oder Neuseeland preisen, dachte

Robinsonia, welches mich an der unwirtlichsten stelle des eilandes stranden ließ. Wäre ich an der anderen seite, der wahrscheinlich fruchtbareren, ans ufer geworfen worden, dann hätten mich diese unmenschen gewiß schon längst zu allerlei unheiligen dingen mißbraucht, feistgefüttert, geschlachtet und aufgespeist. Allah, der mich bislang erhalten hat, ist groß, wird mich auch in hinkunft beschützen, mit ruhe und besonnenheit meine vorkehrungen steuern; ja, ich darf nur nicht meinen guten mut verlieren, sondern das meinige an geistesgegenwart dazu beitragen. Neugestärkt durch selbstvertrauen, trat sie den weg nach ihrem bungalow an. Das erste, was sie in angriff nahm, war, vor der veranda einen kleinen wald anzupflanzen, damit man sie von ferne nicht sehen könne. Als diese arbeit getan war, ging sie daran, von ihrer toilette aus einen unterirdischen gang nach der anderen seite des nicht zu breiten vulkanes zu graben, um sich im falle einer belagerung dorthinaus retten zu können. Das war nun wieder ein langwieriges stück arbeit und dauerte tagelang. Natürlich blieb während dieser zeit der bau des Nautilus vollständig liegen.

Die ausgegrabenen mineralien schüttete Robinsonia noch an den wall und erhielt dadurch eine doppelte schutzmauer. Als sie eines tages wieder sehr emsig grub, stieß sie heftig auf etwas hartes und hätte beinahe ihren steinernen spaten zerbrochen. Eifrig grub Robinsonia weiter und förderte bald einen japanischen sturzhelm zutage, den setzte sie auf und murmelte: Jetzt noch 'ne Honda und ich durchrase die insel wie ein blitz und versetze solcherart die wilden in den eisigsten schrecken. Gerne hätte Robinsonia auch den bach über ein aquädukt in den vorgarten ihres bungalows abgeleitet, um im falle einer belagerung wasser für sich und ihre lamas zu haben, aber diesen plan mußte sie zu ihrem bedauern aufgeben, denn der tunnelbau überstieg ihre kräfte.

An einem schönen warmen dezembermorgen machte sie sich wieder an die arbeit am Nautilus. Es war ein prächtiger tag. Die orchideen und fleischfressenden pflanzen dufteten süß, buntschillernde kondore und papageien flogen singend durch die laue luft, während diverse andere vögel bald mehr, bald weniger melodisch zirpten. Die possierlichen brüllaffen ergötzten sich mit bizarren sprüngen, und obgleich all dies unserer Robinsonia nichts neues war, sah sie doch dann und wann aus der turmluke des Nautilus hervor und folgte mit wohlgefallen den exotischen bewegungen der tierwelt.

Mit einem male aber wurde ihr aufmerksamkeit durch etwas ganz anderes abgelenkt. Nicht weit von ihr stieg eine schimmernde magnesiumrauchsäule gen himmel. Robinsonia war also nicht mehr allein, es waren wilde in der nähe. Sie beschloß daher sogleich, durch den neugegrabenen geheimgang, nach ihrem bungalow zu eilen, um aus der nähe anzusehen, was sich jetzt noch in einiger entfernung abspielte. Sie ging sofort in das labor, legte alle ihre waffen, inklusive der strahlenpistole an und stieg, so gerüstet, wieder auf ihren beobachtungsposten zurück. Mit unwillen und entsetzen sah Robinsonia, wie die wilden jetzt zwanzig gefangene mädchen aus ihren booten unter handkantenschlägen herbeischleppten, zehn von ihnen sogleich zu boden warfen, schlachteten und zum braten vorbereiteten. Unterdessen standen die übergebliebenen zehn ruhig da und schienen darauf gefaßt, im nächsten augenblick das los ihrer zu verspeisenden schwestern zu teilen. Aber vorerst hatten die unmenschen mit den ersten zehn mädchen genug und beachteten die anderen gar nicht...

Achtzehntes kapitel: Die jungen wilden

Als Robinsonia am anderen morgen erwachte, duschte sie und erstieg sogleich den vulkan Kanakatooa, von wo aus sie die insel weithin übersehen konnte. Sie wollte sich gewißheit verschaffen, ob auch keiner der kannibalen zurückgeblieben sei oder sich etwa verborgen hielte, denn noch immer war vorsicht nötig. Robinsonia entdeckte indes nur die schon längst vorausgeahnte Honda und kehrte auf ihr beruhigt nach ihrem bungalow zurück. Unterwegs kamen ihr die zehn Freitage entgegen und bekundeten wie tags zuvor durch liegestütze unterwürfigkeit und demut. Robinsonia hob sie zwar immer wieder freundlich auf (es nützte wenig), sie waren sofort wieder auf ihren handflächen und miauten wie katzen, doch ließ sie sich die hul-

digungen gefallen; sie hatte sich überlegt, die treue und anpassungs-
fähigkeit der Freitage erst einer prüfung zu unterziehen, ehe sie sie
als freundinnen behandelte.

Jetzt nahm sich Robinsonia erst zeit, ihre schützlinge genauer zu betrachten.

Es waren junge frauen von etwa vierzehn jahren, schön gewachsen,
und ihre glieder zeigten kraft und behendigkeit. Ihre gesichter waren
wohlgebildet, sie besaßen magnolienrote, volle lippen, blendend-
weiße zähne und langes, hochglanzschimmerndes haupthaar. In den
nasen trugen sie als schmuck allerlei papageienfederchen und mu-
scheln, worauf sie nicht wenig stolz zu sein schienen. Ihre hautfarbe
war dunkelstes braun und an ihren schönen bäuchen hatten sie weiße
und gelbe schriftzeichen gemalt, welche Robinsonia aber nicht zu lesen
verstand. Da die Freitage ohne jegliche bekleidung dahergingen, war
es Robinsonias vorzüglichste sorge, ihnen bikinis aus zusammenzu-
nähenden haifischblasen herzustellen, so gut dies in der eile ging.

Oh, was machten die Freitage für große augen, als ihnen Robinsonia
die annehmlichkeiten ihres bungalows zeigte! Solche bequeme, ordentliche einrichtung hatten sie ihr lebtag nicht gesehen. Die freitage
kamen aus dem staunen und verwundern gar nicht heraus. Da es
zeit war, die lamas zu melken, nahm sie Robinsonia mit auf die nahe
ranch. Die Freitage hatten bislang keine ahnung, daß es auch tiere
geben könne, deren milch dem menschen von außerordentlichem
nutzen ist, aber sie waren sehr anstellige schülerinnen und verstanden das melken bald ebenso gut wie ihre herrin. Und mit welchem
wohlbehagen verzehrten sie die milch, die ihnen Robinsonia zu
kosten gab!

Nachdem die melkungen vollzogen waren, erhielt jeder Freitag ein
stück pökelfleisch auf toastschnittchen zu essen. Das fleisch schmeckte
den jungen wilden ganz vorzüglich. Sie hatten es schnell auf, njam
njam njam, allein die toastschnittchen ließen sie übrig, sie wollten
ihnen durchaus nicht munden. Robinsonia beachtete das gar nicht;
ruhig aß sie weiter, bald ihren toast, bald ihr fleisch; als die wilden
Freitage das sahen, liefen sie rot an, schämten sich und verspeisten
nun auch den toast.

Lange hatte unserer Robinsonia pökelfleisch nicht so gut geschmeckt wie dieses, welches sie nach so vielen monaten der einsamkeit wieder in gesellschaft von menschen genoß, dennoch überließ sie sich vorerst noch nicht der müßigen ruhe, weil es sie drängte, an den strand hinab nach der stelle zu fahren, an welcher die wilden gestern ihr blutiges fest gefeiert hatten, um zu sehen, ob denn diese unmenschen wirklich von der insel abgefahren wären. Sie machte den Freitagen von ihrem vorhaben durch zeichen mit händen und füßen mitteilung, versah sich mit ihrer strahlenpistole und man machte sich auf den weg. Robinsonia fuhr ihre Honda im laufschritt und die jungen wilden sprangen hinterher. Da kamen sie an der stelle vorüber, an welcher die zwanzig erschlagenen feinde lagen, und die eingeborenen mädchen zeigten nicht übel lust, sie zu zerlegen und ihr fleisch zu verzehren, aber Robinsonia wollte keine zeit verlieren, machte gebärden der eile, ließ den motor im ersten gang donnern, so daß die Freitage nicht mißverstehen konnten und augenblicklich, Robinsonias auspuff folgend, weiterliefen.

Ohne etwas verdächtiges bemerkt zu haben, erreichten sie den tanzplatz der wilden. Oh, wie sah es da aus! Blutlachen bedeckten den boden, knochen und halbverzehrte bratenstücke menschlicher herkunft lagen verstreut umher, es war schauerlich!

Robinsonia befahl nun den Freitagen, alles fleisch auf einen einzigen haufen zusammenzutragen, dann wurde aufgepackt, und zurück, zum bungalow ging die seltene safari. An der stelle, wo die getöteten feinde lagen, ließ Robinsonia einen zwischenhalt machen, die jungen wilden versahen sich in aller eile mit den ihnen am besten dünkenden fleischstücken ihrer toten peiniger, darauf setzte man sich wieder in bewegung und war um mittag im bungalow.

Nun fing Robinsonia an für das mittagessen zu sorgen. Die Freitage zerlegten das fleisch in handliche häppchen und Robinsonia nahm die pfannen, goß öl hinein und briet und brutzelte, daß es eine freude war. Die Freitage machten beim würzen der speisen große augen, denn noch nie hatten sie etwas von pfeffer, salz oder gar thymian gehört, ja, davon hatten sie in ihrer unwissenheit überhaupt keinen begriff. Aber sie würden doch noch so viel lernen!

Dracula Dracula

– Ein transsylvanisches Abenteuer –

I

Johann Adderley Bancroft, waise vermögender eltern, student des transsylvanischen und huzulischen, und Edwarda Cornwallis, seine verlobte, befinden sich auf der fahrt von Száthmár nach Mandrak, einer kleinen stadt in den Karpathen. In dem abteil erster klasse brennen hinter blüten aus preßglas knisternde gasflammen. Langsam bricht die nacht über die vorbeiziehende landschaft herein: schründe und schroffe felsen – die Karpathen in ihrer vollkommensten wildheit!

Ein geheul steigt zum blassen mond. Ist es ein wolf? Ist es nur der dahineilende zug? Wer vermag's zu sagen..

»Ja, Edwarda, nun sind wir nur noch zehn bis elf stunden von unserem ziele entfernt..«

»Oh Johann dear, ich wünschte fast, wir hätten diese reise nie begonnen!«

Johann Adderley Bancroft holt aus dem eleganten gepäcknetz ein flaches, schwarzes etui: zwei ziselierte pistolen auf vergilbtem samt..

»Don't forget those, Edwarda darling..«

II

Auf dem bahnhof von Mandrak erwartet im morgengrauen ein schielender mensch Bancroft und Edwarda: Maksiminiu, des grafen kammerdiener.

»Eo sum Maksiminiu, knezului servu..«

J. A. Bancroft vernimmt die ersten transsylvanischen worte in der praxis..

Maksiminiu nimmt sich des gepäckes an, um es nach dem geschlossenen zweispänner zu bringen.

»Acestu vol de portá prezonale!« ruft Johann Adderley Bancroft, als M. nach dem schwarzen etui fassen will. Ja, dieses will er persönlich tragen. Der wagen rollt mit den reisenden durch die totenstillen straßen der landstadt.

III
An der uralten kathedrale des heiligen Simeon scheuen die beiden schwarzen pferde, ihr teuflisches gewieher zerreißt den frühen morgen in blutige fetzen, und Maksiminiu am kutschbock hat große mühe sie wieder zu bändigen. Edwarda erschauert aus tiefster seele: Du lieber Gott, wie soll das alles noch werden?
Weiter geht es in halsbrecherischer fahrt, schon liegen die lehmigen straßen Mandraks meilen zurück, und vor den schielaugen Maksiminius beginnt sich das drohende gebirge zu türmen..

IV
Ein schrei! Von wo kommt er her? Kommt er aus den weitläufigen gewölben und fluchten des schlosses? Aus dem knöchernen gelb des wolfsmondes, der drohend durch das nächtliche gewölke segelt?
Edwarda schaudert aus leichtem schlafe auf, das französische fenster hat sich geöffnet, weiße gardinen flattern schwer wie brautkleider einer verstorbenen in den dunklen raum..
Dann schreit Edwarda: John, mein Gott, John, help, help!
J. A. Bancroft stürzt im pyjama aus dem nebenzimmer.
Beruhige dich, liebstes, es war nur ein böser traum!
War's wirklich nur ein böser traum?

V
Ich stamme, sagt der graf mit feinem lächeln, aus einer sehr alten familie. Dabei schlägt er, als sei's ihm etwas warm, den violetten frackumhang auf. Moder, denkt Edwarda erschaudernd, und Johann Bancroft kann sich nicht entsinnen, jemals ein derart fiebriges rot gesehen zu haben, das seidenfutter in ДРАКУΛΑ paletot scheint zu glühen.
Vor den hohen fenstern bewegen sich fledermäuse im traum, ihre flügel zucken in regelmäßigen abständen wie sinistre spielzeuge, aufgezogen von einem monsterkind.

Sie wundern sich wahrscheinlich über den leicht salzigen geschmack des cafés, sagt der graf zu Edwarda.. Tja, das ist so sitte hierzulande!

VI

Dear sirs,   *Cstl. Nsfrt. Oct. 3. 18..*
climip ewfrom fasurcestionsorbab derllad denwoo niall cologlesodd tingslan cesin on was the redvee away omorr (sic!). Old Ziakeh offerlowney desiuth ringhea gionre srabnarap flectree valid owhere nungleap (sic!).
Yours truly
Johann Adderley Bancroft
Hier eine krone, guter mann, und sprecht zu keiner menschenseele über diesen brief..
Der einäugige postläufer nimmt Bancrofts brief und legt die hand an die invalidenmütze.
Wird das chiffrierte schreiben jemals den strand der Themse erreichen?

VII

In der unirdischen stille des herbstlich durchsonnten nachmittags findet Edwarda im garten des schlosses ein vergilbtes foto, welches die anscheinend durch langes liegen verwischten züge eines jungen mädchens zeigt. Seltsam: im halse des fotografierten mädchens stekken die winzigen zangen eines ohrenkäfers.. Irgendwie gleicht mir das gesicht dieses mädchens, sagt Edwarda. Unsinn, darling, meint Bancroft, aber sein lächeln wirkt gespielt. Er entfernt die käferzangen mit der pinzette und versorgt das foto im geheimfach seiner aktenmappe.

VIII

Darf ich ihnen behülflich sein, Mr. Bancroft? fragt der graf. J. A. Bancroft versucht seiner maßlosen verwirrung herr zu werden, er hat ДРАКФЛΛ nicht im schlosse vermutet, dachte ihn auf dem vorwerk CΛHГIP, als sein gastgeber plötzlich wie von flügeln getragen vor ihm steht und interessiert das ziselierte taschenmesser betrachtet, mit dem

der Engländer eben noch die kaum sichtbaren konturen der geheim-
türe untersuchte.
Eine überaus peinliche situation ist entstanden!

IX

Angekommen im dorfe verwickelt Johann Adderley Bancroft einige
huzulische leibeigene des grafen in ein gespräch:
»*Zam priu ot zamku* ДРАКУЛОГО«
»*Ot zamku?*« entringt es sich erbleichten lippen.. Die erwähnung
jenes Camelot der wölfe und fledermäuse treibt diesen rechtschaffenen die backenbärte nach allen richtungen der windrose.
»ГООД ЛОРД!« ruft der leibälteste, »*ot zamku* КНЕСУЛУ!«
Es ist, als flöge eine toddüstre florfahne durch die herzen der umstehenden.
J. A. Bancroft weiß nun eines: B. Stoker, sein schreibender lands-
mann *kann nicht* gelogen haben, es *kann nicht* erfunden sein!
»Branntwein für alle!« ruft der junge unabhängige Engländer zur
theke hinüber. Und Mordche Roitensteiner verfügt sich zum faß.

X

Den ganzen tag über schon spielt geige, dudelsack und cimbalóm.
Oleana, des dorfältesten tochter soll den jungen jäger Irgor, ihren
jugendgespielen heiraten; allein was bedeuten diese seltsamen vor-
bereitungen auf schloß ДРАКУЛА, von denen hirten und waldläufer
flüstern?
Procopop der dorfälteste kann nun nicht mehr ganz froh sein. Wird
der herr sein verbrieftes recht in anspruch nehmen?

XI

Nach alter transsylvanischer sitte hat die braut allein ins zukünf-
tige schlafgemach zu gehen, um sich dort die schon vorbereitete brautkrone aufzusetzen..
Als Oleana nach einer stunde noch nicht zurückkommt, dringen die
hochzeitsgäste ein und – finden ein leeres zimmer vor. Oleana ist

spurlos verschwunden! Im spiegel aber befindet sich ein loch, grade
so groß und breit, um einen menschen durchzulassen..

rɵɋʌ ʌɵʀʌ! wir haben vergessen knoblauchblüten zu streuen! ruft
Irgor verzweifelt..

XII

Der sogenannte *fledermaussalon* auf schloß **Δꝓɑꝶɤʌʌ**, *in veritas* jedoch eine exquisit ausgestattete folterkammer.
Oleana, in weißem brautkleid, ist auf das *noch* ruhende streckbett
geschnallt. Sie scheint wie gelähmt, aber dennoch zeigt ihr gesicht
kein anzeichen von furcht oder grauen, sondern vielmehr die leise
erwartung des bräutigams..
Der graf, um hunderte jahre gealtert, hantiert an retorten, sezier-
messern und saugrohren. Ein lichtschein von in verschwenderischer
pracht flackernden fackeln zuckt in dunklen schatten über das blut-
rote geweb der zugezogenen gardinen. Irgendwo im schlosse läuft
ein tonbandgerät mit cembalomusik: ein altertümlicher, getragener
csárdás.
Der graf entscheidet sich für ein zartes hakiges instrument..

XIII

Unweit seines zerbrochenen jagdstutzens finden sie an einem frühen
dienstagmorgen den forstgehülfen Irgor. Was ist geschehen? Wer
hat diesen bärenstarken mann gefällt?
Als der herbeigerufene doktor, reb Prossnitzer, den grünmontierten
leichnam genauer untersucht, entgeht ihm keinesfalls die doppel-
wunde an der rechten halsseite, einschläge von zwei zarten raub-
tierhauern.. Reb Prossnitzer schweigt und blättert grimmig in einem
büchlein mit hebräischen lettern.
Da, da! ruft einer der umstehenden.
Was gibt es?
Oleanas brautkrone hatte ja die selben ebereschenbeeren als schmük-
kenden zierat, welche jetzt Irgor mit seiner verkrampften linken
umklammert!

Die geheime litanei der bauern der umgegend von Mandrak

ДРАКУЛА der du wie ein aas stinkest
verschone uns
ДРАКУЛА der du blut wie bier trinkest
verschone uns
ДРАКУЛА der du deine opfer suchest
verschone uns
ДРАКУЛА der du der trinitas fluchest
verschone uns
ДРАКУЛА der du die welt bereisest
verschone uns
ДРАКУЛА der du die augen vereisest
verschone uns
ДРАКУЛА der du aus grüften auftauchest
verschone uns
ДРАКУЛА der du wie ein käfer krauchest
verschone uns
ДРАКУЛА der du dich stets beweibest
verschone uns
ДРАКУЛА der du unzucht treibest
verschone uns
ДРАКУЛА der du über Mandrak fliegest
verschone uns
ДРАКУЛА der du auf unflat liegest
verschone uns
ДРАКУЛА der du die adern verehrest
verschone uns
ДРАКУЛА der du dich stets vermehrest
verschone uns
ДРАКУЛА du made der guten gestirne
verschone uns
ДРАКУЛА du drache der herzen und hirne
verschone uns
ДРАКУЛА du herr der roten schwäne
verschone uns

ДРАКЌЛА du meister der nägel und zähne
verschone uns
verschone uns
verschone uns

XIV

J. A. Bancroft: Damned, ich fürchte, meine briefe an Hussell and Pussell werden ihr lebtag nie ankommen!

Drei werst weiter im gebirge: Huzulische bauern und der gendarm Apollodorus Jaksch umstehen einen uniformierten toten..

Apollodorus Jaksch: Gute leute, das ist ja Velocipescu der einäugige postläufer!!

Alles betrachtet den blutleeren leichnam, der vor ihnen, zwischen rosmarin und edelweiß, seinen letzten schlaf schläft..

Apollodorus Jaksch findet auch einen hirschhornen jägerknopf. Der einäugige scheint sich nicht so leicht ergeben zu haben.

XV

Dies schwarzgebundene buch ist das gefürchtete **НЕКРОНОМIКОН** des wahnsinnigen Abu al-Hazred, Carmillas neue mutter!.. Also wird **ДРАКЌЛА** vater seiner eigenen verruchten großmutter. Um das unheilige gebrodel roter retorten fliegt, gleich goldbesprengtem weihrauch, feines blondhaar. Ein duft nach moder und frischem sperma durchflutet das labor. Aus den gekachelten wänden lösen sich rosen und scheußliche skorpione. Der graf zertritt jene und schnuppert an diesen..

Carmilla erhebt sich nackt aus dem sarkophag, ihr fleisch ist noch etwas bleich, die spitzen ihrer brüste sind mit entweihten nadeln durchbohrt..

XVI

Gestatten sie, daß ich ihnen meine nichte Carmilla vorstelle, sagt der graf zu seinen englischen gästen.. Über die große treppe der kerzenerleuchteten ahnenhalle schreitet Carmilla herab. Ihr blondes haar liegt in einer strengen frisur, sie trägt ein schokoladengraues abendkleid, moderduft umfließt sie wie ein seltenes parfum, man weiß nicht: ist es wirklich moder oder eine seltene, ausländische droge. Meine nichte hat das letzte jahr über in St. Petersburg gelebt, will aber nun, aus gesundheitsrücksichten, den winter im heimatlichen Transsylvanien zubringen..

Maksiminiu serviert schweren roten tokajer. Sie wundern sich, sagt der graf zu Edwarda, aber dieser leicht salzige geschmack ist hierzulande sitte!

XVII

Eine schar fledermäuse dringt in das badezimmer ein und entführt Edwarda aus der wanne, fliegt mit ihr hinweg über den mondüberglänzten herbstwald. Johann Adderley Bancroft, durch das klirren zerbrechender fensterscheiben alarmiert, dringt in das verschlossene badezimmer ein, gleitet auf einer nassen seife aus und schlägt lang hin. Eine barmherzige ohnmacht umfängt ihn.

Bring ihn auf sein gemach, sagt ⱰᴘᴀᴋⱮᴧᴀ zu seinem diener Maksiminiu, der junge herr aus England bedarf der ruhe..

Draußen, vor den stallungen steht Carmilla in fahlem jägercostume. Spannt mir den wagen ein, Maksiminiu soll mich in den wald zur jagdhütte fahren!

XVIII

Leichtfüßig springt Carmilla vor der jagdhütte aus dem einspänner. Maksiminiu steckt die peitsche ins futteral, Carmilla eilt auf die grobgezimmerte türe zu.. Doch was ist das? Heraus aus der jagdhütte, ohne auf die splitter des zerberstenden fensters zu achten, springt der vampyrische jagdgehülfe Irgor. Seine augen sind rotgerändert, seine gesichtszüge leichenhaft gelb, noch trägt sein grüner anzug spuren von kalk und feuchter erde..

ᴎᴄᴀ ᴋⱷᴉꙂ! entfährt es Carmilla in blindwütigem zorn, er ist mir vorgekommen, er hat Edwarda an meiner statt genommen, er kannte den wald besser als ich! Drinnen auf den dielen liegt Edwarda, tot, weiß wie ein blankes blatt papier. Carmilla läßt Maksiminiu die braut des herrn Bancroft im weichen boden der waldlichtung verscharren. Es wird ihr nicht schwerfallen, um mitternacht gezähnt aufzuerstehen..

XIX

Oh, ich muß eine ganze ewigkeit geschlafen haben! ruft Johann Adderley Bancroft erwachend..

Aber dann: Jetzt gewinne ich allmählich meine erinnerung zurück..
Edwarda! Wo ist Wedwarda, o weh!

Das schloß ist verlassen, ein Dornröschen ΜΛΗΘΡ, kein graf, keine Carmilla, kein schielender Maksiminiu! Mit beiden pistolen durchsucht der versteinerte Bancroft einen ganzen langen tag die hallen und geheimzimmer von ΝΘCΦƐΡΛΤΘ ..

Soll er alles bloß geträumt haben? O nein!

XX

Null uhr! Altväterisch schlägt das mächtige perpendikel in der ahnenhalle seine trauertöne.. Leise rieselt der verputz von den wänden..
Und: *lo and behold!* Aus dem echten ölgemälde Carmillas der nächtlichen nachzehrerin springt, bleicher denn ein bogen bütten, Edwarda Cornwallis selig! Und ihr drei meter tiefer sprung ist völlig lautlos! Ein schimmerndes loch gähnt in dem schaurigen conterfei..
Johann darling..!

Und Johann Adderley Bancroft sieht im munde seiner süßen braut eine reihe perlenweißer vipernzähne hervorsteigen, sieht auch das winzige wundmal ihres schwanenhalses.. Seine pistolen schlagen dumpf zu boden, er macht kehrt, beginnt zu laufen, läuft, läuft, läuft in die schauerliche nacht hinaus!

XXI

Apollodorus »Lois« Jaksch der gendarm, ein Deutscher aus Käsmarck, der einzige polizist, der nicht bestechungsgelder von graf ΔΡΛΚΘΛΛ annahm, ihn jedoch im geheimen teuxl nannte, liegt tot vor seinem altmodischen signalapparat. Der kleine aber saubere raum duftet nach Kanton-patchouli und frischer erde..

Wer schenkte damals in Pesth, o Adderley Bancroft, dieses parfum?

Auf der commanderiia der polizei von Mandrak erklärt man J. A.
Bancroft zum siebenten male, daß graf **NOCΦEPATЪ** seit jahren schon
mit seiner familie in **CT. ΠΕΤΕΡCΚЮΡΙ** lebe..
Ah, noastre knezul! Moare cece tre anne cu phamiliia a Petrobourg!
Nonnon, estimate doamne Bancrophtescu, voi situate-si n'erroare..
J. A. Bancroft: Also das schlägt denn doch dem *** die ††† aus!
Dann aber will es ihm scheinen als lauere um die lippen jener trans-
sylvanischen carabinieri ein, wie soll ich sagen? lykanthropischer
zug, eine ahnung bloß, allein..
Und, als verließe er die gefahr eines raubtierzwingers:
Messieurs, ich bin der ihrige.. Und er geht.

XXIII

Was bist du für ein mensch, Johann Salpeterley Bancroft? Welcher
teufel in dir bestimmte dich, deine eigene braut, die unschuldige,
engelhafte Edwarda nach schloß **ΔΡΑΚЪΛΑ**, jenem Shangri La alles
bösen zu entführen? Bist du nun mehr besser denn dieses behauerte,
besaugrohrte geschlecht infernalischer fürsten? Milder denn **ΔΡΑΚЪΛΑ**
selbst?
Ha, gehe, fliehe, fliege! Begib dich nach **KACЖMEPE,** suche in den reinen ätherischen tälern des **ЬИΛΔЪΚЪCΧ** zu vergessen, was dir diese
düsteren Karpathen beschert!

Das Goldene Horn, wunder aus Byzanz und Türkenmond, ist für
Johann Adderley bloß ein blasses, graues schemen, das an ihm wäh-
rend seiner fahrt durch die Levante vorübergleitet.
Durchs Rote Meer geht's in den Indischen Ocean. Kashmire! In
Karachi kauft J. A. eine fahrkarte nach Srinagar..

Und dort, verborgen unter buntem laub, versponnen in ghoulischen
träumen, erwarten ihn Carmilla und Edwarda. Es ist herbst in dieser gegend..

Versammlung der hauptsächlichsten feinde des grafen **ДРΛКѸΛΛ** aus
dem geschlecht der linken **NOCФEPΛTѺ**

Ancclam the Sucker, bischof
von Szüthváry
Tyrann Kallimachus von Brod
Frederick of Draquenstin
Erzritter Görödömffyi
Mordazla, fee der mongolen
Aksü der protosibirier
Königlich Hirschhorn
Frau Szu
Lacadrù von Száthmár
Miss Giustina Faithful
Warlock Divisch
Herr Gordon Samstag
Irgor der jagdgehülfe
Procopop der dorfälteste
Gendarm Apollodorus Jaksch
Reb Prossnitzer
Johann Adderley Bancroft

ФΛРΛ СФΛРСIT

✝ ✝ ✝

tök ph'rong süleng

a

vorbemerkung für meine leser (meine leserinnen): ein jäger von wer-
wölfen muß sich ordentlich ins zeug legen – legt er sich einmal nicht
in es, gibts ein heilloses debakel, denn ein schreckliches phänomen ist
sein sparring-partner. mitleidlos, da im augenblicke seiner taten ohne
seele, phantastisch schlau, da ein mischding aus verständigem mensch
und instinktgelenktem tier, unverwundbar nahezu, da unterm schutze
des mondes[1] und dessen dunkeler idole, so geht er, der were wolf,
grünaugs, gesträubten fells und unheiliges im sinne, ins gäu.
mensch und jäger, hüte dich, gib acht, sieh dich für!

b

»ihre papiere, sir ...«
»hier ...«
der beamte unterm tropenhelm wischt sich den schweiß von der heißen stirne und nimmt eine weile einsicht in de veres paß. scharf blickt
er dann mit dem linken auge hoch:
»sie heißen mortimer grizzleywold de vere, sir?«
»ich heiße nicht nur so, – ich bin es.«
»sie sind 1850 zu ballykernan, co. cork geboren?«
»daselbst als sohn englischer eltern.«
»und ihr beruf stimmt ebenfalls?«
»warum sollte er nicht stimmen? zugegeben für sie, einen beamten der
königin mag er reichlich bizarr anmuten, allein er ist es tatsächlich.«
»oh, denken sie nicht, ein beamter der königin müßte in seinen an-
sichten derart pauschal sein – meine fragen sind reine routine, sir.«
»ich danke ihnen, officer ...«
der beamte reicht den paß zurück.

1 luna, ae, der mond; dh. (poet.), meton., die nacht.

»ich danke ihnen, sir.«

mortimer grizzleywold de vere passiert mit zwei eingeborenen lohn-
dienern das hafengelände und begibt sich mit einer droschke durch
den ungeheuren monsunregen zur bahnstation.

c

»sagen sie das nicht, sabih, jammu liegt am indus und, verglichen mit
ihm, wird die themse zu einem unbedeutenden bächlein..« »aber london? london die metropole der welt, seine brücken, kathedralen, pa-
läste!«

»zugegeben, eine ebenso schöne wie imposante stadt, aber was ist das
gegen indien mit seinen zehntausend wundern?«

ob es nicht, schon allein zahlenmäßig, übertrieben wäre mit den
zehntausend wundern?

»sehen sie, hier überschwenglicher reichtum, da bitterste armut, ganze
landstriche fatalistisch auf gedeih oder verderb ausgeliefert, ja dem
hungertode preisgegeben.«

das sei schon wahr, aber nicht jeder habe das glück einer gemäßigten
zone zu entstammen bzw. anzugehören.

vielleicht ist es auch die religion, die unsere völker unterscheidet, ich
gebe zu, ein heißes eisen, allein wir dürfen sie keinesfalls außer acht
lassen.«

das gespräch mit ali mirza dehnt sich über stunden aus, der junge
fürst ist ein äußerst gebildeter mann, hat in yale studiert.

»england ist ein altes land, hat den schlußpunkt seiner historie nahezu überschritten. die vereinigten staaten von nordamerika, ja, ihrer
wird die zukunft sein.«

eine große junge nation, die da in das 20. jahrhundert eintritt!

über die abergläubigen vorstellungen seines volkes scheint der junge
fürst nicht informiert zu sein, tut wenigstens so. »ich kümmere mich
in jeder weise um wohl und wehe meiner leute, aber wohlgemerkt,
nicht um ihre wehwehchen.«

mortimer grizzleywold de vere lächelt über das wortspiel. es ist mittlerweile nacht geworden. morgen wird er in begleitung des fürsten, der ein begeisterter ballonflieger ist, von jammu nach leh aufbrechen – ein waghalsiges unterfangen wenn man sich das zu überquerende gebirge vor augen führt.

»na denn, gute nacht, sahib …«

»gute nacht auch, fürst …«

d

eine ausgewachsene kobra in der muschel eines englischen watercloset, nein, das geht nicht mit natürlichen dingen zu! freilich, lord dansawney berichtete im navigators-club von einer frappant ähnlichen begebenheit (da soll sich die kobra durch die ventilation hereingemacht haben, was nicht gut möglich sein kann). aber der lord ist schriftsteller, poet (opiumesser?) und pflegt sich durch solche fiktionen in die nötige arbeitsstimmung zu versetzen. derartige überlegungen wären aber in der gegenwärtigen situation mehr als fehl am platze, hier gilt nur die blitzschnelle aktion.

im bruchteil einer sekunde hat mortimer grizzleywold de vere die lage erfaßt, noch ehe das dunkle knäuel sich vollends steil aufgerichtet hat, schlägt er die bereits geöffnete wc-türe zu und verständigt den direktor des alahazrat-hotels … man braucht nicht unbedingt ein nat pinkerton zu sein, um das auftauchen einer giftviper in einem von aller welt verschlossenen wc mit einem heimtückischen mordattentat in verbindung zu bringen. allein wer zum teufel mag von de veres intention erfahren haben? einzig und allein prof. handendoek in münster weiß um de veres vorhaben im karakorum – und dieser stille alte gelehrte, der vornehme deutsche wissenschaftler ist über jeden zweifel erhaben.

e

sechs wochen vorher:

während seiner weitläufigen studien auf dem gebiete der lykanthropologie gerät mortimer grizzleywold de vere ein interessantes khanchuli-manuscript des 18. jahrhunderts in die hände. de vere nimmt es mit nach hause, verbringt eine nacht darüber – und fährt noch am folgenden nachmittag nach philadelphia, wo er auf einem dampfschiff des norddeutschen lloyd eine cabine belegt. nach zwölf tagen trifft er in bremerhaven ein. nach einem kurzen besuch bei prof. handendoek in münster reist er weiter nach karachi. das ziel seiner reise: dhaulmoong, ein kleines, auf keiner karte verzeichnetes flußtal nordöstlich von leh im karakorum.

hier die wichtigste passage des manuskriptes:

> ›..shnalong. srâp. gurng. gok. lyâr
> gok. nang. sriptim. din. hrör. teil
> khaulmeng. drurhon. srâp. gurng. i
> ngrilâl, ph'rü. khrem. meng. hyâkk
> döpsang. gok..
> ankhrap. ph'rön. hri: dhaulmungrir
> gok. ma. nu. sha. bhukk..‹

alle wetter! entfuhr es mortimer grizzleywold an dieser stelle, alle wetter, sollte es möglich sein.?

f

leh [1] liegt ausgestorben wie nach einer choleraepidemie in der un- barmherzigen glut der mittagssonne. auf der schattigen veranda von colonel algernoon towdys bungalow indes läßt sich auch diese back- ofenglut halbwegs ertragen. zum sichtlichen wohlbefinden der drei personen trägt auch der gutgekühlte whiskey das seinige bei [2] und überdies rückt ein gutes dutzend eingeborener diener der hitze mit sinnreich konstruierten fächeranlagen bei. man stellt einen proviso- rischen plan für eine expedition auf, die man übermorgen in das kaum bekannte tal von dhaulmoong zu unternehmen gedenkt. der

---

1 eine stadt im suchquadrat 46/47 G 6 auf der indienkarte von m. g. de veres reise- atlas.
2 rechtschaffener white-horse-whiskey, die leibmarke des pensionierten artillerie- obersten.

colonel schlägt mit der flachen rechten nicht zu sanft auf die tischplatte:

»wenn ich mich hier nicht in gegenwart einer lady befände, mann, de vere, ich würde ihnen noch ganz andere dinge über diesen zwielichtigen halunken ali mirza erzählen!«

de vere hatte eben eingeworfen gehabt, daß es der sache dienlich wäre, den jungen fürsten mitzunehmen, zumal er sich während der ballonfahrt nach leh ganz freiwillig als führer angeboten hätte – wer auch kennte die gegend besser als er?

»madame, plustert der etwas cholerische oberst hervor, ich garantiere für nichts, wenn dieser bursche mit von der partie ist!« »aber er ist doch nach hiesigen begriffen ein gentleman..« wirft mistress carruthers ein. maud carruthers, witwe des im letzten jahre auf so absonderliche weise ums leben gekommenen tigerjägers inigo hazlebitt carruthers, eine schöne, überaus begehrenswerte frau, braucht, was mut und ausdauer anlangt, keinen vergleich mit ihrem verstorbenen gatten zu scheuen; auch sie jagt tiger.. »ein gentleman.. hm, gewiß wirkt er nicht unordentlich, ist ein gebildeter mann, hat, wenn ich mich recht entsinne, in den staaten studiert, eine masse examen gemacht, wirkt äußerlich wie ein römer, allein traue mir einer diesen khanchulis über den weg! sind meinetwegen noch schlimmer als wazeeris und afghanen!!«

de vere trinkt langsam seinen whiskey aus, sagt dann bescheiden, aber bestimmt:

»glauben sie mir, colonel, auch ich mag im grunde meines herzens keinen von diesen ausländern, das werden sie mir auch wohl schwerlich zutrauen, aber wie nun eben mal die dinge liegen, und bei unserer völligen unkenntnis dieses zu durchquerenden tales, muß ich für ali mirzas angebot plädieren!«

er hebt sein leeres glas vors rechte auge, blinzelt und läßt die übergebliebenen eisstücke ein wenig klirren.

»ja«, sagt er, »so wahr mir gott helfe, das müssen wir!«

»na schön, aber auf ihre ureigene verantwortung, de vere. ich hab sie gewarnt..«

»bester colonel, ich wette mit ihnen 100 pfund gegen einen alten hut, daß wir, weder mistress carruthers noch sie noch meine wenigkeit zu einem jagdergebnis kommen, sollten wir die liebenswürdige führung ali mirzas khans ablehnen..«

er habe noch einige briefe zu erledigen, sagt mortimer grizzleywold de vere und verabschiedet sich für diesen tag.

»ach sagen sie doch, lieber colonel, was eigentlich jagt unser mister de vere?«

g

der peitschenartige knall eines schusses tönt durch die stille der nacht, echot einige male in den nahen felswänden – und schon ist man im lager wach, auf den beinen, den zeigefinger am abzug der waffe.

mistress carruthers steht mit der noch rauchenden winchesterbüchse im seidigbleichen licht des mondes, ihre bluse ist vorne wie von einer scharfen raubtierkralle aufgerissen, der schöne busen quillt weiß hervor, blutet leicht..

stimmengewirr. was war es? ein tiger hier? ist ja unmöglich! sind sie verwundet, mistress carruthers? haben sie getroffen? wie ein nachklang der echos schwirren die fragen auf maud carruthers ein.

»es wäre zum ersten male, daß ich gefehlt hätte«, sagt die leicht entblößte amazone, »ich muß es getroffen haben.« »welch kaltblütige frau« denkt mortimer grizzleywold de vere. »war es ein wolf?« setzt er seinen gedanken atemlos hinzu. »es hätte gut ein wolf sein können, wäre es kein orang-utan gewesen..!«

»by george!« ruft der hinzukommende colonel erstaunt aus, »was hat ein wolf mit einem affen gemein?!«

er wirkt mit seinen langen unterhosen im diffusen licht des silbermondes reichlich perplex.

»das wesen, welches mich eben überfiel, sah wie ein mittelding von wolf und menschenaffen aus. außerdem lief es aufrecht davon..«

»in welcher richtung?«

mistress carruthers deutet mir ihrer winchester quer über die mond-

überglänzte bergwiese.. de vere blickt scharf in die angegebene richtung:

»dann muß es nach der höhle gelaufen sein, an der wir gestern abend
vorbeiritten, sie ist nur einige hundert schritte von hier entfernt.
colonel, kümmern sie sich um mistress carruthers, sie ist verletzt, ich
laufe zur höhle!«

de vere klemmt sein einglas ins auge, schwenkt die pistole über dem
kopf und stürmt querfeldein auf den höhleneingang zu. jetzt erst
bemerkt man das fehlen ali mirzas.

»wo ist der fürst?« fragt mistress carruthers, welche ihre rechte, verwundete brust nun vollends befreit hat und sie dem verlegenen
colonel hinreicht.

»ein harmloser kratzer, gott sei dank«, sagt colonel towdy, »nicht
besonders tief, ein englischpflaster wird genügen..« da taucht aus
dem schimmernden irgendwo ali mirza, khan der khanchulis
auf.

»good heavens«, ruft er besorgt aus, »ist der memsahib etwas zu-
gestoßen?«

»das sehen sie doch! aber wo haben sie denn während der ganzen
zeit gesteckt?«

»so leid es mir tut, colonel, aber ich schlief wie ein sack!«

colonel towdy blickt ärgerlich nach der silberbeschlagenen galaflinte,
die der junge fürst in seinen seltsam stark behaarten händen hält..

h

»verdammt, ali mirza, fuchteln sie nem andern mit ihrer altmodischen flinte vor der nase rum, nicht mir!«

der colonel schreits und ali mirza zeigt seelenruhig sein blendendes
gebiß. er lacht:

»keine bange, colonel sahib, die geht nicht los, ist gar nicht geladen!«

was mag hinter der stirne des jungen bergfürsten vorgehen? wie sieht
es im innern jenes asiatischen adonis aus?!

»nie wird unsereiner das wesen dieser europa so fremden rasse richtig ergründen können« denkt mistress carruthers und reicht dem boy ihre winchesterbüchse. ja, schießen, das kann sie, da tuts ihr nicht so bald einer gleich..

mortimer grizzleywold de vere ist inzwischen nicht müßig gewesen, hat mit einer karbidlaterne die geheimnisvolle höhle durchforscht und ist auf einige bemerkenswerte funde gestoßen: eine fast neue khakijacke, deren unterster knopf fehlt, eine tasche mit chirurgischen instrumenten deutschen ursprungs, ein unversehrtes kleid, wie es hier einheimische frauen der höheren stände tragen (hellblau mit goldstreifen), sowie eine brieftasche mit rupiennoten [1].

»ah, da kommt er endlich!« ruft mistress carruthers, und der colonel geht ihr nicht ohne bewegung entgegen.

»mann, sie können einem schon sorge machen! haben sie was gefunden:..«

und ob er was gefunden hat!!

i

zwei tage später, weiter im gebirge.

»sagen sie, colonel, kennen sie das buch von strong: der man-eater von madras?«

»ich hab es gelesen, de vere, es steht bei mir daheim im bücherschrank.«

der kleine trupp reitet durch eine pfadlose hochgebirgslandschaft. ali mirza, breeches-hosen und turban, hält die spitze, ihm folgen die drei khanchulis mit den packpferden, dann mistress carruthers auf einem araberhengst (einer leihgabe des fürsten – sie wollte ihn als geschenk nicht annehmen), ihr folgen mit kurzem abstand der colonel und mortimer grizzleywold de vere. de vere ists, der den faden nach längerem schweigen wieder aufnimmt:

»ein aufschlußreiches buch, nicht wahr, colonel?«

»tja, wenn es nicht erlogen ist wie die meisten schreibereien.. ich kann mir nicht helfen, aber es erscheint mir als höchst unwahrschein-

1 25 einzelne zehnerscheine

lich, daß dieser tigermensch tatsächlich nur weiße erzieherinnen gefressen haben soll..«

»well, de gustubus non est bekanntlich disputandum!« seufzt de vere.
»und überhaupt: es geht mir einfach gegen den strich, an solche dinge
zu glauben – obgleich ich sagen muß, daß mir unter meiner 35jähri-
gen dienstzeit schon allerhand dolle sachen untergekommen sind,
mann, wenn ich da an die vorfälle damals in choohalore zurück-
denke..«

»was gabs da?«

»ein andermal, de vere. sehen sie die bergfestung dort, die an unserer linken auftaucht? im 17. jahrhundert soll sie akbar der große
erbaut haben, jawohl, zum schutze gegen die stämme des nordens,
aber während der sikhwirren ging sie den moghuls wieder verloren..«

de vere klemmt sich sein einglas ein und betrachtet interessiert die
massiven mauern und zinnen, die im sonnenglast des mittags wie ein
silbergraues feenschloß aus der entfernung schimmern.

j

einer der khanchulis hat heute morgen eine schreckliche entdeckung
gemacht. er heißt ali, wird aber von seinen gefährten nur noch zorâwar, der starke, genannt, ein bulliger anhänglicher mensch, etwa
25 jahre alt. der mann hat eben einige hundert yards vom lager
entfernt seine notdurft verrichten wollen und behufs sanitärer gründe
mit dem spaten ein kleines erdloch ausgehoben. dabei kam es zu
besagtem grausigen fund. er entdeckte eingegrabenes ...

ali mirza khan befindet sich nicht mehr im lager. keiner hat ihn fort-
reiten sehen (sein pferd ist ebenfalls verschwunden), es besteht daher
die wahrscheinlichkeit, daß er sich bereits nach mitternacht auf den
weg gemacht hat. ein plausibler grund für sein geheimnisvolles verschwinden ist bislang noch nicht bekannt. was veranlaßte den fürst
bei nacht und nebel, ohne ein wort der erklärung, des abschieds auf
und davon zu reiten?

»ach was«, meint der colonel zu de vere, »er ist eben abgehauen und wir sind ihn los, ich weine ihm keine träne nach, im gegenteil, mir fällt ein stein vom herzen.«

»ich habe die unbestimmte ahnung, daß wir noch von ihm hören werden.« sagt de vere.

»das glaube ich auch, mein alter junge, aber es wird bestimmt nicht das angenehmste sein. was habe ich ihnen gesagt: mit diesem asiaten stimmt etwas nicht!«

»aber was?« denkt de vere, spricht es aber nicht aus. spät abends erreicht man eine hirtensiedlung, eine art alm mit einigen 15 hütten. man beschließt, diesmal unter dach zu nächtigen. mortimer grizzley-wold de vere nimmt die ausgegrabene menschenhaut aus der sattel-tasche des packpferdes. es ist kaum zu fassen, aber der ehemalige besitzer dieses schauerlichen balgs muß aus ihm wie aus einem kleid geschlüpft sein. so häuten sich sonst nur schlangen! er trägt den selt-samen fund zu den hirten, die um ein großes lagerfeuer sitzen und fragt sie: »tum jante ho yih chamrâ?« kennt einer von euch das?..

die einfachen bergmenschen weichen erbleichend zurück, sprechen aufgeregt untereinander, aber weder de vere noch die anderen kön-nen es verstehen. man spricht hier bereits einen dem tibetischen ver-wandten dialekt.

»tök ph'rong tök ph'rong!« ruft ein greis mit schneeweißem bart, er streckt abwehrend die hände vor sich. da wirft mortimer grizzley-wold de vere den schauerlichen balg in das lodernde lagerfeuer, ein kurzes unangenehmes aufprasseln und das, was noch vor kurzem die äußere hülle eines menschen wie du und ich (?) ausgemacht hatte, ist nicht mehr. die hirten atmen auf, dankbare blicke treffen de vere, für sie ist er nun, so scheint es, etwas ähnliches wie ein weißer magier.

»tök ph'rong süleng!« ruft der alte erleichtert aus, »tök ph'rong süleng?«

aber was bedeuten die vokabeln tök ph'rong süleng? rätsel über rätsel!

k

ist es yeti, der schreckliche schneemensch?
das geheimnisvolle wesen, sagen sie, habe seidene sandalen getragen,
in einer schwer auffindbaren berghöhle habe er mit vier frauen vier
verschiedene sorten weine getrunken: roten mit der jüngsten, gelben
mit der zweiten, grünen mit der dritten, blauen mit der ältesten.
»was soll dieser heillose unsinn! gesetzt den fall, es waren tatsächlich
vier frauenzimmer mit im spiele, schön und gut. meinetwegen, ich
unterschreib es – aber wenn mir einer kommt und mir einreden will,
er hätte (oder es hätte) grünen und blauen, blauen wein getrunken..«
der colonel steht unwillig auf.
»vielleicht hat er likör getrunken, ich bitte sie, blauer curaçao! was
wissen schon diese einfachen bergler von solchen dingen?«
oho, mistress carruthers scheint davon ja doch einiges zu verstehen..
»das sind alles lügengeschichten und ammenmärchen, was wir brauchen sind tatsachen, reine facten, stichhaltige beweise!«
soweit der colonel.
mortimer grizzleywold de vere praktiziert sich sein einglas vors
auge, er erinnert sich an die worte des liedes, das er in jammu von
den tanzmädchen hörte.

l

eine frage, die mistress carruthers vergangene nacht im halbschlafe
beschäftigte:
ist mortimer grizzleywold de vere, bart. ein dandy?

m

pushpa, die junge fürstin des wilden bergstammes, schläft in ihrem
bequemen europäischen messingbett, einem geschenk des russischen
gesandten. allein. moskau und petersburg liegen in weiter ferne, eine
andere welt ist es an der newa, an der moskva – und sicherer..

einen flintenschuß von den drohenden mauern der ehemaligen grenz-
festung [1] bewegt sich im hyazinthenen licht des vollmondes ein selt-
sames wesen. ist es ein mensch oder ein tier oder gar eine spukgestalt,
auswuchs der phantasie eines dörflichen erzählers? unübersehbar
wölbt sich der sternenhimmel und wie das innere einer halbkugel aus
glas die kalte, jedoch würzige gebirgsluft. die nacht bedient sich einer
ungeheuren stille, gähnend streichen die beiden wachen auf dem südlichen wehrgang die safranroten bärte..
»vahan chatthikar hujh hai?« fragt der eine.
»nahan hai, ya dost..« gibt der angesprochene mürrisch zurück,
»mujh bara nik hun!«
aber er irrt da gewaltig!

n

aufgeregt wie eine gluckerhenne, die eins ihrer küken vermißt, läuft
frau emma grootjahn, professor handendoeks rundliche haushälterin zum polizeikommissariat. der herr professor sei seit vorgestern
abend abgängig. zuerst habe sie sich nichts besonderes dabei gedacht,
vermutete ihn zu besuch bei seiner unverheirateten schwester in hil-
trup. dort sei er aber schon ne ganze weile nicht zu besuch gewesen,
behaupte frau lehrer handendoek. verreist könne er auch nicht sein,
sogar sein übermantel, der einzige, und sein spazierstock befänden
sich unberührt am haken. ogottogott, wenn nur kein verbrechen geschehen ist! kann man sich doch heutzutage kaum mehr allein über
die straße wagen. oh, der arme herr professor! polizeikommissar
moersberg wiegt bedächtig den wuchtigen bauernschädel:
»tjä, liebe frau grootjahn, leider muß ich ihr sagen, daß auch mir der
janze fall reichlich misteriös vorkommt. man jeht doch nit so janz
ohne überzieher aus dem hause.. und hat der professor manchmal
über den durst jetrunken? soll ja vorkommen in die höchste kreise..«
»gott bewahre, herr beamter, kein tröpfchen..«

1 im 17. jahrhundert von dem moghulkaiser akbar dem großen errichtet, ging sie
in den sikhwirren des späten 18. wieder an die bergstämme verloren.

und ob sie irgendwas auffälliges nach dem verschwinden des professors im hause bemerkt habe?

es habe da son lüttes ding auf dem estrich gelegen ..

»hat sie s mitgebracht?«

ja, sie habe es mitgenommen, im falle eines falles. hier ist es ..

der kommissar betrachtet das flache geschliffene holzplättchen. verflucht schwer ist es für seine größe, sieht aus wie son komisches amulett, hat auch ne inschrift. er liest laut: »libera nos a lupis .. lupis? dat heißt doch lupus, ne art aussatz ..«

er dreht sich um und ruft in das bereitschaftszimmer:

»meier 2 kommen sie mal raus, sie sind doch lateiner?«

ein baumlanger, magerer polizist erscheint im türrahmen.

o

mister john a. bancroft, ein äußerst seltsamer mann, kastellan und privatsekretär der jungen fürstin pushpar, führt die englischen gäste seiner herrin durch die festung chanoob-i-chatawn. bancroft, ein noch junger mensch, hat mit seinem europäertum, wie es scheint, gebrochen. er trägt indische kleidung, sein langer blonder bart fällt ihm bis unterhalb des leibriemens, welchen er aus unersichtlichen gründen darübergeschnallt hat. seine schönen blauen augen haben einen leicht gehetzten ausdruck. er macht jedenfalls den eindruck, als hätte er vor nicht allzu langer zeit eine nervliche krise überstanden. von der jungen fürstin spricht er nie anders als von seiner hazarad bikem, was in der khurkoori-sprache etwa ihre hoheit, die begum bedeutet. »ist das die zisterne, an der man gestern den toten fand?!« fragt de vere und deutet nach dem altertümlichen, steinumrandeten wasserloch.

»sie ist es.« entgegnet ihm bancroft düster. »sehen sie, wir besitzen hier nicht einmal den landesüblichen raubtierzwinger, früher existierte freilich ein solcher, allein der verstorbene fürst, der selige herr vater von hazarad bikem war der ansicht gewesen, raubtiere seien keine geschöpfe gottes, sondern vielmehr des teufels. also wurde er abgeschafft. an seiner stelle errichtete man ölpressen für das volk. es ist uns daher allen rätselhaft, wie es geschehen konnte, daß der unglückliche auf diese art zu tode kam. und«, so fuhr er fort, »sehen sie sich diese wehrgänge an! es wird kaum jemand behaupten, daß sie von einem wolf übersprungen werden können ..«

mortimer grizzleywold de vere betrachtet nachdenklich die stelle des seltsamen unfalls durch sein einglas.

»well, mister bancroft, und sie meinen dennoch, daß der biß, welcher den nacken des opfers zermalmte, nur von einem wolfe herrühren könne?«

»daran besteht kein zweifel, mister de vere!«

»welche funktion bekleidete eigentlich der tote hier im hause der fürstin?«

der kastellan blickt vorerst ein wenig verdutzt auf de vere, besinnt sich aber gleich darauf.

»ach natürlich, ich vergaß ihnen ja ganz zu sagen, daß der mann, als wir ihn auffanden, keine haut mehr am körper hatte. man hatte sie ihm wie ein kleid abgezogen, ein scheußlicher anblick, versteht sich, daß er nicht mehr zu erkennen war. aber im hause fehlt niemand, es muß demnach ein fremder, ein eindringling gewesen sein ..«

»man hat ihn enthäutet?!« klingt es wie aus einem munde. de vere, der colonel und mistress carruthers können ihre überraschung nicht verhehlen.

»du lieber himmel, keine haut?!« ruft mistress carruthers, »es wird doch nicht etwa am ende ...«

sie vollendet ihren satz nicht, aber de vere weiß dennoch, was sie sagen wollte. er weiß auch: diese mutige frau ist bei gott keine gewöhnliche tigerjägerin. donnerwetter, alle achtung, maud carruthers! aber noch darf er sich ihr nicht zu erkennen geben.

p

»heiliger bimbam«, ruft mortimer grizzleywold de vere auf seine taschenuhr blickend aus, »es ist weit über mitternacht!« er hat sich noch nicht schlafen gelegt, hat die summe seiner bisherigen beobach-

tungen und der daraus zu folgernden schlüsse in ein notizbuch ein-
getragen. nachstehende fragen und provisorische antworten werden
stenographisch niedergelegt:

1. wodurch wurde meine streng gehütete identität gelüftet?
2. wer war der autor des schlangenattentates in jammu?
3. welches ist der wahre hintergrund des todes vin inigo hazlebitt
   carruthers?
4. wer (was) überfiel die schlafende maud carruthers?
5. wer hat die von zorâwar ausgebuddelte haut vergraben?
6. warum verschwand ali mirza ohne ein wort der erklärung?
7. was bedeuten die geheimnisvollen vokabeln tök ph'rong süleng?
8. nach was jagt der colonel?
9. nach was jagt maud carruthers?
10. ist prof. h. der integre wissenschaftler, für den ich ihn halte?
11. ist die macht eines werwolfes auf ein gewisses territorium be-
    schränkt oder universell?
12. handelt es sich in unserem fall um einen gewöhnlichen yeti oder
    um einen lykanthropos?
13. wer war das opfer des mysteriösen wolfes?

vorläufige hypothese:

1. der einreisebeamte ist ein spitzel (?).
2. aller wahrscheinlichkeit nach ali m.
3. wurde ein opfer des lykanth.
4. der lykanth. (höchstwahrscheinl.).
5. sie wurde von dem 1., der wieder einmal im wolfsfell umging,
   einstweilen verborgen (?)!
6. ali m. im wolfsfell fand seine menschliche haut nicht mehr vor
   und konnte deshalb nicht mehr zur jagdpartie zurück (!).
7. ?
8. wie ich nach dem lyk. es besteht kein zweifel, daß der colonel
   niemand anderer als sir anton punchby-punchby ist, besser bekannt als anton der 1000 masken, einer der größten vom yard.
9. jagt den mörder ihres mannes (ein hoheslied der gattenliebe).
10. absolut.
11. schwer zu beantworten (nach dem stand der dinge).

12. zweifellos um einen lykanthropos (siehe ms. khanch.)
13. ?.

de vere verschließt die niederschrift in seinem geheimkoffer, reinigt seine pistole sorgfältig und lädt sie mit sechs schuß munition. sodann begibt er sich mit einer flotten melodie zwischen den zähnen sowie einer teerose am aufschlag seines abendanzuges ins freie. die kühle dunkelheit des gartens atmet wie ein lauernder mensch.

q

die list des lykanthropen, meine leser (meine leserinnen) in diesem abenteuer ist ein altbewährter haustrick. durch auslegung menschlicher häute sucht er seinen verfolgern die irrige annahme, er sei davon abhängig, stets die eigene haut mit dem wolfsfell zu vertauschen, zu oktroyieren..

mortimer grizzleywold de vere steht auf dem südlichen wehrgang im schatten eines wuchtigen pfeilers verborgen. »geh, halte mir mal meine puschka, freund hamrud«, sagt der eine wachtposten zum anderen, »ich muß austreten, halts nimmer aus..«

der mit hamrud angeredete nimmt die flinte seines kameraden und stellt sie sorgfältig an die niedere steinbrüstung. der austretbedürftige verschwindet im dunkel.. aber nun begibt sich vor den augen mortimer grizzleywold de vere erstaunliches: die uniform hamruds fängt ganz fein zu knistern und zu krachen an, die nähte platzen, der ganze mensch in ihr dehnt sich, verbreitert sich, wächst und plötzlich – milde mächte! – steht ein zottiges etwas drohend im bleichen mondlicht. sein gesicht ist wolfsähnlich, ein schreckliches antlitz, rundum alles still, ein paar schlafende tauben bloß, die im traume vor sich hin gurren, sonst kein laut.. de vere hält den atem an und entsichert mit eiskaltem lächeln seine pistole. wie eingemauert sitzt ihm das einglas im rechten auge. well, das also ist des pudels wahre natur! ruhig hebt der kühne brite seine schußwaffe, hebt sie bis in augenhöhe – das monster ist höchstens dreißig yards von ihm entfernt, eher weniger, er kann nicht fehlen.

wenn mein onkel gilbert das miterlebt hätte, keinen penny würde er mir vererbt haben! de veres stimme klingt, zum ersten mal während dieser expedition etwas trostlos, ja, fast mürrisch.

»tja, das will ich meinen«, sagt der colonel, »lord gilbert attamount roughcastell, ich kannte ihn gut, war einer der besten pistolenschützen seiner zeit, er traf ein fufzig yards entferntes herz-as durch die mitte!«

mortimer grizzleywold de vere durchmißt mit nervösen schritten den orientalischen salon, dreht sich am gartenfenster ruckartig um, tötet seine glimmende cigarette im palmenkübel und ruft:

'n schöner trost, mein lieber towdey! herrgott, ich kann es halt einfach nicht verkraften – da hat man dieses ding keine dreißig yards vor sich im schönsten mondlicht, eine lachhafte distanz, und was tut man? man ballert wie ein greenhorn sechs mal daran vorbei! er merkt zuerst gar nicht, daß mistress carruthers eingetreten ist und fährt mit unverminderter heftigkeit fort: »wenn das so weitergehen sollte, werde ich noch alles jagen abblasen und meinetwegen .. fotograf werden!«

»ich fürchte sehr, wir haben einen dieb hier auf chanoob-i-chatawn.« sagt mistress carruthers etwas atemlos zu colonel towdey.

»weshalb? hat man sie bestohlen?«

»heute morgen war meine kodak noch da ..«

»well, und?«

»und jetzt ist sie fort, weg, futsch!!« sagt mistress maud carruthers und ihre augen verraten nichts gutes.

»es ist wahrhaftig entsetzlich«, sagt john adderly bancroft beim tee, zuerst passiert dieser gräßliche mord an der zisterne, hinterher die bislang noch ungeklärte schießerei auf dem südlichen wehrgang, gefolgt von hamruds kuriosem verschwinden, kurios, weil niemand

verstehen will noch kann, weshalb ein mann, dessen vater und großvater bereits im solde der fürsten von chanoob-i-chatawn gestanden
haben, plötzlich bei nacht und nebel seinen ehrenvollen dienst quit-
tiert und in das wüste gebirge hinausläuft, denn wo sonst sollte er
sich hingewandt haben? und nun geschieht dieser reichlich mysteriöse
diebstahl von mistress carruthers gewiß sehr wertvoller kodak!
meine dame, gentlemen, so leid es mir persönlich tut, ich habe die
unangenehme pflicht, ihnen mitzuteilen, daß hazrad bikem nicht
länger gewillt ist, ihnen weitere gastfreundschaft zu gewähren. sie ist
überreizt, hat schwere migränen ..«
»was?!« dem colonel dringt eine flut von zornesröte ins antlitz, er
erhebt sich abrupt, die teetassen auf dem feingedrechselten tischchen
erbeben klirrend wie bei einem leichten erdstoß .. »mister bancroft«,
ruft er voll echter empörung aus, »soll das, was sie uns eben sagten,
ein unverhohlener hinauswurf sein?!«
john adderley bancroft wird bleich, windet sich vor verlegenheit
und weiß für den augenblick nichts besseres zu tun als sich mit einem
zierlichen silberkamm altindischer arbeit den ellenlangen blondbart
zu strählen. er gibt keine antwort, blickt nur hilfesuchend zu de vere
hinüber.
»warum antworten sie nicht, mann«, fährt der colonel vielleicht noch
grimmiger fort, »was haben sie überhaupt in dieser lächerlichen auf-
machung da unter diesen braunen filous zu suchen, frage ich mich?!
und sie wollen engländer sein?«
john adderley bancroft hat sich wieder soweit gefaßt, aber seine
stimme wirkt müde:
»wer sagt ihnen, daß ich engländer sein will, colonel? wer sagt ihnen,
daß ich überhaupt etwas sein will?«

t

»meinen sie nicht, daß sich unser colonel dem armen mister bancroft
gegenüber etwas schnöselig benommen hat?« fragt mistress carruthers
de vere als sie mit diesem allein ist.

»hm ja, er hätte sich gewiß ein wenig gewählter ausdrücken können, aber was wollen sie? ein alter haudegen von der nordwestgrenze, der khyberpaß verlangt eben einen rauheren ton..« und was er unter uns gesagt von diesem mister bancroft hielte? »ich möchte wetten, daß dieser äußerst extravagante mann ein besonderes anliegen mit sich herumträgt, es aber keinem anvertraut..«

mistress carruthers wirft de vere einen bedeutsamen blick zu: »ich glaube, wir verstehen uns, mortimer..« sagt sie.

u

und wieder ist es abend um die rosen von chanoob-i-chatawn, gewächsen, die zu den edelsten des landstriches gehören, märchenhaft duftet es in das zimmer, in welchem eben die fürstin pushpar und john adderley bancroft das souper einnehmen. als man nach dem essen den café reicht, blickt die rose aller rosen über ihre tasse auf bancroft:

»nun«, sagt sie, »haben sie s schon heraus, lieber john, wer unsere europäischen gäste waren?«

»oh, das ging gar nicht so schwer, fürstin.« entgegnet ihr der noch junge engländer und langt nach dem schmalen notizbuch, das er hinter seinem blonden rauschebart in der brusttasche stecken hat. er blättert spielerisch ein wenig darin herum und beginnt:

»da hätten wir einmal jenen etwas dandyhaften baronet mortimer grizzleywold de vere, er heißt tatsächlich so und ist wie ich lykanthropist. freilich, das muß ich hinzufügen, kann ihm in dieser profession kaum jemand das wasser reichen, er ist eine koryphäe auf seinem gebiet, ein ausgezeichneter mann. sein einziger fehler, allerdings ein verzeihlicher, besteht in der marotte sich überall als engländer auszugeben, obgleich er ein irländer aus altem normannischen geschlecht ist. nummer zwei wäre dieser poltergeist, algernoon towdy, wie er sich momentan nennt, der colonel, sein tatsächlicher name ist jedoch sir anton punchbypunchby alias anton der tausend masken, einer der größten vom yard. zur zeit jagt er einer durchtriebenen

abenteurerin nach, die den berühmten ›stern von lhasra‹ [1] geklaut
haben soll (meiner meinung nach wird er sie nie erwischen). und
mistress carruthers, last but not least, ist eben jene gesuchte abenteurerin, was aber der colonel noch nicht herausgefunden hat, wohl
aber de vere. die dame heißt mary mc murdock und stammt aus
perth in schottland. die wahre mistress carruthers indes lebt seit
einem halben jahr in windhoek bei deutschen cousins und hat auf
löwen umgesattelt.. tja, das wäre vorerst alles!«
leicht wie eine gazelle erhebt sich die schöne junge fürstin und geht
durch das syringenfarbene licht der lampione auf bancroft, der ebenfalls aufgestanden ist, zu.
»john«, sagt sie einfach, »ich freue mich aufrichtig, daß sie schon
wieder soweit beisammen sind, ihr kombinationsvermögen jedenfalls ist wieder völlig intakt. ja, mein freund glauben sie mir, jetzt
geht es mit ihnen endlich bergauf.«

v

»für die nächste zeit ist meine kodak wohl einstweilen beim teufel,
aber lange soll er sich mit ihr nicht freuen, dieser verdammte murmel, murmel, murmel..«
soweit mistress carruthers, die in ihren schlafsack schlüpft und sich
der wohligen wärme ihres behelfsmäßigen lagers hingibt.
ghokar, der jüngste der khanchulis hat die erste wache, er hockt wie
ein wahrer held des westens am flackernden campfeuer, seine lange
flinte hält er zwischen die kniee geklemmt. neben ihm sitzt de vere
auf einem eleganten feldstuhl und stenographiert noch einige wichtige notizen. der colonel schnarcht bereits wie eine mittlere dampf-
säge (tut jedenfalls als ob). morgen ist ein neuer tag, tja, es kommt
eben immer wieder ein neuer daher, aber was weiß man, was er
bringt?

1 ein unschätzbarer diamant von hühnereigröße, weiland im besitze des londoner
bankiers sir randolph gerstl, zur zeit jedoch in der kodak von mistress carruthers.

irgendwo in der ferne, vielleicht auf chanoob-i-chatawn bläst eine trompete zur nacht..

w

»sehen sie«, sagt de vere, »die nadel dieses kompasses weist gen norden..«

»na und? jede kompaßnadel hat gen norden zu weisen, das ist nun mal ihre verdammte pflicht und schuldigkeit. wohin kämen wir, zeigten diese dinger kreuzweise und ohne sinn in der gegend herum?!« die sonne sendet ihre morgendlichen strahlen über den tzung tökheng 1 â, einen imposanten dreitausender, die luft ist belebend frisch, die alpenflora dringt wohltuend in die lungen, mistress carruthers steht etwas abseits und hat ihre reservekodak gegen lustige murmeltiere gezückt. der colonel hat sich fertig rasiert.

»was soll eigentlich diese komische frage?« setzt er seinen unterbrochenen satz fort.

»nun, wenn dem so ist, wie sie sagen, dann haben wir heute gelegenheit, eine seltsame bizarrerie der natur zu erleben. wie spät haben sie es auf ihrer uhr, colonel towdy?«

der colonel zieht etwas mißmutig seine taschenuhr aus dem gilet. er ist noch in hemdsärmeln.

»es ist auf die minute genau sieben uhr morgens und wir haben den siebten september 1899, einen samstag, wenn mich nicht alles täuscht!«

»well, und würden sie jemals zugeben, daß ihre gewiß sehr ordentliche uhr falsch gehen könnte?«

der buschige schnurrbart des alten militärs scheint jetzt noch gesträubter als gewöhnlich.

»wie, meine uhr sollte falsch gehen? mit diesem chronometer, sir habe ich anno 67 die canonade auf herat eröffnet!!«

»well, colonel. ich bin überzeugt, daß ihre uhr recht geht, aber hätte um diese tageszeit die sonne nicht im osten zu stehen?!«

»klar wie schuhwichse, de vere, tut sie das nicht?« de veres kompaß schlägt aber nicht nach norden, sondern nach osten aus. colonel towdy nimmt ihn zur hand, manipuliert ihn, brummelt etwas und gibt das instrument schließlich wieder de vere zurück.

»de vere, sie haben recht .. wenn das nicht eine folge dieses verdammten indischen klimas ist?!«

x

»wissen sie was, de vere?« unvermutet ruft es der colonel.

»was soll ich wissen?«

»Ich habe da ne kombination, mein junge, ne ganz dolle sache, eine erklärung für das verschwinden von mistress carruthers kodak sozusagen!«

»na und? schießen sie schon los.«

»dieser komische alte yeti oder werwolf, wenn ihnen ein solcher lieber ist, und den ihr seliger onkel, der gute alte gilbert genau so verfehlt hätte wie sie, hat sie.«

»par-bleu, wie der franzose sagt, sie sagen es, colonel!«

»und was sagen sie dazu, de vere?« colonel towdys stimme hat einen scherzhaft lauernden unterton, als ob es etwas heißen sollte: aha, da staunt er jetzt, tut aber, als wäre er davon gar nicht überzeugt.

»eine überaus interessante kombination, colonel, ich gratuliere ihnen!!« sagt de vere, »aber was sagen sie beispielsweise zu dieser wolfslosung da vor uns am wege??«

»was sagen sie da? wolfslosung?« der colonel hält sein roß an und springt aus dem sattel, de vere folgt etwas gemächlicher seinem beispiel, mistress carruthers, die mit den drei khanchulis schon weit voraus ist, hat den halt bemerkt und wendet ihren araber. algernoon towdy beugt sich über die verstreuten raubtierexkremente, holt aus seiner jagdtasche eine stattliche lupe, ein leseglas fast, und betrachtet gewissenhaft den so wenig appetitlichen segen. »damned«, entfährt es ihm, »seit wann verspeisen wölfe kirschen mitsamt den steinen?«

»das frage ich mich auch, colonel.«

»na, ist ja auch egal, immerhin geht jetzt der kompaß wieder rich-

tig, wir müssen geradenwegs nach norden, mann!«
»ja«, sagt de vere und es scheint als wolle seine alte fröhlichkeit
wieder von ihm besitz ergreifen, sein jägerpech, seine ekle schützen-
misere ist ausgelöscht, vergessen, »ja«, ruft er, »das müssen wir! vorwärts, christliche soldaten!!«

y

plötzlich werden die reittiere unruhig, tänzeln nervös [1] auf dem
steinigen boden und sind schließlich kaum mehr weiter zu bewegen.
»diese racker haben eine ungleich feinere witterung als wir menschen«, sagt der colonel, der eine hochbeinige stute reitet, »möchte
bloß wissen, was das sein mag..?«
immer mehr nähert sich die sinkende sonne der ungeheuren fels-
barriere des westlichen gebirges, bald wird es nacht sein, die ja hierzulande ohne viel übergang einbricht.
»vollmond!« denkt mistress carruthers und ärgert sich insgeheim,
weil sie nicht umhin kann, ein leichtes schaudern zu verspüren, sie,
die schöne schlanke amazone des stolzen albion!
»verdammt, ich traue nicht einmal mehr unseren anscheinend so
getreuen pferdeburschen, sind allesamt eine heimtückische bande,
diese braunen halunken!« sagt der colonel verträumt..
»meinen sie nicht, daß wir vor gott alle gleich sein?« entgegnet ihm
etwas spöttisch lächelnd de vere und tätschelt seinem rappen den
hals.
»der teufel sind wir das!« knurrt der colonel in seinen schnurrbart.
dann aber reißt er jählings seinen feldstecher hoch und blickt scharf
nach einem schmalen felsvorsprung aus, welcher sich in beträchtlicher
höhe zur rechten der kleinen kavalkade befindet [2].
»was entdeckt..?« fragt de vere ruhig und wendet seinen blick ebenfalls in die angestochene richtung.
»da – sehen sie selbst«, sagt der colonel trocken und reicht de vere
den feldstecher, »jetzt haben wir den salat!«

1 sofern man bei pferden von nervosität sprechen kann.
2 will sagen, in östlicher richtung, da man nach norden reitet.

de vere bringt das glas vor die augen, setzt es wieder ab und pfeift durch die zähne:
»donner und doria, nun geht mir ein licht auf!«
»was ists?« ruft mistress carruthers bemüht keine aufregung zu verraten.

z

»ihre papiere. sir..«
»bitte schön, hier..«
der beamte unterm tropenhelm wischt sich den schweiß von der heißen stirne und nimmt eine weile einsicht in prof. handendoeks paß. scharf blickt er dann mit dem linken auge hoch:
»sie heißen carl julius wilhelm handendoek, sir?«
»aufzuwarten, mein herr.«
»sie sind 1839 in angelmodde, westphalen, geboren?«
»daselbst als sohn von professor johann august leberecht handendoek und der hortensie clara, geb. knartzenbusch.«
»und ihr beruf stimmt ebenfalls?«
»jawohl, ich bin professor der lykanthropologie..«
»ein reichlich bizarres fach, sir, ist es nicht so?«
»o ja, nur zu wenige widmen sich diesem interessanten spezialgebiet..«
der beamte reicht den paß zurück.
»danke schön, mein herr!«
»ich danke ihnen, sir!«
prof. carl julius wilhelm handendoek passiert mit seinem in triest gekauften handkoffer das hafengelände von karachi und begibt sich durch den noch immer ungeheuren monsunregen zur bahnstation. jetzt kommt er, der spezialist!

Der handkolorierte Menschenfresser

1

Bei den menschenfressern geht alles so einfach – krach schleif schneid brat schmalz! – und der liebe bauch ist lecker sonne ...

2

Das ist der herr Christenleich und seine frau Susquehannah, beide bewohnen ein schmuckes häuslein im walde. Rundherum befindet sich ein gatter aus lauter bunten kinderwindrädlein, die rauschen fabelhaft in der abendbrise. auf dem giebel des häusleins sitzt ein weißer vogel und schmettert sich eins, daß die dämmerung fein vibriert.

3
So weit – so gut!

4
Jeder menschenfresser (cannibalus) hat sein geheimes kämmerlein, so auch herr C. (welchen wir fortan um der kürze willen herr C. nennen wollen).

Lieber leser und freund: Was würdest du tun, kostet das volle pfund vom hammel, schwein, kalb, kuh, hund, fuchs, katz, dachs, wolf & c. 1000 DM?

»Wir befleischen uns seit kindes beinen mit dem leibe derer, die uns aufs leimspindelchen treten!« sagt herr C. »Ich tue nur das, was schon meine altvorderen getan ...«

5
Frau C. ist eine sehr schöne, dicke frau, sie ist eine gute köchin und verwaltet die löffel und das salz, herr C. verwaltet die messer und

das schmalz. Frau C. ist eine schwarze frau, eine negresse. Herr C. ist ein weißer herr, ein bianco, doch ist seine schürze häufig rot.

6

Durch den tiefen wald schlängelt sich, bisweilen vom unterholz überwuchert, sich hin und wieder in eine kleine wiese erweiternd, von landmessern bislang vergessen, ein pfad.

7

Damian, der fette bäckergeselle, wandert seines weges. Er sieht den weißen vogel im abendrot. Damian ist ein rechter Hans-Guck-in-die-Luft!

8

Ein teelein ist kein fleischsüpplein! Drauf sie: »Inalilazima tega nyama yo simama wima...«
Auch ich mag den tee nicht, zumal er mir immer die roten wangen verdirbt! Drauf sie: »Nitamamisha mshumaa katika dirisha...«
Sapperment ja! Das mußt du! Aber wo bleibt heute unser vögelein?

9

Ein nachtdunkler waldpfad – aber oben, da sind die sterne...

10

Rezept Bäckergesellenlende in jägersauce.
1–2 bäckergesellenfilet, schmalz, salz, etwas jägersauce. Die enthäuteten, gesalzenen, mit schmalz bestrichenen lenden werden 15–20 minuten gebraten, hernach aus dem fett gehoben und auf eine vorgewärmte platte gelegt. Den bratenrückstand verwendet man zur jägersauce und gießt diese, ohne sie durchzupassieren, recht heiß und dampfend über das fleisch. – Schmeckt gut!

336

11

Da läßt sich das schöne weiße vögelein auf dem giebel des häusleins nieder – ein trauliches bild – und frau C. sagt: »Nyama«, und herr C. sagt: »Susquehannah, mein schlachtermesser, ich hab es verlegt!«

12

Poch poch poch poch! Wer ist draußen? Poch poch poch poch!

13

Herrn C.s pfannen sind aus kupfer, herrn C.s messer aus sheffielder stahl, herrn C.s schmalze aus dem schmalzfaß, herrn C.s löffel sind aus der tischlade, frau C.s salze aus Pola, frau C.s tischlaken aus purer leinewand, frau C.s teller aus porzellan...

14

Eilf, zwölf ... so weit – so schlimm!

15

Schnurzeldipurzel, da stolpere ich direkt über die eigene backschaufel! ruft Damian und reibt sich die nase...
Vor ihm stehen, er, mit einem nachtlicht, sie, die hände gefaltet – herr und frau Christenleich!

16

Nach verzehrung eines gemeinsamen abendmahles bietet herr C. dem bäckergesellen ein reinliches bett in der kleinen dachstube an. Der sagt nicht zweimal nein! Auf einem tischlein stehen einige gute bücher... Da kann ich mir, bis mir die augen zufallen, ein bißlein noch die zeit vertreiben!

17

Robinson Grusel, Das Krokodillen-ABC, Gevatter Wolf, Der kleine
Däumling, Hänsel & Grethel, Wie Ralph dem Riesen halph, Das
Häuslein auf Gänsefüßlein, Von den Husaren und einigen Seiltän-
zern, Dr. Jackels Suppentopf, Abrahams Wurstkessel erster Teil,
Rumpfenstünzchen zweiter Teil, Ein Winter im Gold von Carpen-
taria...

18

Noch ehe der gockelhahn schreit, tut herr C. seine patentlederschürze
um, gummi gibt es noch nicht. Das wiedergefundene schlachtermesser
sprüht über dem schleifstein, frau C. muß das rädlein treten. Man
tut's im keller, da hört's niemand...

19

Frau C.s stolz ist ihr prächtiger busen, herrn C.s stolz seine breiten
kniescheiben, der stolz des bäckergesellen aber, seine fertigkeit, dreizehn schrippen auf einmal jonglieren zu können. Ungleiche welt!

20

Late to bed and late to rise ist die beste eierspeis!

(Benjamin Fränklein)

21

»Frank, wer ist's?« Die negresse ruft's. Ihr mann erbleicht, das glit-
zernde messer fährt vom schleifstein ab – und schneidet durch C.s
daumen... futsch! Oweh, wer kalmausert da vor der kellertür?
Sollte Damian der bäcker so früh schon bei fuße sein? »Schau durchs
guckloch, weib!« sagt der verwundete unhold und sucht den verlor-
nen daumen wieder an ort und stelle zu bringen...

Ein wolf in stiefeletten! – Was will er? – Er spitzt die ohren! – Auf was horcht er? – Aufs geschleif deines messers! – Daß ihm doch der kuckuck in den hinteren fahre! – Wie sieht er aus? – Schwarz oder grau – 's ist noch dämmerung! – Teufel auch, das merk ich – hab mir eben den daumen verkehrt angeklebt!

Da heult draußen der wolf durch tau und dämmerung, so schrill, daß sich der morgenstern vor schreck die hosen voll macht und dem herrn C. das herz in die seinen fällt.
Im stüblein wird der bäcker munter...

Ei ei, der liebe tag ist schon zu gast, spring auf eh du verschlafen hast!

Da fällt's den eheleuten wie schuppen von den augen: Bloß jetzt die tür nicht auf, sonst ist er drin und spielt sein spiel!

's wird doch nicht etwa mein guter bruder sein, der da so frühe schon singt? Jauuuuu-ul jauuuuu-ul. Aber er ists und kommt die treppen hoch und tritt ins stüblein und sieht sich a u c h die bücher an... Tja, der liebe Manfred, heut hat er wieder mal seinen rauhen tag!

In was für ein haus bist du da geschneit, unter welcher leute dach hat es dich da geweht? Bruder, das sind üble menschen, unholde, die einen schlachten, braten und essen!

28

Spricht's, trägt den fetten Damian die trepp hinab, in den garten hinaus, durch ein gatterloch durch, in den wald hinein – und verschluckt ihn schwupps mit butz und backschaufel...
Damit wir schneller aus dieser bösen gegend kommen. brüderchen!

29

Manfred ist ein tüchtiger schuster, doch manchmal hat er seine besonderen tage (siehe da).

30

Herr C. tritt sich wütend mit der ferse in den arsch und singt das lied von der › Vergatterung der schlimmen Woche‹:
Der montag hat sich bleich montiert, springt grimmig mir ins bauchgeviert.
Drauf hüpft der dienstag hohnvoll vor und raschelt wie ein hungerflor.
Der mittwoch zeigt sich mit getös, ein kalter tag und bitterbös.
Mit dohlenschwärmen schwer wie blei, kömmt auch der donnerstag herbei.
Vor meinen messern scharf und kühn sieht man den freitag kahl verblühn.
Sonnabend mit dem falschen aug, der hebt sich faul und stößt ins horn.
Die red, die dann der sonntag spricht, gar manchem mann das herze bricht...

31

Allein noch ist nicht aller tage Sylvester! Durch den tiefen wald schlängelt sich, bisweilen vom unterholze überwuchert, sich hin und wieder in eine kleine wiese erweiternd, von landmessern bislang vergessen...

Fleiß und Industrie

(Auswahl)

meister johann artmann,
meinem lieben vater,
zum gedenken:

XI. Pfarrer und Pfarrerin:

1. Ein georginenblatt im gesangbuch, angedenken an das braut-bukett, nicht eine rose weit und breit, herbst auf allen linien. Auf dem tische ein buch mit lesezeichen: *Melanchthons Schriften.*

2. Priscilla radelt, Jonas verfaßt, die konfirmanden lassen gegen schluß des unterrichts an eifer nach, der wolf in den geschichten bestäubt sich mit weißem mehl, das faktotum greift in den schwarzen ofen, tut alles zum besten, ein vogelnest ist hier nicht da, ein bruder in Kenya, einer auf den Maskarenen.

3. Und zum schluß der schönen predigt: gehet nach hause und seid fürsorglich wider euren nächsten. Sonntag palmarum, kapitäne und apotheker, vorsteher und bauern, schiffe daheim und auf hoher see.

4. Eine abgeschossene taube trudelt in die abgehenden kirchgänger: seht, eine botschaft des HERRN!

5. Vor dem kinosaal wird gestoppt, keiner will die argumente des andern ganz verwerfen, man streitet nicht, man versucht zu über-zeugen, der nachbar hat *auch* feines obst.

6. Jonas empfiehlt sich der kraft der macht der liebe, er reicht Priscilla die rechte, im schnee verlaufen die fußstapfen einer häsin, man gedenkt mit wehmut vergangener sonntage palmari.

7. Priscilla hat geträumt, man hätte ihr strickzeug in einem vogel-nest gefunden, der pfarrer blickt auf, die stunden schlagen, das faktotum wischt die geländer der treppen, petroleum sei übrigens auch bald fällig, eine winzige maus wird gesichtet.

8. Der postbote setzt sich während der fahrt auf zwei tropische briefe, er sucht sie aufzuwärmen. Oh, dieser winter! Jonas und Priscilla streicheln einander das haar – wenn es erst mal wieder märz wäre.. Ja, sie wollen bis dahin durchhalten, auch wenn es länger dauern sollte.

XIII. Der Erzeuger von Tarockkarten:

1. Durch die fenster fällt das laue licht des regens, der erzeuger von tarockkarten steht vor einer porzellanschüssel und mischt farben, er trägt sie mit gummiwalzen probehalber auf gutes papier auf, er bericht die erreichte qualität, fügt noch bei oder schwächt ab, hellt dunkeles auf, dunkelt helleres nach, siebt neue, noch trockene farbe durch ein feines gitter und wartet geduldig auf den rechten aktions-moment.

2. Er schneidet die figuren und römischen ziffern ins holz, beschäf-tigt sich mit verschiedenen sorten terpentin, schlägt in fachlichen handbüchern nach, wendet sich einem trockengewordenen abzug zu und gedenkt mit scheltworten der witterung.

3. Ein rotwangiges mädchen in grüner, alpenländischer kleidung strebt durch den regen auf das haus des erzeugers von tarockkarten zu – sie hat ihren weiten rock hochgezogen und über den kopf ge-worfen, ihre unterwäsche klebt naß an den beinen.

4. Der erzeuger von tarockkarten öffnet eine lade und entnimmt ihr lineal und papiermesser, er legt beides auf den arbeitstisch, er blickt über den rand der brille als taugten deren dioptrien weniger als gar nichts.

5. Er hat einen neuen sküs entworfen: seine hosen sind grün und grau kariert, sein knebelbart ist wie üblich braun, jedoch von einer eher rötlichen tönung.

6. Das mädchen betritt tropfend die werkstätte des erzeugers von tarockkarten und läßt ihren rock wieder an ort und stelle rutschen; sie hat ein bügeleisen mitgebracht, ein instrument mit schönem griff, sie stellt es auf den tisch.. *Halt, tochter,* sagt der meister, *ist es etwa noch heiß?* Es ist es nicht..

7. Sie beginnt wurstbrote, äpfel und enzian auszupacken, man ißt ohne hast und trinkt in kleinen schlücken. Der erzeuger von tarock-karten ersinnt eine neue XXI, er entwirft sie sogleich auf makel-losem papier.

8. Ein jäger spricht mit seinem aufmerksamen hund, ein tagmond steht weiß in der rechten ecke des blattes, der jäger hat eine fransen-geschmückte provianttasche um, im hintergrund erheben sich auver-gnatische bergkuppen lila.

XVII. Die gute Köchin:

1. Die gute köchin hat einen busen, den auch schon gar nichts ver-bergen kann, sie seufzt in stillen stunden und singt teils schwer-mütige, teils heitere lieder, ihre schlimmste feindin ist eine milch-weiße katze, die die bratwurst ihres dienstgebers entführt – wie soll sie das ins reine bringen?

2. Die gute köchin ist eine gute suppenköchin, aber auch eine gute bratenköchin ist sie, sie ist, ehrlich gesagt, eine perle, obgleich sie nicht Anna heißt. Wie heißt Afra wirklich?

3. Sie heißt gar nicht Afra, sondern Adelaide, Afra ist ein anti-neuralgicum, und das ist die gute köchin nicht, sie liegt bis etwa

6 uhr morgens in ihrem geräumigen, weichen bett, dann aber steht sie auf, wäscht sich gründlich und sauber, und begibt sich in ihre helle küche. Vor dem fenster singt der pirol und sie bereitet starken morgenkaffee.

4. Die köchin ist nicht vom lande, sie kommt von einer insel, dort leben noch ihre eltern und geschwister. Ein kind wünscht sich Elsa noch nicht, aber einen braven gatten, der im leben seinen mann stellt.

5. Gatte! Mann! Herztrautester! Wo bist du? Wie würde ich dich verwöhnen, wenn dus nur wagtest. Komm, meine ersparnisse sind nicht ohne! Oder sollte sie eine annonce aufgeben?

6. Die gute köchin hat das radio eingeschaltet, *vergnügt um sechs,* und der kaffee ist nahezu fertig und die sonne im verwunschenen park.

7. Die gute köchin heißt auch nicht Elsa, und jeder, der das glaubt, ist auf dem holzweg. Irmachen heißt sie, die süße, und an freien tagen sollt ihr sie sehen – sie ist keineswegs gegen die neue mode!

8. Der kaffee atmet in schönem porzellan, auch kuchen ist schon vorgeschnitten, man liebt es in diesem hause nicht, englisch zu frühstücken – schinken also keiner, noch eier, noch toast. Alles auf rechtschaffene weise wie zu großonkels zeiten.

XXI. Der Barbier von London:

1. Träumte er vom himmel, so dufteten die engel nach bay-rum und penhalligon, schnippte er den rasierschaum vom finger, so traf er gelegentlich den spiegel. Sein messer blinkte, wenn er es vor der tür im freien betrachtete: nur keine scharten, so hatte er es gelernt.

2. Vor dem laden auch gab es das herkömmliche zeichen, ein goldenes becken aus glas – das liebte der regen, die sonne, der schneeball. Einmal aber fuhr ein blitzstrahl in die seife und ihm wars, als durchdränge die kugel einer pistole gehärtete butter.

3. Gerne witzelte er und erklärte die pointen, seine wolken waren shampooschaum, sein blaues firmament das eigene aug im spiegel, wenig noch hatte er gesehen von der veränderlichkeit eines maitags, doch kam die gehilfin des morgens zu spät: Lotta, in unsrem beruf ist sowas nicht üblich!

4. Vor jahren im krieg als noch viel gras wuchs und weniger haar: er fuhr mit dem zweirad zum leutnant, es war ein schwüler nachmittag in der baracke. Charles, sagte der offizier, ich habe da ein pickel, auf das geben sie acht.

5. Einer aber war ein mörder, der hieß Sweeney, so hatten ihn rechtschaffene eltern getauft, er vergalt es ihnen übel; seitdem zuckt so mancher während der rasur.

6. Und ein haarschnitt? Über den daumen gerechnet, etwa das vierfache einer rasur.

7. Vermischt mit banknoten und münzen erleben die kämme und scheren den montag, in hygienischen kasten rastet die bartpflege, ein deutscher klopft an der hintertür – was will der von Charles? Wo, ab nun, befindet sich Charles tatsächlich? In der gewalt seiner scheren, seiner messer, seiner cremen, im schoße seiner gehilfin?

8. Was geht in der seele eines barbiers vor, wenn er dem fremden das weiße tuch abnimmt, ihm den anzug abbürstet? Was wollte der deutsche von Charles? Wir schulkinder erinnerten uns in den ferien des barbiers wie eines varietékünstlers, dem ein schmales bärtchen aus der klingenscharfen nase hervorwächst; auch die gehilfin gedachte seiner in den armen des andern.

XXII. Holub, oder Fragment über den Archenbau:

1. Die stämme, ehe man sie zu brettern sägt, werden von ihm persönlich aussortiert, er hat für jeden seinen besonderen blick, wert oder unwert riecht er förmlich aus der beschaffenheit des jeweiligen harzes. Während dieser arbeit verwendet er einen klobigen, roten zimmermannsstift, damit schreibt er die betreffende ziffer an, bloß astreines holz darf es sein, was sollte ein entdecker in waschtrögen?

2. Die insel Nantucket hat er noch nie gesehen, aber eine seiner archen heißt so, sie ist erst 5 jahre alt und hellblau gestrichen, ein millionenschwerer mensch hat sie gekauft, ein hellene.

3. Wenn er eine arche baut, gelingt ihm das stets aufs vortrefflichste, sie treibt hinaus ins gekräuselte land der delfine und gleicht selbst, egal ob orange oder grau, einem jener untadeligen schwimmer, denen kein breitengrad zu fern, kein seebeben zu heftig, kein taifun zu mächtig ist. Herrn Holubs archen sind fest und sicher.

4. Vor nicht zu langer zeit rief ihm einer nach: o vater des krummen nagels! aber er achtete dieses slogans mit keiner wimper, er wußte ja: ist des neiders neid am größten, geht ihm das herz über. Und er ging seinen geschäften nach als hätte kein spottvogel gerufen, sondern die hungrige möve.

5. Gelernt ist gelernt: manch andrer schlägt hin und wieder den nagel krumm, Holubs nagel hingegen sitzt schlag um schlag bis die arche vollendet auf dem stapel steht, ein neugeborener holzfisch, ready ins wasser zu huschen.

6. Er stellt den verkaufsvertrag aus, man unterschreibt mit frohem mut, eine wirkliche dame zerschellt eine flasche guten sekts am bug: Pelargonie des Ozeans sollst du heißen – und auf gehts ins sonnige naß, so will es der brauch.

7. Holubs tochter Linnea wirft heute den sekt, die leine strafft sich, aber ihr wurf geht daneben, teufel, zum ersten mal in Holubs laufbahn. Obs ein omen ist?

8. Eine combo ist vor seiner villa erschienen, er feiert das 25. jubiläum seiner meisterprüfung, man intoniert *The Yellow Submarine* und zieht eine richtige schau ab. Holub nimmt sich im stillen vor, noch manche arche zu vollenden, er ist ja noch nicht alt, so anfang der 50er.

XXIV. Das Bad eines Kaminfegers:

1. Ein sauberer kaminfeger und ein ungewaschener baron – wer möchte da nicht lieber den kaminfeger küssen?!

2. Er ist der herr der dachfirste, den eine aufgehende sonne aus dem tadellos weißen arbeitsdreß rosig hervorgucken sieht. Aber schon einige stunden später, beim lunch, da schwärzt er sein butterbrot, das er mit lachenden zähnen verspeist.

3. Vor dem haus nummer 105 hat der kaminfeger Tonio einen teil seines handwerkszeuges abgestellt, man berührt es gerne mit dem zeigefinger, das soll glück bringen oder zumindest vor kommendem pech bewahren, ein naiver glaube und gänzlich harmlos, also warum ihn nicht pflegen?

4. So mannstoll ist keine köchin, daß sie nicht die hände eines kaminfegers flöhe, mögen auch lustige blätter gegenteiliges berichten, alles zu seiner zeit, auch nach dem tagewerk ist ein nettes stelldichein möglich.

5. Durch den dunklen, engen schacht rasselt des kaminfegers eiserne kugel: ängstlich blicken kinder und erwachsene auf, sie entsinnen sich alter geschichten. Ein engel ist der kaminfeger nicht, aber auch

kein teufel, bloß ein mensch wie du und ich – also keine bange, Julchen!

6. Um 5 uhr ist feierabend und die letzte kugel versenkt, eine zeit wos im frühherbst schon dämmert. Mit dem zweirade fährt der kaminfeger zu seinem jeweiligen quartier, seine frau erwartet ihn am gartenzaun und bittet ihn um vorsicht. Tonio ist ein schweizer aus Lugano.

7. Kaminfeger verwenden besondere seifenarten, die man bloß in spezialgeschäften bekommt, da geht der ruß leichter ab, das ist schön! Nackt steigt der kaminfeger in die wanne und angekleidet erscheint er zum abendessen. Es gibt heute rippchen und kartoffelpüree, ja, und ein bier als bad für innen.

8. Unverheiratete kaminfeger erscheinen indes nach arbeitsende bei den jungen köchinnen, oh, nun darf er sie anfassen, war er doch im öffentlichen brausebad, und er erhält nun ebenfalls ein essen und sein bier.

XXV. Abenteuer eines Weichenstellers:

1. Die verantwortung eines weichenstellers der Union Pacific Ges. ist eine große, ihm obliegt die sorge um mensch und vieh, aber auch sachschaden hat er tunlichst zu vermeiden.

2. Der weichensteller besitzt ein buch, in dem er immer liest, 10 jahre besitzt er dieses buch, aber er beginnt nach seite 77 jedesmal wieder von vorne, weiter würde er es nie lesen, er hat da so eine vorahnung. Blödsinn, murmelt er, und beginnt trotzdem wieder bei seite 1.

3. Die meiste zeit aber raucht er seine geliebte pfeife, er hat keine frau, er sieht den ersten stern am abendhimmel aufglänzen, er geht in das intime grün der brennesseln hinter dem haus austreten, er ist sonst ein frühaufsteher und trinkt nach dem essen ein bier.

4. Der letzte zug kommt stets um 21 uhr 35 durch, er sieht den letzten waggon in der ferne verschwinden, der bremser hat ihm zugewinkt, er ist seit jahren sein freund, obgleich er noch nie mit ihm gesprochen hat.

5. Das buch des weichenstellers ist ein alter pennyshocker mit dem titel *Der Mann vom Union Pacific Express*. Heute beschließt er, den roman bis ans ende zu lesen, doch es schwant ihm nichts gutes.

6. Einmal stand ein fremder bremser auf der hinteren plattform des letzten Waggons; ob er ein aushelfer war?

7. Gegen 23 uhr wird der weichensteller durch einen ungewöhnlichen lichtschein aufmerksam, er geht vor das haus und sieht einen zug anrollen, der in keinem fahrplan verzeichnet steht, er rollt vollkommen lautlos an ihm vorbei, auf der plattform des letzten waggons steht der fremde von damals und bläst mundharmonika.

8. Der weichensteller reibt sich die augen, ihm kommt das alles eigenartig vor, er ist ja ganz allein, er geht ins haus zurück, er trinkt ein extrabier und verklebt die seiten 78 bis 126 mit kleister. So, meinte er, wäre es das beste.

XXVII. Einiges aus der Papeterie:

1. Kaum sind die sanften alphörner der morgenröte verklungen, schreibt ein dichter, da huscht auch schon der alleinbesitzer der papeterie aus dem bette und denkt an die nützlichkeit des papiers.

2. Bald darauf schließt er die ladentüre auf und tritt ins blau der morgensonne, er niest vom frischen ozon gereizt, da dieser sich ja mit dem pfefferartigen geruch der ungebrauchten kartonagen, der noch in seinen nasenlöchern haftet, vermischt. Er lächelt fein vor sich hin und verschwindet wieder im gedämmer seiner stillen papeterie.

3. Die schülerin braucht dringend notenblätter, ach ja, musikunterricht ist für die jugend ein wahrer quickborn. Wieviele? fragt monsieur Wehrli und hebt den violetten schutzdeckel; er blickt dem kind ins aug, er gibt ihm 21 blatt statt der verlangten 20. Wer irrt, ist mensch.

4. Wieviele briefe wurden doch umsonst geschrieben, gingen in fremde länder, fühlten manche hand? Weiß wie eine neugeknospte kamelie war der brief, der damals 1935 durch seinen türschlitz fiel, er las ihn erst am abend und da wars zu spät.

5. Auch tinte hat es in der papeterie, allerdings nur die beste, und in jungen jahren wollte er, nachdem er von einer ferienreise nach Afrika heimgekehrt war, eine dame aus Somaliland als verkäuferin anstellen, aber es kam ja anders.

6. Die papeterie hat ein kleines, fast schmuckloses büro, nicht *ein* bild befindet sich an der wand, bloß einer von den kalendern, die man draußen im laden verkauft, und ein mittelgroßes plakat mit einem vaterländischen text; dieser nimmt auf den 1. august bezug und drückt sich in schönen, klaren worten aus.

7. Monsieur Wehrlis frau hat mit der papeterie nur insofern zu tun, als sie an den samstagabenden den laden sauber macht, ansonst sieht man sie nie hinter dem pult, sie hat ihre hausarbeit und die papeterie ist die domäne ihres gatten.

8. Eine papeterie zu besitzen und durch alle fährnisse zu lenken ist eine wichtige aufgabe. Wieviel lila und rosa papier wird da nicht vor allen größeren festtagen verlangt, wieviele erste buntstifte nicht von kleinen fäustchen umklammert, wieviel tinte fließt da nicht aus unachtsamkeit über weißes papier und muß ries um ries wieder bestellt und dem verbraucher zugeführt werden. Monsieur Wehrli weiß das sehr wohl.

XXVIII. Der Flottenkapitän:

1. Seine kleidung ist blau, sein vollbart blond, in geschichtenbüchern heißt er »hero«, er ist meist in Cuxhaven oder Brest, Harwich oder Philadelphia geboren, und selbst seine neider müssen eines zugestehen: mit wind und wellen kennt er sich aus.

2. Ein leben lang segelt er auf dem meer und er geht mit seinem schiffe lieber zugrunde, als daß er es verläßt; er hat einen ehernen charakter.

3. Auch russische flottenkapitäne haben ihr bestes geleistet, sie trugen gleichfalls vollbärte und guckten mit blauen augen in den nordischen himmel, oder, wie bei Tsushima, in die chinesische see.

4. Der mond geht auf und unter und an deck pennt die wache, die besatzungen träumen von fernem port, allein der flottenkapitän ist noch auf und blickt versonnen nach der fotografie seiner frau, die lebt in einem weißen haus mit gardinen und grünem efeu.

5. Im kriege wie im frieden tut der flottenkapitän nichts als seine pflicht. Ein erster offizier oder ein zweiter darf wenigstens murren – was aber darf *er*? Chef sein, heißt einsam sein, für alles sorge tragen, nächte schlaflos liegen, logbücher verfassen usw. usw.

6. Als ein flottenkapitän zum erstenmal seinen vollbart wegrasieren ließ und bloß einen fashionablen schnurrbart zurückbehielt, gab es einen handfesten skandal, in Pola wars, 89, aber daran denkt heute kein mensch mehr.

7. Der flottenkapitän speist in der kapitänsmesse mit seinen besten offizieren, er darf sie aussuchen, man dankt es ihm durch pflichttreue und ausdauer im dienst, man hält sich wie eine fahne im sturm.

8. Wenn auf hoher see eine windhose entsteht, bedeutet das, daß

wieder ein verdienter flottenkapitän seine seemännische laufbahn erfüllt hat. O leget die hand an die mützen, denket nach und seid euch eurer eignen vergänglichkeit bewußt, sind wir ja doch nur wind und wellen..

XXX. Quirin, oder ein Geierjäger von heute:

1. Wenn der ein einziges mal vorbeischießt, mann, ich wette, der zerbricht seinen stutzen überm knie und geht ins kloster! Da sei jedoch Gott davor – ein geierjäger als mönch? Horribler gedanke!

2. Na ja, jeden morgen nach dem aufstehen läßt er sich von seiner hauswirtin socken und schuhe anziehen, er ist halt ein stolzer, herrischer mensch und sein schnurrbart sträubt sich wie ein toller flederwisch. So gegen 8 uhr morgens findet man ihn bereits im wirtshaus, wo er seinen frühschoppen trinkt; die kellnerin muß ihm dabei ununterbrochen sein leiblied vorsingen, wems nicht paßt, den schmeißt er raus.

3. Um 12 uhr mittags wird er auf die minute hungrig, er bestellt einen landbayerischen schweinsbraten mit knödeln und vertilgt davon bis an die drei portionen: ein guter magen kann mehres vertragen, sagt er und setzt sich in seinen jeep und fährt so hoch ins gebirg hinauf bis es wirklich nimmer weiter geht und der motor feuer spuckt.

4. Die letzte strecke macht er zufuß, zwischen den zähnen hat er eine praktische geierlockpfeife, in der rechten hält er seinen bewährten stutzen, so überquert er alm um alm..

5. Einmal soll er einem bären begegnet sein, einem ungeheuer in schwarz, er soll ihm was ins ohr geflüstert haben, worauf das tier lammfromm wurde und sich bis vor eine touristenhütte führen ließ. Dort haben sie aber augen gemacht!

6. Er hat das blitzende geschau schneidiger älpler, sein gang ist frei und aufrecht, seine stimme wie ein echo, seine knie nackt, sein durst immens, sein appetit sakrisch. Trifft er eine sennerin in hockender stellung an, beginnt er *so* hell und *so* wiehernd zu jodeln, daß die verstörte jungfer plötzlich an berggeister glaubt, er aber weist ihr gar bald sein menschliches ich.

7. Im tale erzählt man sich, er klettere in die gewaltigen bäume des hochwaldes, um geier zum spaß aus der luft zu greifen, bring sie lebend, sei sein wahlspruch, wird aber ein gerücht sein, leute..

8. Einmal hätte er fast geheiratet, eine dame aus der stadt hatte ihms angetan, aber dann passierte ihr ein autounfall und hernach hinkte sie, also wurde doch nichts aus der vermählung, weiß der teufel auch, was für einen scheißcharakter dieser Quirin im grunde genommen haben muß.

beendet frankfurt
am 22. mai 1967

›Text zu Heinz Edelmann‹

Aus dem geäst des lokomotivenbaumes schwingt sich der entwerfer von abziehbildern in das papierblau des morgens – ein aufflattern von vögeln entsteht und umschwirrt ihn, seine hose ist nebelig wie die frühe stunde, sein hemd wie die patina der reißzwecke des dr. Watson, sein schlips wie eine menge seiten aus einem buch über mongolfieren. Um heavens willen, ruft der aufseher der galerie, wer geht hier mit den linealen und farbtuben zu bett, wer verbringt seine tage zur gänze auf dem rücken der wale, wer hat mir die straußen- und papageieneier gemaust?

Man frage am besten einfach den autor, er weiß es, sein werk ist simpel und schwierig zugleich. Er errechnet die stunde, legt das erarbeitete ding auf die schwelle des reiches der toten und erwartet seine erektion.

Es wird keine maus, kein bisamtier, kein tigerweibchen, kein alligator. Es wird kein losgelassener schatten eines vogels auf dem mittag der Themse, kein in stullenpapier gekleideter mensch, kein überdimensionales haarteil einer fee auf dem turm, kein goldhamster, kein polizist, kein tapferer privatmann, der Jack the Ripper verwundet. Es wird keine drossel, kein baum, der im schottischen rowan heißt, keine sonnenanbeterin, die das geschlecht ihres gatten einer verschlingung unterzieht, keine lampe Aladdins, kein Ringo Starkie aus solidem gußeisen, keine rohrdommel, keine pfeffermühle, kein rosenbukett in der hand eines liebhabers. Es wird weder ein suppenkaspar noch eine apparatur, die grasgrüne dollarscheine auswirft, um sie hernach selbst zu verspeisen.

Aber die farben des lichtes einer aufgestellten kupferkanone bekommt es, die schattierungen der kleider einer vorbeihuschenden gruppe Pocahontas, das emblemhafte elektrischer schläge und stöße, die sprödigkeit einer echten zinnie, den zauber ambulanter karussells zwischen Denver und Desmoines; die nacktheit einer nonne aus Sarawak; gerade glieder wie ein gerader mensch, der eines morgens aus seinem bette aufsteht, um unter andere menschen zu gehen, um

in die welt der laster und liebschaften zu tauchen; die unbetuliche
art der feinen dahlien des septembers, wenn man seine mütze mit dem
bekleideten ellbogen abbürstet und sich in andeutungen über eine
große landschaft ergeht, deren werden und wachsen manche sonne,
manchen mond beeinflußt...

In den wellen des Susquehannah findet eine nixe den tod und darauf
den frischentfachten mut zu neuem leben. Eine jagdtasche liegt auf
dem tisch des naturliebenden. Ein arzneimittelmißbraucher läßt sich
den braten schmecken. Eis treibt südwärts aus der Antarktis. Riesige
rauchquirl ordnen sich an den rändern zum ornament. Ein ungeheuer
stellt sich zitternd vor. Lachse springen mutig und ohne ihre farben
zu zeigen. Eine tiefe rosanuance überträgt sich an die armlehne des
earls, verharrt eine weile und singt... Was kein engel ist, muß einem
monster ähneln – ei, durch viel erfahrung ist das bewiesen – fragt
Alice!

Auftritt eines rowdys

Ein sonntag beginnt nicht, er bricht aus, grausam, unbarmherzig, roh wie eine dumpfe bestie, und zwar schon am samstag, wenn die läden schließen. Ein ausbrechender sonntag fängt mit bewölkungszunahmen an, versucht sich später in sonnigen perioden, die indes doch nur einen tinnef wert sind, setzt sich in regenschauern fort und endet fast immer mit halbschwülen abenden, derer man sich jahre nachher noch wie eines unauslöschlichen alptraums entsinnt. Gräßlicher sonntag gräßlicher!

Er entsann sich ebenfalls eines sonntags, der ihm wie ein verschwitzter fremder hut vorkam, ein hut, der einem gar nicht gehört, den einem ein straßenrowdy in die stirne drückt, mit vorgehaltener pistole, unter todesdrohungen, die er zwischen zuchthäuslerisch zusammengepreßten lippen hervorstößt, *den hut auf oder es knallt, schwager!* Eine ziemlich unsinnige vorstellung das, aber es kann passieren; was nicht alles passiert oder sogar schon geschehen ist, die welt gefällt sich in wiederholungen, manches passiert drei viermal, duplizitäten, triplizitäten, alles blödsinn, aber wie sich dagegen wehren? man dürfte ja geradezu nicht mehr ins freie hinaus, luftholen, atemschöpfen, sich die beine vertreten.. Oder der rowdy dringt unter einem lächerlichen vorwand in das zimmer ein, das man eben bewohnt; sie wissen doch: verzeihung, bin ich hier recht bei schningsdangs oder so? Und schon sitzt ein schuh zwischen tür und angel, es ist kein engel, kein vertreter, kein gottsucher – es ist der rowdy mit dem verschwitzten hut und der seltsamen vorstellung noch seltsameren humors – er verpaßt einem einen ekelhaften filz, den man nicht ums verrecken zu tragen gewillt ist, den zu tragen aber der wille eines berevolverten unterkerls ist, so eine hirnrissige vorsehung in das haus, die treppen hoch, vor die türe, in das zimmer geschickt hat. Den hut auf oder es knallt! Eine schlechte kinophrase – oder eine gute? Jedenfalls überaus übel mitspielend, wenn in natura angewendet.. Mein herr, ich frage sie mit der hand auf dem herzen: wie würden sie in solch einem falle reagieren? Edle haltung? Nonsens! Her mit dem revolver? Selbstmord! Freundliche unterwerfung ins unvermeidliche? Scheiße! Was hinterher mit diesem makel auf dem brustlatz der seele? Oh, man ist ausgeliefert; warum hat man das karate nach drei kursstunden wie einen romantischen säbel an die wand gehängt? Warum ist man kein gefürchteter maffioso, ein mann mit sardonischer havanna namens Calogero Dingsbums? Oder der papst in panzerwagen mit kugelsicherer weste? Warum nicht der rowdy persönlich, dem so was nie zustoßen kann, weil er es selbst schon eher an anderen ausführt? Man kommt aus dem lichtspielhaus Alhambra, eine dunkle straße des nachhausewegs, die wenigen besucher verlieren sich in londonähnlichen fogs und spärlichen neonlichtleins.. plötzlich schritte! Der asphalt oder das katzenkopfpflaster glänzt, man will sich nicht umdrehen, dreht sich aber um.. Da ist keiner – aber mit dem ängstlich herausgedrückten gesäß rempelt man an den aus nebel und nässe auftauchenden rowdy, ihn so der ohnedies geringen mühe enthebend, einen plausiblen grund für sein nefastes eingreifen erfinden zu müssen. Autsch, schreit der rowdy, autsch, sie lümmel, haben sie keine augen im kopf?.. Oh, pardon, ich dachte eben schritte hinter mir zu hören, stammelt man perplex, es war völlig unbeabsichtigt von mir!.. Der rowdy grinst sein hämisches rowdygrinsen, man kennt das aus hundert kinovorstellungen. Wie, beabsichtigen wollten sie das auch noch, sie gangster? Hören sie mal gut zu, freundchen (oder: hör mal gut zu, freundchen!) An einem tag, so wie heute, bei nacht und nebel, da mache ich meistens nicht viel faxen, wenn mir einer auf den wecker geht.. Und du gehst mir auf den wecker, freundchen, ich habe es satt, auf schritt und tritt von deinesgleichen angepöbelt zu werden, ich werde dir schon beweisen, was es heißt, einem unbescholtenen menschen mit dem arsch in den bauch zu fahren!

Und er zieht den bewußten hut aus dem inneren seines zwielichtigen jackets, fuchtelt mit jenem nauseaten, schweißdurchtränkten filz durch die dunkelheit der vorstadt, kein mond, kein stern, keine blendlaterne eines hilfreichen privatdetektivs, kein treuer hund, der böses ahnend nachgefolgt ist und nun eingreifen wird..

Für dich gibt es nur eine wahl, freundchen: entweder du setzt das ding hier auf deine birne, oder, hol mich der teufel, ich pfeffere dir ein halbes schock blauer bohnen zwischen die rippen (oder: in die kaldaunen)! Neben der ungustiösen hutkrempe hebt sich ein kaum erkennbarer schemen ab – die mündung eines häßlichen, bulligen revolvers.

Man ist selbst kein rowdy, man hält alles, wie das eben hierorts vorfallende für einen albernen scherz, für den kurz aufkommenden maulhelden in der psyche eines trunkenbolds, für einen verspäteten karnevalswitz. Ein stoppelrevolver, eine moderne plastikattrappe – aber da klickt es so gefährlich, da funkelt es in den gnadenlosen augen des rowdys wie von kalten streichholzflämmchen, aus der herbstlichen straße zieht der schlammige moder der kanäle, kein hund knurrt zu deiner befreiung, keine blendlaterne schießt wie kühne seide in die fratze des unholds, kein stern besänftigt, kein mond verscheucht.. Der schuldlose passant ist *ausgeliefert* und der rowdy erklettert genüßlich die letzten sprossen der magirusleiter seines billigen triumphes. Hier, der hut, und aufgesetzt oder es kracht!

Ja, leicht hat es so ein rowdy. Wie aber hat es der überfallene? Von schwer haben kann da überhaupt nicht die rede sein – eben noch aufatmend der traumhaften halsklammer eines horrorfilms entronnen, jetzt schon wieder in der klaue eines herzbeklemmenden würgegriffs. Wo bleibt die wahrheit, wo die dichtung? Die grenzen ziehen verschwommen durch sein hirn wie tinte, die auf eine lache milch gerät..

Der hut, eine waagerechte gloriole aus schlechtem dunst und juckenden transpirationsflecken, schwebt über dem haupte des überfallenen, um sich auf dessen mögliches affirmativ bereitwilligst zu senken, was auch sollte man sonst, denn ja sagen; eine revolvermündung an den nieren ist kein eis am stiel, freunde! Oder doch! Ha, Moribundo, die ehre! Selbst ist der gentleman, er kennt keine hinterlist, seine sprache ist die faust von vorne, nicht die bierflasche von hinten; ein mann, der in der Gascogne gelebt hat, einer der die kymrischen gebirge in gummistiefeln überquert hat, einer der die sumpfigen lande der donaumündungen mit der botanikerlupe erforscht hat – und nun: würde er sich tatsächlich dem bündigen diktat eines nokturnen stracholders fügen? Wenn doch noch ein mond auftauchte, ein stern erschiene, eine blendlaterne trost böte, ein treuer hund aufträte, um die absicht des rowdys zu vereiteln! Ihr Götter der abenteuer, ihr letzteminutisten, ihr derzufallwolltessohabens, ihr dochnochhappyenders, wo seid ihr? was hat man von euch schlußendlich zu erwarten, wenn nicht rettung vor einem diabolisch besudelten stinkfilz?!

Noch schweigt das opfer, ohnmächtiger grimm zerfasert während bruchteilen einer sekunde sein pochendes herz; wie in solch kurzen phasen rat zu halten über das, was zu tun bereits zu spät ist? Wie ein meteor, der aus dem all ins all schießt, würde ein ja an der zustimmung vorbeigehen, der unglückliche ephemär durch einen ungewollten hut bekleckert, der rowdy durch einen blitzsieg aufs äußerste befriedigt, kein kugelwechsel aus kaltem metall in warmes fleisch, ein toter weniger, ein steckbrief weniger, ein erwachen mit dem schönen ausruf *mein gott, ich lebe ja noch!* oder *ich muß das alles geträumt haben!*

Ich leg ihn um, meiner treu, ich leg den burschen um, er hat mich beleidigt, ich leg ihn um! Die milch des zornes des rowdies ist am überkochen, der tee seines gräßlichen hasses brodelt nahezu über den topfrand seiner finsteren psyche, ein galliges gurgeln entringt sich seiner kehle – die suppe ist gar, ruft er schrecklich, jetzt löffle sie auf! Und mit dem, was sein kleiner revolver erbrechen wird, gedenkt er die speise zu salzen. Doch da glitscht er aus, ärschlings schlägt er hin, ungezielt steigt ein projektil gen himmel, ein feuerstrahl, senkrecht wie ein ehrlicher mann, dann die detonation: dumpf oder grell? was weiß man nachher?..

Wer unrecht tut, steht auf scheiße, ohne es zu wissen – eine unbedachte bewegung des betroffenen fußes, eine durchaus minimale wendung der gummisohle, ein gleiten, ein glitschen – hilfe!!

Mit dröhnendem kopf erhebt sich, nein, rappelt sich der rowdy auf. Er ist der gelackmeierte, dies war sein erster fall von hoher leiter, ein höllensturz in hundedreck und menschenpisse, ein huttrick, der zum ersten mal versagt! Im osten graut ein übler mundgeruch von morgen, ein vogel miaut, eine katze piepst im traum, in neuen tavernen knipst man neue lichter an, in alten löscht man alte aus – ein verschweißter hut bleibt einsam auf der strecke.

Theoretisches

Theoretische

Acht-Punkte-Proklamation des poetischen Actes

Es gibt einen Satz, der unangreifbar ist, nämlich der, daß man Dichter sein kann, ohne auch irgendjemals ein Wort geschrieben oder gesprochen zu haben.

Vorbedingung ist aber der mehr oder minder gefühlte Wunsch, poetisch handeln zu wollen. Die alogische Geste selbst kann, derart ausgeführt, zu einem Act von ausgezeichneter Schönheit, ja zum Gedicht erhoben werden. Schönheit allerdings ist ein Begriff, welcher sich hier in einem sehr geweiteten Spielraum bewegen darf.

1

Der poetische Act ist jene Dichtung, die jede Wiedergabe aus zweiter Hand ablehnt, das heißt, jede Vermittlung durch Sprache, Musik oder Schrift.

2

Der poetische Act ist Dichtung um der reinen Dichtung willen. Er ist reine Dichtung und frei von aller Ambition nach Anerkennung, Lob oder Kritik.

3

Ein poetischer Act wird vielleicht nur durch Zufall der Öffentlichkeit überliefert werden. Das jedoch ist in hundert Fällen ein einziges Mal. Er darf aus Rücksicht auf seine Schönheit und Lauterkeit erst gar nicht in der Absicht geschehen, publik zu werden, denn er ist ein Act des Herzens und der heidnischen Bescheidenheit.

4

Der poetische Act wird starkbewußt extemporiert und ist alles andere als eine bloße poetische Situation, die keineswegs des Dichters bedürfte. In eine solche könnte jeder Trottel geraten, ohne es aber jemals gewahr zu werden.

5

Der poetische Act ist die Pose in ihrer edelsten Form, frei von jeder Eitelkeit und voll heiterer Demut.

6

Zu den verehrungswürdigsten Meistern des poetischen Actes zählen wir in erster Linie den satanistisch-elegischen C. D. Nero und vor allem unseren Herrn, den philosophisch-menschlichen Don Quijote.

7

Der poetische Act ist materiell vollkommen wertlos und birgt deshalb von vornherein nie den Bazillus der Prostitution. Seine lautere Vollbringung ist schlechthin edel.

8

Der vollzogene poetische Act, in unserer Erinnerung aufgezeichnet, ist einer der wenigen Reichtümer, die wir tatsächlich unentreißbar mit uns tragen können.

1953

Totenklage um den gefallenen Freund

Das Leben FEDERICO GARCIA LORCAS verlor sich vor nahezu siebzehn Jahren irgendwo an den Feldwegen um Fuente Vaqueros. Ins dunkle Erdreich fiel die Trauer Spaniens wie ein tiefschwarzer Stein aus dem Himmel. Die Trauer wird bleiben, denn sie stammt aus der gleichen Wurzel wie das Werk des Toten: der Liebe…
Wenn die Hast stehenbleibt an den Ecken des Nachmittags, oder wenn sich der Mond zeigt in den Pappeln am Abend, gibt es heute viele seiner Landsleute, denen wieder bewußt wird, wie sehr sie Federico liebten. Sie verhalten sich still in dieser unwirklichen Luft, die eine Reminiszenz ist an Gegenständen aus schmalgebogener Bronze oder Silber und an Papierrosen, wie man sie zur linken Seite der Spiegel steckt…
Federico García Lorca wurde als Sohn eines begüterten Bauern und einer Lehrerin ein Jahr vor der Jahrhundertwende in einem Dorf der Landschaft um Granada geboren. Von seinen Eltern bekam er die ihn bestimmende Mischung von urtümlicher Erdverbundenheit spanischer Bauern und dem Vermögen, die feinsten Regungen der menschlichen Seele spielerisch zu erfassen. Seine Eltern übersiedeln nach Granada, in die Stadt, zu der er immer wieder zurückkehren wird. Federico beginnt mit seinem Studium. Zuerst das Colegio in Almeria. Dann Madrid und später New York. Seine Fächer sind Philosophie, Jus und Literaturgeschichte. Erste Prosa wird kein Erfolg. Ähnlich geht es dem Theaterstück »Die Hexerei des Schmetterlings«, das 1919 in Barcelona durchfällt. Lorca schreibt weiter Gedichte. Sie werden gedruckt und vor allem die zwischen 1924–1927 entstandenen »Zigeunerromanzen« lösen Echo aus. Die in herkömmlichem Romanzestil verfaßten Lieder sind aber keineswegs Nachahmungen der Klassiker, sie sind avantgardistisch und werden bald Bestandteil der andalusischen folklore. Lorca rezitiert seine Gedichte bei Lesungen, die ihn durch ganz Spanien führen, so daß manche schon in den Volksmund übergegangen sind, ehe sie im Druck erscheinen. 1929 führt Lorca seine stark aus dem Surrealen geschrie-

bene Tragödie »Mariana Pineda« auf. Bald darauf folgt die Komödie »Don Perlimplin und Belisa«. Während seiner Amerikareise 1930 entsteht der lyrische Zyklus »Der Dichter in New York«, überwältigend durch seine Fülle blutvoller Bilder. Zusammen mit dem Dichter Rafael Ugarte leitet er eine ambulante Theatergruppe, die hauptsächlich aus Studenten besteht. Er inszeniert Lope de Vega in prächtigen Ausstattungen und die anderen Klassiker der spanischen Schaubühne. Bis zum Jahre 1935 fügt er seinem dramatischen Werk noch die »Bluthochzeit«, »Yerma«, »Dona Rosita« und das »Haus der Bernarda Alba« hinzu.

Sein vorletztes und reifstes lyrisches Werk aber wird »Die Klage um Ignacio Sanchez Mejias«. Diese Totenklage um den in der Arena gefallenen Freund, ein Kranz von vier Gedichten, stark und unmittelbar wie Hornstöße, könnte für Lorca selbst geschrieben sein. Ihr Einfluß auf die Lyrik unserer Zeit ist noch nicht abzusehen ... Seine Fragmente verlieren sich unwiederbringlich im barbarischen Dunkel der nun folgenden Zeit. Zu Beginn des spanischen Bürgerkrieges wird er, der nur Lyriker und nie Politiker war, als Geisel, vielleicht aus Versehen, erschossen und in einem Massengrab verscharrt.

Laßt uns, indem wir seiner gedenken, eine Blume auf die Landkarte Spaniens legen.

Manifest

wir protestieren mit allem nachdruck
gegen das makabre kasperltheater
welches bei wiedereinführung einer
wie auch immer gearteten wehrmacht
auf österreichischem boden
zur aufführung gelangen würde ...

wir alle haben noch genug
vom letzten mal –
diesmal sei es ohne uns!!

es ist eine bodenlose frechheit
eine unverschämtheit sondergleichen
zehn jahre hindurch
antimilitärische propaganda zu betreiben
scheinheilig schmutz und schund zu jaulen
zinnsoldaten und indianerfilme
(noch kleben die plakate ...)
als unmoralisch zu deklarieren
um dann
im ersten luftzug einer sogenannt
endgültigen freiheit
die kaum schulentwachsene jugend
an die dreckflinten zu pressen!!
das ist atavismus!!!
das ist neanderthal!!!
das ist vorbereitung
zum legalisierten menschenfressertum!!!

wir rufen euch alle auf:
wehrt euch gegen diese barbarei!
laßt euch nicht durch radetzky-

deutschmeister und kaiserjägermarsch
aug und ohr auswischen ...
pfeift auf den lorbeer
und laßt ihn den linsen!!!
denkt daran
welche ehre es für österreich
bedeuten würde
bliebe es wie bisher
der einzige staat der welt
der diese unsägliche trottelei
den anderen dümmeren überläßt!!
genau so wie sich der kannibalismus
der urmenschen und höhlenbewohner
überlebt hat
muß nun endlich auch die soldatenspielerei
der vergangenheit überantwortet werden!!

laßt uns die drei milliarden –
oder weißgott noch mehr –
die ein neues bundesheer verschlänge
für kultur und zivilisation verwenden!!
wozu diese schildbürgerintentionen
senilgewordener bürokratengehirne..??

ein österreich
das nach wiederbewaffnung schreit
ist mit dem quakfrosch zu vergleichen
der mit bruchband und dextropur versehen
einen antiken dragonersäbel erheben wollte...

gegeben am 17. mai 1955 in wien

Über Wieland Schmied

mit den kämpferischen barden des keltischen mittelalters möchte ich wieland schmied vergleichen: mit taliesin und gwalchmai. gleich diesen ist auch er wieder naturdichter, preissänger, kampfrufer und vor allem zauberer: ein muster will ich finden für sie / mit den zeichen der taube der weinranke / dem schmetterling und dem grashalm / mit dionysos und dem panther.

in einer zeit, in der die dichtung nur zu oft sentimentalistisch oder pseudophilosophisch wird, bekennt er sich bewußt zu den prinzipien der mittelalterlichen dichtung. her osvalt von bolckhenstain ist sein meister. er schreibt aus seinem geist. er gehört zu denen, die in die moderne deutschsprachige poesie wieder den gegenstand und die person eingeführt haben. ich glaube in seinem gedichtband landkarte des windes findet man nicht mehr als sieben oder acht sätze, die eine abstrakte aussage haben. was er gibt sind beobachtungen, erfahrungen, erweiterungen. die natur selbst ist konkret anwesend, murmelt und singt. für ihn ist, wie für den keltischen dichter, die anrufung des landes, seiner flüsse und wasserfälle, seiner wälder und felsen ein mythischer akt, durch den das wort verwandelnd in die welt wirkt.

durch das abstrakte unterholz, das heutigentags allenthalb die wege und saumpfade der dichtung überwuchert, bahnt er sich mutig und unbeirrt durchlässe zu den alten vergessenen aber wirklichen dingen: der herberge des heinrich von hardegge, don quixotes mühle, cristobal colons indien, den forellen, die der blinde anton raftery in den bächen erins sieht. zu den dingen an der grenze zum imaginären. zum imaginären, nicht zum abstrakten! niemand hat diese grenze gesehen, denn wer hat schon das auge des kondors, aber die waldläufer liefen ihr entlang, schreibt er.

den mythischen weg zu beschreiten erscheint heute noch vielen unter uns als eine sache, die mit wortkunst nichts zu tun hat. und doch ist sie reinste wortkunst. der mythos, schreibt mircea eliade, verlangt gesagt zu werden und nicht erzählt. wieland schmied ist ein sager. er gibt uns nach jahrhunderten neue spruch-formeln: älter als wir sind die segel, noch älter ist der wind.

1959

Carl von Linné: Lappländische Reise

Als ich 1961, es war in Stockholm, zum ersten Male ›Iter Lapponicum‹, das lappländische Tagebuch Carl von Linnés, zu Gesicht bekam und zu lesen begann, wurde ich von zwei starken Eindrücken überrascht: einmal war es die Frische einer erstaunlichen und unmittelbaren Poesie, zum anderen die grammatische Unbekümmertheit, welche die Aufzeichnungen zu einem Labyrinth zu machen schien. Freilich entschädigt uns die Poesie dieser losen Notizblätter in reichem Maße für die *summa difficultas geographiae,* die uns das schroffe Überwechseln aus Landschaften, bedeckt mit Urwäldern und Gebirgen, in lateinische Haine und Gärten des Geistes – oder auch umgekehrt – bereitet.

Linnés Diarienpoesie, so unbeabsichtigt sie ist, so ganz und gar ohne jene üble Intention, Dichtung in die Wissenschaft zu bringen, wirkt desto stärker durch ihre oft beinahe zusammenhanglos aneinandergereihten Episoden, Observationen, Gefühlsbeteuerungen und Natureindrücke. Erstaunliches tut sich auf. Mikrokosmische Abenteuer begegnen uns. Abenteuer etwa, die uns aus der Stengelfarbe der *Vaccinia nigra* oder der Wurzel des *Sceptrum Carolinum* entgegentreten oder gar aus dem Kochkessel des freundlichen Nomaden, aus dem Gestein der arktischen Einsamkeit oder aus dem bläulichen Flügelpanzer eines seltenen Waldkäfers. Alles ist wieder neu in dieser Welt, jegliches wieder schimmernd und taunaß wie an den ersten Tagen eines neugefundenen Gold- oder Silberzeitalters Ovidii, dessen Atem, verbunden mit der lichten Entdeckerfreude Linnés, jede Seite des ›Iter Lapponicum‹ durchweht. Alles hat wieder seinen rechtmäßigen Platz, sei es der Schrecken der Unterwelt, sei es der schöne Anblick Florens, die hingeht, sich dem Phöbus bräutlich zu vereinen.

›Ein Gedicht und sein Autor‹

landschaft 8.

*ein ersehntes gewitter hat sich der kuh in die hörner
setzt es trottet näher die langsame kuh ist das*

*haustier der eichen durch die schatten die ein friedlich
ereignis vorauswirft spaziert diese kuh an den hörnern*

*gewitter sekunden vergehn am expreßzug er huscht in die
ferne jeder blitz sitzt noch fest in hülsen aus messing*

*oho der schäfer in loden kratzt sich am glied es wird
ein gewitter geben ich spür es ich habe noch vieles zu*

*tun ein jüngling wirft einen cent in den fischteich der
schlägt ihm ein auge aller donner ist noch zum trocknen*

*an freyas leine der mann von der bahn versieht seinen
handgriff an halbdunklen weichen er kratzt sich am glied*

*oho es wird ein gewitter geben ich spür es ich habe noch
vieles zu tun ein kuh kommt aus eichen hervor trägt*

*hülsen aus messing die leine ein leinchen von horn zu
horn gehts mit trocknendem donner im duftenden westwind*

*der in eichen erwacht flattert freyas reinheit ein jüngling
kratzt sich am glied oho es wird ein gewitter geben ich spür*

*es ich habe heute gar nichts zu tun das gefällt mir ein regen
geht nieder die blitze zersprengen die hülsen der donner*

*verläßt seine klammern scheu wird die kuh geneigter die
eiche der jüngling zu ihr: mit freyas erlaubnis ein kuß*

Ich habe Ihnen das Gedicht »landschaft 8« vorgelesen. Es stammt aus einem Zyklus von zwanzig Gedichten, die unter dem gleichen Titel stehen. Ich möchte Ihnen – nach Maßgabe meiner Fähigkeit, die allerdings nicht besonders aufs Essayistische geht – zunächst erläutern, was für mich das Wort ›Landschaft‹ bedeutet und welchen Platz es im Haushalt meiner sinnlichen Erfahrungen einnimmt.

1961 fiel mir in Stockholm das Buch »Iter Lapponicum« von Carl von Linné in die Hand. Linné war damals, Anfang des 18. Jahrhunderts, Student der Naturwissenschaften und erhielt ein Stipendium, das ihm nach Lappland zu reisen ermöglichte, um dort Natur und Bewohner zu studieren. Über diese Reise verfaßte Linné einen umfangreichen wissenschaftlichen Bericht. (Er ist in der Bibliothek zu Stockholm zu sehen). Gleichzeitig aber führte Linné ein privates Tagebuch über seine Beobachtungen, meist unter den schwierigsten Umständen, während kurzer Rastpausen oder auf dem Reittier. Dieses Tagebuch ist fetzenhaft, bruchstückartig, unvollständig und unvollkommen. Aber als ich es las, war mir sofort klar, daß ich hier etwas für mich ungeheuer Wichtiges gefunden hatte. Daß ich das Buch später übersetzte, ist eigentlich nur eine Randerscheinung. Was mich faszinierte, war nicht der behäbige und distanzierende Bericht eines Naturforschers, sondern es waren die strahlenden Momentaufnahmen winziger Dinge, seien sie organischer oder anorganischer, materieller oder sozialer Art: abgesprungene, isolierte Details und im Strahlenglanz ihrer leuchtenden Faktizität. Hier finden sich Minibeschreibungen von Pflanzen und gerade aufgebrochenen Blüten oder eines bestimmten Sonnenwinkels, in dem sie erglühen. Da gibt es Listen von Mineralien und Holzarten, von Kochrezepten und Interieurs von Rauchstuben, Badekammern und auch ungewollt ›poetische Notizen‹ über merkwürdige Augenkrankheiten oder, meinetwegen, Harnleiden, Vogelarten, Lurcharten, Mitternachtssonnenerscheinungen, und alles in der wertfreien Gleichzeitigkeit des Daseins. Ich will Ihnen aus diesem Buch ein paar Beispiele geben, die meine Faszination erklären:
»Die Lerche sang den ganzen Weg für uns, sie zitterte in der Luft
Ecce suum tirile, tirile, suum tirile tractat
Im Walde, an der jenseitigen Seite des Sumpfes, standen alle Arten

Lycopodia: sabinae, cupressi, abietis, bifurcati.
Nomina plantarum:
Botska. wird gegessen, alias Rasi. Engelwurz
Fatno. Angelica. Caulis. Engelwurz
(Stengel und Blätter)
Jerja. Sonchus purpur.
Gänsedistel
Jert. Ölsenich, wird als Ingwer gebraucht.
Hótme. Rausch- oder Trunkelbeere, Moorbeere
Cheruna. Schneehuhn, zart und klein
Lues. Großer Lachs
Stabben. Frauenfisch.
Ketke. Vielfraß
usw.

Ich hatte sogleich nach meiner Ankunft ein Zimmer bekommen und mich eben hingelegt, als ich an der Wand ein Licht erblickte. Ich fürchtete einen Brand, sah aber gleich darauf durchs Fenster, wie die Sonne ganz rot aufging, was ich noch längst nicht erwartet hatte. Der Hahn begann zu krähen und die Vögel zu singen. Allein der Sommer wollte nicht kommen.« Und so geht es weiter.

Es sind Beobachtungen, nicht feinsinnig, nicht ästhetisierend und exklusiv sondern handfest und sich berufend auf die groben Tatsachen, denen das Leben gerade in diesem Landstrich unterworfen ist. Linné hat sich Wortlisten zusammengestellt, behelfsmäßige Vokabelsammlungen und alles trägt in sich ein Moment des Surrealen und gleichzeitig eine augenblickshafte Erscheinung des Willens und der Selbstbehauptung, die das einzelne Bild und das isolierte Wort hineinstellt in eine umgreifende Erfahrung. Wir kennen den Begriff vom automatischen Schreiben. Er ist hier nicht anzuwenden. Aber das erzwungene Schreiben unter widerstrebenden Umständen, das rasche Festhalten von Eindrücken hat ein ähnliches Ergebnis. Es sind Vorfabrikate an Worten und Erscheinungsketten, Erfahrungsbrocken, abgegrenzt und in der Abgegrenztheit spontan und versehen mit dem Reiz des Spontanen, den das feinsinnige, langsame Beobachten und Aufschreiben kaum zu erreichen vermag.

Schon während der Übersetzung des Linné-Buches begann ich mit der Niederschrift eines imaginären Tagebuches. Es erschien unter dem Titel »Das Suchen nach dem gestrigen Tag oder Schnee auf einem heißen Brotwecken«. In diesem Tagebuch wollte ich nicht mein tägliches Dasein in seiner Abfolge darlegen. Ich versuchte vielmehr, den Blick zu schärfen für die voluminösen Einzelheiten dieses täglichen Daseins: voluminös nota bene als qualitativer Begriff. Ich bin in dieser Zeit viel gereist und reisen bedeutet für mich nicht Fortbewegung, sondern wohnen dort, wo ich vorbeifahre, Sichtbares aufnehmen und mit diesem Sichtbaren mein eigenes Gesicht zu verändern.

Meine Lust, Landschaft oder Welt zu sehen, ist nicht reguliert vom Ehrgeiz eines Kartenstechers oder eines Geographen, die schlüssige oder geschlossene Zusammenhänge und Betrachtungen liefern mögen, genau wie auch mein Ehrgeiz nicht dahin geht, in einem ›klassischen‹ Romanwerk ein geschlossenes und schlüssiges Dasein vorzugeben. Meine Vorstellung von Landschaft bedeuten der Grashügel, über den ich gestolpert bin, der Geruch einer Straße um Punkt zwölf Uhr und nicht später, das Singen einer elektrischen Säge, während ich hinter den verstaubten Stores eines Hotelzimmers sitze oder das: in der grünen Intimität wuchernder Brennessel-Wälder die Wässer meines Bierrausches abzuschlagen.

Ich habe versucht, Ihnen die Art darzustellen, in der ich Landschaften sehe, empfinde und sie in mir identifiziere. Was ich hier erzählt habe, sind Voraussetzungen, private Einzelheiten: ein Gedicht zu schreiben ist etwas anderes. Was Sie von mir gehört haben und hören werden, ist u. a. getragen von dem Wortmaterial: Gewitter, Kuh, Schatten, Schäfer, Loden, Gewitter, Kuh, Messing, Leine, Hülse, Blitz, Messing, Jüngling.

Hinter diesen Worten stehen Vorstellungen, die ›ich‹ habe, die ich mehr oder weniger privat besitze, aber diese Vorstellungen geben kein Gedicht. Ich habe Vorstellungen und setze sie ein. Dieser Einsatz entfremdet mir in gewisser Weise meine privaten Vorstellungen: denn Worte haben eine bestimmte magnetische Masse, die gegenseitig nach Regeln anziehend wirkt; sie sind gleichsam ›sexuell‹, sie zeugen miteinander, sie treiben Unzucht miteinander, sie üben Magie, die über mich hinweggeht, sie besitzen Augen, Facettenaugen wie Käfer und schauen sich unaufhörlich und aus allen Winkeln an. Ich bin Kuppler und Zuhälter von Worten und biete das Bett; ich fühle, wie lang eine Zeile zu sein hat und wie die Strophe ausgehen muß. Der Blitz begattet Sekunden, die Hülsen finden sich in Messing, die Kuh nimmt Gewitter auf Hörner, Freyas Reinheit reizt den Jüngling, der Schäfer kratzt sich am Glied, der Jüngling kratzt sich am Glied, der Mann von der Bahn kratzt sich am Glied und versieht seinen Griff.

Sie sehen, meine Damen und Herren, ich rede nicht von meinen Gefühlen; ich setze vielmehr Worte in Szene und sie treiben ihre eigene Choreographie.

Meine Gedichte, die ich hier u. a. vorlese, heißen »landschaften«. Sie sehen, daß es keine Landschaften im hergebrachten Sinne sind, sondern innere Landschaften, imaginäre Paysagen, Landschaften, die die Worte sich selbst schaffen oder die durch Worte neu erstellt werden.

(1967)

Nachweise

Der Prolog ›Meine heimat ist Österreich...‹ ist der Prolog zu ›*Das suchen nach dem gestrigen tag oder schnee auf einem heißen brotwecken*. eintragungen eines bizarren liebhabers‹, Walter-Druck 1, Walter-Verlag, Olten und Freiburg i. Br. 1964.

Lyrik

Die Gedichte ›mein herz‹ (11), ›lancelot und gwynever‹ (11), ›ginevra verrät sich im schlaf‹ (17), ›deutsche ansprache an könig artus‹ (17), ›IX epigrammata in teutschen alexandrinern‹ (33), und ›noch vier gedichte, auf eine klinge geschrieben‹ (60 ff.) hat Hannes Schneider in *Literatur und Kritik* (hg. J. Ebner und R. Henz), Heft 38, September 1969, veröffentlicht. Sie waren erst nach der von Gerald Bisinger herausgegebenen Gedichtsammlung *ein lilienweißer brief aus lincolnshire* (Suhrkamp, Frankfurt, Frühjahr 1969) aufgetaucht.

›kleine percussionslehre‹ (19) und ›elegische ode an den kaiser krum‹ (27) entstammen dem von Gerhard Rühm herausgegebenen Sammelband *Die Wiener Gruppe*, Rowohlt Verlag, Reinbek bei Hamburg 1967.

Die Gedichte ›die grüne mistel schweigt‹ (26), ›bagh i bish qimat i zumûm‹ (35), ›waun amoe..‹ (55) und ›kraniche kacheln mein haus aus‹ (71), aus den *flaschenposten*, sind bis jetzt nicht gedruckt. Sie wurden von Hannes Schneider entdeckt, der sie freundlicherweise für diese Ausgabe zur Verfügung stellte.

Die Dialektgedichte aus *med ana schwoazzn dintn* erschienen 1958 im Otto Müller Verlag, Salzburg. – Die Dialektgedichte aus *hosn rosn baa* (gemeinsame Publikation mit Friedrich Achleitner und Gerhard Rühm) erschienen 1959 im Wilhelm Frick Verlag & Co., Wien. – Die Dialektgedichte unter dem Titel *med ana* neichn *schwoazzn dintn* erschienen am 2. und 16. August 1959 in der Wiener Tageszeitung *Neuer Kurier*. Gerald Bisinger hat sie mir zugänglich gemacht.

Die Gedichte aus ›*Der Schlüssel des heiligen Patrick*. Religiöse Dichtungen der Kelten. Ausgewählt und übertragen von H. C. A.‹ erschienen 1959 im Otto Müller Verlag, Salzburg.

Der Zyklus *flaschenposten* entstammt der 1969 bei Suhrkamp erschienenen Gedichtsammlung *ein lilienweißer brief aus lincolnshire*. Die Anordnung wurde der von Hannes Schneider in *Literatur und Kritik* (Heft 38, September 1969) erstellten ursprünglichen angeglichen, sofern von H. C. Artmann, nach neuerlicher Diskussion, gebilligt. Es handelt sich hier also jetzt um den authentischen Text. Im übrigen ist das erwähnte Gedicht ›kraniche kacheln mein haus aus‹ hinzugekommen.

Der Zyklus *landschaften* ist gedruckt nach dem *lilienweißen brief*.

Die drei Gedichte aus dem geplanten Zyklus *oh, diese bösen männer im gaslicht* wurden gedruckt in der Zeitschrift *Neue Wege*, Jahrgang 24, Nummer 234, Februar 1969.

Theater

Das lange verlorengeglaubte Fragment *tod eines leuchtturms* wurde von Hannes Schneider entdeckt und mir für den Abdruck zugänglich gemacht. Bisher ungedruckt.

Alle anderen Theaterstücke entstammen dem Sammelband *die fahrt zur insel nantucket*, Hermann Luchterhand Verlag, Neuwied und Berlin 1969.

Prosa

Die Texte ›enthüllungen‹ und ›von einem drachen oder der sturz des ikarus‹ wurden der Zeitschrift *Eröffnungen* (hg. Hubert Fabian Kulterer), 5. Jahrgang, Nr. 14, 1965, entnommen, der Text ›Überall wo Hamlet hinkam‹ einer Sammlung früher Prosa gleichen Titels, collispress, Paul Eckhardt Verlag, Stuttgart 1969. Alle drei Texte finden sich jetzt in dem von Hannes Schneider herausgegebenen Band ›*Das im Walde verlorene Totem*. Prosadichtungen 1949–1953‹, Residenz Verlag, Salzburg 1970.

Die drei Kapitel aus dem verlorengeglaubten Roman *Der aeronautische Sindbart. Seltsame Luftreise von Niedercalifornien nach Krain* wurden von Hannes Schneider entdeckt und mir für den Abdruck zugänglich gemacht. Bisher ungedruckt.

Zur Auswahl aus dem Tagebuch *das suchen nach dem gestrigen tag...* siehe Literaturangabe zum ›Prolog‹.

Lord Listers Briefe am Nachmittag (alles geschriebene) aus: *Manuskripte* (hg. A. Kolleritsch und G. Waldorf). 7. Jahrgang, 2. Heft, VI.–IX. 67, 20. Heft der Gesamtfolge.

H. C. Artmannsens Märchen, ungedruckt, von Hannes Schneider zur Verfügung gestellt.

›Reformationstag‹, aus dem *Kochbuch für Feiertage*, herausgegeben von Vauo Stomps, Verlag Eremiten-Presse, Stierstadt im Taunus 1964.

Rixdorfer Bilderbogen No. 1, mit Holzschnitten von Günter Bruno Fuchs, Arno Waldschmidt, Uwe Bremer, Josi Vennekamp und Ali Schindehütte, erschienen in der Werkstatt Rixdorfer Drucke, Berlin o. J. (1965).

›Bald so, bald so, bald anders‹, Göttingen, Juli 1965, Einleitung zu einer Mappe mit 7 Zinkätzungen von Gralf-Edzard Habben und Texten von Wolf Wondratschek und Lothar Baier. – Diesen und die beiden vorhergehenden Texte hat mir Wolf Wondratschek zur Verfügung gestellt.

Grünverschlossene Botschaft. 90 Träume! Gezeichnet von Ernst Fuchs, Residenz Verlag, Salzburg 1967.

›Verfehltes unterfangen sich einer geografie zu erinnern‹, aus ›*Atlas*. Zusammengestellt von deutschen Autoren‹, Verlag Klaus Wagenbach, Berlin 1965.

Die Abenteuer der Robinsonia, ihre Reisen, Fluchten, Gründungen und Eroberungen, alles Vorhandene aus einem nicht zu Ende geschriebenen Roman, abgedruckt in der Anthologie ›*außerdem*. Deutsche Literatur minus Gruppe 47 gleich wieviel?‹, herausgegeben von Hans Dollinger, Scherz Verlag, München-Bern-Wien, 1967.

Dracula Dracula, mit 14 Radierungen von Uwe Bremer, erschienen in einer Auflage von 55 numerierten Exemplaren im Rainer Verlag, Berlin 1966.

tök ph'rong süleng, mit Graphiken verschiedener Künstler, erschienen bei Richard P. Hartmann, München 1967.

Der handkolorierte Menschenfresser, illustriert von Patrick Artmann, erschienen bei der collispress, Paul Eckhardt Verlag, Stuttgart 1968.

Fleiß und Industrie (Auswahl), Suhrkamp Verlag, Frankfurt am Main 1967.

›Text zu Heinz Edelmann‹, geschrieben für den Ausstellungskatalog ›Monsters, Beatles und Edelmann‹, Modern Art Museum München, 1968, einzige Auftragsarbeit, die nie honoriert wurde.

Auftritt eines rowdys, geschrieben 1970, aus dem noch nicht abgeschlossenen Prosazyklus *How much, Schatzi?*, der demnächst im Suhrkamp Verlag erscheinen wird.

Theoretisches

Acht-Punkte-Proklamation des poetischen Actes, nach dem Abdruck im *lilienweißen brief*, S. 8.

Totenklage um den gefallenen Freund, aus ›*Morgen*, Monatsschrift freier Akademiker‹ (hg. W. Schmied, K. Skalnik), VIII. Jahrgang, Folge 6, März 1953.

Manifest, nach dem Abdruck im *lilienweißen brief*, S. 12.

Über Wieland Schmied, Text nach *Eröffnungen*, Nr. 5 und Nr. 6, September–Dezember 1961.

Carl von Linné: Lappländische Reise, Klappentext zu seiner Linné-Übersetzung, Insel Verlag, Frankfurt 1964.

›Ein Gedicht und sein Autor‹, aus der Sammlung ›*Ein Gedicht und sein Autor*. Lyrik und Essay.‹ Herausgegeben und mit Einleitungen versehen von Walter Höllerer, Berlin 1967.

Die Texte aller Abteilungen sind chronologisch nach Entstehungsdaten, die mit den Erscheinungsdaten häufig divergieren, angeordnet.

Alle Rechte an den bisher ungedruckten Texten und an denen, die in Zeitschriften, Anthologien, bei den ›Little Presses‹ usw. bereits veröffentlicht waren, liegen beim Autor.
Allen übrigen Verlagen sei für die freundliche Abdrucksgenehmigung der einzelnen Stücke gedankt. Vor allem aber hat der Herausgeber zu danken Gerald Bisinger, Wieland Schmied, Urs Widmer (für Mitbringsel zum Zettelkasten), Wolf Wondratschek und ganz besonders Hannes Schneider, durch dessen Vermittlung 4 Gedichte, 1 Dramenfragment und 2 Prosaarbeiten, die bisher ungedruckt waren, in den Reader aufgenommen werden konnten.

Zettelkasten für ein Nachwort zu H. C.

Geboren:

am 12. Juni 1921 in St. Achatz am Walde, einem Waldgeviert im Waldviertel, als Sohn des Schuhmachermeisters Johann Artmann und seiner Ehefrau Marie, geb. Schneider, aufgewachsen in dem Wiener Vorort Breitensee, bradnsee. Die Schuhmachergesellen und -lehrbuben waren zumeist Böhmen, so daß er dreisprachig aufwuchs, deutsch, wienerisch, tschechisch. Weshalb es ihn heute kränkt, wenn er sich in Prag sein *jídlo* nicht auf Anhieb idiomatisch richtig bestellen kann und er lieber nichts ißt. Mütterlicherseits: treuherzige Träumer, recht schöne Menschen, eher ungeschickt. Väterlicherseits: ungebildete Hochstapler mit nicht ungebildeter Eleganz. Es war der Großvater väterlicherseits, vor dessen gewichsten Stiefeln man sich rasieren konnte. Besuch der Hauptschule.

Lektüre (Schwerpunkte):

als Fibel- und Elementenbüchlein die Tom Shark-Heftchen, gesprochen in Wien Tom Schack, in Prag Tom Scherk, so Josef Hiršal, der auch mit ihnen aufwuchs, der gesamte Artuskreis, hauptsächlich Geoffrey of Monmouth, Malory, die dt. Übertragungen Chrestiens durch Hartmann von Aue, die den frz. Originalen natürlich weit überlegen sind, walisisches und irisches MA, dt. Minnesang, Gesamtbarock, Linné, Matthisson, Gessner, Schauerroman, Byron, Tennyson, Christoph von Schmid, Punch und Judy, Howard Phillips Lovecraft und der Kreis um Arkham House, Bradbury, Clark Ashton Smith, die belgischen Fantasten, bes. Jean Ray, Soergels ›Im Banne des Expressionismus‹, Gomez de la Serna, Serner, Lorca, Neruda, Mutzenbacherin, Frazers Goldener Zweig, R. Benedict, Franz Boas, Olson, Sprachwissenschaft, Sprachwissenschaft und wieder Sprachwissenschaft, d. h. Anverwandlung ganzer Buchreihen, wie etwa der in A. Hartleben's Verlag (dem dt. Jules Verne-Verleger) in Wien-Pest-Leipzig erscheinenden: ›Die Kunst der Polyglottie. Eine auf Erfahrung begründete Anleitung jede Sprache in kürzester Zeit in Bezug auf Verständniß, Conversation und Schriftsprache durch Selbstunterricht sich anzueignen‹, und dort etwa der Neununddreißigste Theil: Die Sanskrit-Sprache, von einem Herrn, dessen Name tabu war wie der Name des Herrn, aber alles dieses nie nur privat konsumierend oder für Eigenes exploitierend (›Je mehr er gelesen hat desto mehr kann er‹), sondern immer auch konvivialisch austeilend: an der Tafel seiner Gelehrsamkeit kann jeder Bettler zechen wie ein König, ohne je zu spüren zu kriegen, daß er nicht hoffähig ist.

1927:
Erste Henry-Ford-Überschwemmung. Die Nation fährt in die Landschaft hinaus auf einmal. Daher die Hap-hap-happiness der Happiness Boys.

Wichtig:
Jesse Crawford, Helen Kane, Vaughn de Leath, Whispering Jack Smith, The Williams Sisters, Jean Goldkette, Tango, Flieger grüß mir die Sonne, Sousa-Märsche, keltische Volksmusik, Sprachplattenkurse.

Soldat:
d. h. lettische, litauische, russische Studien. Strafkompanie. Zum Tod verurteilt. Im Gefängnis in Freiburg i. Br., aus dem er sich während eines Bombenangriffs retten konnte, als die Fassade einbrach. An der Straße stand ein einzelner, mit Bein gefüllter Stiefel (›Mein schrecklichstes Erlebnis‹). Quartier auf Friedhöfen.

Orson Welles:
Er übernimmt eine kleine Rolle im Dritten Mann, in dem er den Satz ›Was halten Sie von James Joyce?‹ spricht.

Wiener Gruppe:
nachzulesen in ›Die Wiener Gruppe‹, hg. G. Rühm, oder im Nachwort von P. O. Chotjewitz zu ›der landgraf zu camprodon‹, hg. G. Bisinger und P. O. Chotjewitz.

Sprachen die er spricht bzw. liest:
arabisch, bretonisch, chaldäisch, dalmatinisch, estnisch, finnisch, georgisch, huzulisch, irisch, jütländisch, kymrisch, lettisch, malayisch, norwegisch, ottakringisch, piktisch, qumranisch, rätoromanisch, suaheli, türkisch, urdu, vedisch, wendisch, xuatl, yukatanisch, zimbrisch.

Sprachen aus denen er übersetzt hat:
dänisch, englisch, französisch, gälisch, jiddisch, niederländisch, schwedisch, spanisch.

Sprachen die er nicht mag:
französisch, wegen des zu eng geschnürten Korsetts, er kann in ihm, sagt er, nicht erfinden, fantasieren, weil, wie man weiß, Franzosen nur verstehen, was sie schon einmal gehört haben.

Sprachen die er erfunden hat:
neben einer Anzahl poetischer Sonder- oder Privatsprachen vor allem, auf indoeuropäischer Grundlage, das nicht überlieferte Piktisch (siehe hiezu das Theaterstück ›die fahrt zur insel nantucket‹). Er projektiert z. Z. die Erschließung des verlorengegangenen dacischen Dialekts: wenn man vom Rumänischen alles abzieht, was lateinischen bzw. romanischen, ungarischen, slawischen, türkischen oder deutschen Ursprungs ist, *bleibt* ein Rest: dacisch.

Für Rezensenten:
»Artmanns Stellung in diesem Kreis (sc. von Wiener Poeten um 1950) darf vielleicht mit der Pounds in London bei Anbruch des ersten Weltkriegs verglichen werden.« (Wieland Schmied)
»Er war mir Anschauung, Beweis, daß die Existenz des Dichters möglich ist.« (Konrad Bayer)
»Die Produktion hatte etwas narrenfreies, man wußte, man würde die Sachen kaum unterbringen.« (Andreas Okopenko)
»...der ... Gedichtband ›Verbarium‹ bestätigt nur Eingeweihten, was sie schon wissen: daß nämlich Artmann der wahrscheinlich einzige wesentliche Dichter ist, den die deutsche Literatur nach 1945 hervorgebracht hat – allen seither hochgespielten Modebegabungen zum Trotz, von Bachmann bis Graß.« (Peter O. Chotjewitz)
»Artmann ist Heraldiker.« (Karl Heinz Bohrer)

Polizeistrafen:
soviele wie Kollegen Literaturpreise.

Frauen und Kinder:
Mädchen und Frauen, die er gehabt hat, beziffern sich auf gegen hundert, wobei der Wechsel durch eine Konstanz des Alters balanciert wird. Jeweils monogam. Mit mindestens zweien war er rechtmäßig verheiratet. Kinder etwa drei: Patrick (geb. 19. 12. 47), den er selbst aufzog, Patricia (Anfang 49) und Carl Johan Casimir (28. 4. 64), der bei seiner schwedischen Mutter aufwächst.

»Ein Liebhaber der alten Schule:
saubere Arbeit aber gelöschtes Licht.«

*Wohnsitze, auch solche, an denen größere Mengen Bücher (B) und Klei-
dungsstücke (K) zurückgeblieben sind:*
Wien (B, K), Kiew, Riga, Reval, Bern, Rom, Paris, London, Malmö (B),
Stockholm (B), Berlin (B, K), Edinburgh, Cork, Graz (B), Disentis, Bergamo, Rom, Frankfurt, Quimper, Rennes, Tintajol, Exeter, Dublin, Brüssel, Paris (B, K), Zürich (K).

Hier:
In Prag der Giebel ist genau wie die Fassade in Cork ist genau wie die
Bossage in Bergamo ist genau wie der Risalit in Graz ist genau wie die
Baluster in Frankfurt ist genau wie die Knaggen im Westfälischen ist ge-
nau wie die Sparren in Berlin ist genau wie die Spandrille in Rennes ist
genau wie die Supraporten in Hochschottland ist genau wie ein Türsturz in
Skåne ist genau wie ein Giebel in Prag.

Kopfbedeckungen:
solche, die jeweils vor 50 Jahren modern waren, und ordentliche wetter-
feste engl. Sportmützen, um in Pubs bestehen zu können. Er hat schönes,
üppiges Haar, das er im Grund nur ungern bedeckt.

Schnäpse:
Old Granddad, Four Roses, Jack Daniels, Schonischer Renat, Schwyzeri-
scher Drester, La Grappa, Sambuca, Calva, Jelinková weiland Hiršel,
Steyrischer Kalmus, alle Kornsorten Westphalens und Niedersachsens,
Cottbusser, Berliner Ingwer, Härdepful (gelagert).

Weine:
Brünner Straßler Brünner Straßler und wieder Brünner Straßler, Ruster
Ruster und wieder Ruster, wenn letztere nicht vorhanden Châteauneuf du
Pape.

Verkehrsmittel:
Eisenbahn Erster Klasse oder Jet, letzteres aber nur, wenn er den spanischen Langenscheidt bei sich hat, der einmal eine russische Gewehrkugel an
seiner Brusttasche stoppte.

Südstaaten:
Old Crow, Eleganz, Kutschen, Wohnkultur, freundliche Behandlung der
Neger, lateinische Humanität mit Irischem gemischt, Faulkner, bestimmte
Schnurrbärte, vive la moustache, dazu: ein einziges Mal, und noch so kurz,
south of the border sein.

Zur Negerfrage:
»Sei foata woa r a mentschnfressa un da bub liest lukatsch un goedman.
Wos issn des?«
»Negermusik ist der Bürger, der sich aufregt unten: ›Negermusik!‹«
»Jazz ist französische Militärmusik plus Folklore.«

Haltungen:
arturische, schäfferische, euphorische, gentlemanlike, britische kolonialobri-
stenhafte, detektivische bes. sherlock-holmesische, merlin-im-wald-von-
brociliandehafte, treuherzige, edele, handwerksmeisterische, trinkfeste,
grämliche, mittelscheitelige, drakulische (›Ich drakulier mich so durch: immer frisches Blut ham.‹), sauber-philologische, irisch-revolutionäre, d'An-
nunzio-fascistische, kaisertreue, kannibalische, kochkünstlerische, ritterliche,
verschämte, rechthaberische, rassistische, faunische, pierrothafte, displaced-
personlike, erzieherische, depressive, entwaffnende, und alles möglicherweise an einem Abend.

Besondere Kennzeichen:
Alter: 20. Beruf: Autist.

Er setzt sich:
rascheckig, Beine und Füße zusammen, lehnt sich weit (tief) zurück, erleichtert aus- oder aufatmend.

Er steht auf:
rascheckig, Beine und Füße zusammen, bolzengrad, einen Ruf ausstoßend.

Rufe:
Atterboy, Lord, Lor', Ui Jegerl, Jek la fan, Ha, Harr Harr, Auf den
Alten Herrn (FJII), Sapristi, Servus Schäfer, Sollst leben, Ja, Fantastisch,
Das ist wichtig, Weißbrot in the morningtime is better than goakein, Young
Man des bin i ...

Redet:

andere überschreiend, mit Kopfstimme, im Frisörston, im Wiener Taxi-
chauffeurston, jüdelnd, böhmakelnd, burgschauspielerisch, jedermannesk,
Einverständnis heischend.

Kartengrüße:

»Ave! im desolatesten gebürgsland vernimmbt man die tollsten verlgs.
affairen!! Was now? Ich werde in den nächsten tagen meine dasige philo-
logie abbrechen & nach Frankfurt eilen. Bis dahin ein herzliches prost mit
Dôla.«

»Meine theuren, wir sind in Varaždin & erwarten die (sic!) rosenblüthe.«

»Ihr theuren! Hier eine ansicht. Aus dem fenster unsrer *rechtschaffensten*
herberge erblicken wir just dies kirchlein. Noch summen die hummeln. Wir
dringen tief ins Herz des waldes! Gruß aus dem alten Bréchéliant.«

»Recht herzliche Grüße aus Aveyron, wo der werwolf bellt! Hier ist alles
noch sehr authentisch. Wir auch. Sagt dem Alitzchen, ich hätte den wolf
gesehen, mit einem grünen mützchen und roten stiefeln.«

»Pontorson. Bon soir, habe den autobus verpaßt & mußte 10 km marschieren. Endlich wieder ritterliche betätigung. Schöner himmel, aber bitterkalt.
Gutes land hier!«

»Ihr theuren! Leider eingeregnet wie damals zu Patagonien, aber dennoch
schön. Eine rechte allerseeligenathmosphäre halt – oh poesie!«

»Von Basel nach Brüssel nach Ghent nach Brügge nach Paris nach Rennes
nach .. Augenblicklich zu Ghent bei wein & waterzoi!«

Was inspiriert:

neue Mädchen, ein heißes Bad, ein kaltes Bad, eine Kopfwäsche, eine
Rasur mit Supergillette, Fans, neue Schuhe, neue Hemden, Röcke, Hosen,
Mäntel (eigentlich nie Anzüge) von Anna's Mens' Shop, Äppelwoi, ge-
mischte Wurst beim Nutteludwich, **Brot vom Bäcker Haerdtlein in Frankfurt**
(»Die Brotgrenze verläuft dem Limes entlang«), neue Freunde, alte Filme,
jüngere Mädchen, der Blick aus unserem Fenster auf lovecraftische Giebel,
im Schlafwagen alleine zu reisen indem er für den zweiten Platz mitbe-
zahlt, Jack Daniels, Schmalz aus der Bretagne, Brot aus der Bretagne, Bau-
hausschlipse, viele Leute, noch jüngere Mädchen, Die Goldene Stadt,
Svičková, Männer mit Frack und leck-mi-am-Arsch-Bärtli, Stummfilm-
untertitel, ältere gebildete Herren …

Was deprimiert:
kein Alkaselzer d. h. sonntags, Linksradikale, Rechtsradikale, Apo-Mäd-
chen, Wien, auf dem Rücken liegendes Brot, wenn man ihn einen *österrei-
chischen* Dichter nennt, Scheißliberale, in Lokalen die er 10 Jahre nicht
besucht hat nicht mehr mit dem Namen begrüßt zu werden...

Selbstverständliches:
jeden Tag ein frisches Hemd und eine frische Unterhose (die Vorstellung,
nach einem Verkehrsunfall, etwa, in angeschmutzter Unterhose aufgefun-
den zu werden!), Generosität, daß allen Freunden die Namen geläufig
sind die er so fallen läßt, Einverständnis...

Dieser Reader:
soll zwar The Best of Heintje Celentano Artmann bringen, ingleichen aber
auch den Fans neues bieten. Darum bisher Ungedrucktes: 4 Gedichte, 1
Dramenfragment, 3 Prosastücke. Ferner bisher nur in Zeitungen, Zeitschriften oder an abgelegenem Ort Gedrucktes: Gedichte: 26; Prosatexte:
10, davon Romane: 2; theoretische Arbeiten (»Sie wissen selbst, wie wenig
ihm alles Essayistische lag oder liegt, ich habe in ihm immer einen Adler
gesehen, der fliegen, aber nicht gehen kann.« Wieland Schmied): 3. Wich-
tiger Hinweis für Philologen: von den *flaschenposten* wird der bis dato
authentischeste Text publiziert; der Text im *Lilienweißen Brief* verliert
damit bis auf weiteres seine Gültigkeit.

Ursprünglicher Titel für diesen Reader:
›Schweiß und Dämonie‹, dies der Titel zu einer projektierten Sequenz zu
›Fleiß und Industrie‹, die dem Goldmachergewerbe et al. gewidmet sein
sollte.

Desiderate:
vollständige Bibliographie mit Einschluß der Übersetzungen, Gesammelte
Prosa, Apanage oder Leibrente, Baronstitel, Tarnkappe.

Leistungen unter anderem:
daß man aus der Haut fahren *kann,* und zwar *in* jede beliebige andere
hinein.
daß sich alles in Sprache (Literatur) verwandeln läßt und daß reziprok
mit der Sprache alles angestellt werden kann.

daß Literatur lesbar sein kann.

daß die Kenntnis ungezählter Sprachen und ein Literaturbegriff, der alles Gedruckte und alles Hörbare einschließt, die eigene Sprache durch Okulation ihr an sich fremder Systeme unendlich erweitern kann.

daß man nicht bloß im, sondern *mit* dem Dialekt dichten kann, d. h. er hat aus der Touristenattraktion Weanerisch eine ernstzunehmende, *neue* Literatursprache gemacht, indem er die in ihr liegenden Möglichkeiten bewußt aus- und benutzte.

daß er das Hawelka groß gemacht hat (mit Rühm, Wiener, Bayer, Achleitner).

daß er 650-Seiten-Romane ohne Verlust auf 8 Seiten reduzieren kann.

daß er am Geruch von Büchern Jahrhundert, Nation und eventuell Druckort und -jahr erkennt.

daß er im dichtesten Menschengewimmel schreiten kann, als ginge er um 12 Uhr mittags über einen texanischen Bahnhofsvorplatz.

Wie österreichische Bauern den Drudenfuß zeichnen (Originalgraphik des Dichters für diesen Band):

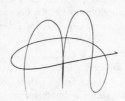

Inhalt

suhrkamp taschenbücher
Eine Auswahl

suhrkamp taschenbücher
Eine Auswahl

suhrkamp taschenbücher
Eine Auswahl

suhrkamp taschenbücher
Eine Auswahl

suhrkamp taschenbücher
Eine Auswahl

265/6/11.93